POUR L'AMOUR DE PHILAE

CRACAVES

CHRISTIAN JACQ

POUR L'AMOUR DE PHILAE

roman

FRANCE LOISIRS
123, boulevard de Grenelle, Paris

Édition du Club France Loisirs, Paris,
avec l'autorisation des Éditions Grasset & Fasquelle

ISBN : 2-7242-5307-8

« Je touche le ciel,
Ma tête perce le firmament,
J'érafle le ventre des étoiles,
Je brille comme elles,
Je connais la joie céleste,
Je danse comme les constellations. »

Texte de la demeure d'éternité du prince Sarenpout, à Assouan.

CHAPITRE PREMIER

Les étoiles dansaient dans un ciel de lapis-lazuli. Isis, la supérieure des prêtresses du temple de Philae, contemplait leur clarté surgie du fond de l'univers. Elle révélait, au cœur de l'au-delà, la présence des rois ressuscités; l'âme des pharaons disparus protégeait encore le sanctuaire où la grande déesse veillait sur ses derniers fidèles, une cinquantaine d'hommes et de femmes qui, six siècles après la naissance du Christ, vivaient la foi des anciens Égyptiens selon la pureté d'une règle immémoriale quoique la religion nouvelle eût conquis le pays entier.

Seule résistait la montagne sainte de Philae, éclairée des feux du levant; au milieu d'un chaos de roches, l'île sainte d'Isis apparaissait comme un paradis verdoyant ceint de hauts murs. Regarder cette forteresse, prétendait une légende tenace, ouvrait la porte des dieux.

La jeune femme, vêtue de la robe blanche traditionnelle, entendit caqueter les oiseaux de la volière qu'ombrageaient des acacias. La lumière ne tarderait plus à triompher des ténèbres. Sur son socle de granit, à la rigueur adoucie par une végétation luxuriante d'où émergeaient les palmiers-dattiers, l'île défiait le puissant évêque Théodore, à la fois chef spirituel et maître temporel de cette région oubliée du sud de l'Égypte, aux confins de l'Empire. Au-delà, l'inconnu, le danger et les peuplades barbares.

Isis parfuma ses cheveux courts, noirs comme jais, et marcha vers le kiosque de l'empereur Trajan. Destiné à l'accueil de la barque divine, l'édifice aux colonnes élancées n'avait pas été achevé; la prêtresse y voyait un message d'espoir, une œuvre à poursuivre, même si le destin semblait contraire. Comment la fille du doyen de la communauté et la plus brillante des disciples de la Maison de vie aurait-elle pu admettre que la civilisation égyptienne disparaîtrait, écrasée sous le poids d'un dogme qui n'hésitait pas à utiliser la violence pour s'imposer?

Même si l'ennemi menaçait, il se briserait toujours sur les murailles du temple, ultime rappel de la butte primordiale où la vie, jaillie de la pierre et du sable, était devenue hibiscus aux corolles rouges, clématites bleues ou bougainvillées aux guirlandes roses. Écartant les branches d'un sycomore, Isis progressa vers la berge.

Non, ce n'était pas la fin du monde, seulement le terme de la vallée où le Nil coulait entre des rives de plus en plus serrées avant de se perdre dans les tourbillons et les remous de la première cataracte qui se lançait à l'assaut de rocs et d'îlots. Isis aimait ce spectacle grandiose, se laissait envoûter par les montagnes de sable roux, le désert ocre, les pierres immuables. Ici, rien ne changeait. Ici s'affirmait la puissance des premiers âges, des temps glorieux, des géants bâtisseurs de la plus accomplie des cultures. Philae était le cœur de la première province d'Égypte; d'elle naissait le flot vivifiant de la crue, d'elle renaîtrait le bonheur.

Isis éprouvait le besoin de la solitude de l'aube pour mieux respirer l'onguent de la déesse, rosée mystérieuse née de la communion entre le ciel, la terre et le temple. De même que l'île sacrée apprivoisait par ses enchantements les sombres falaises, de même la jeune prêtresse voulait-elle amadouer les forces hostiles qui avaient conduit les armées chrétiennes aux portes du dernier sanctuaire égyptien. Puisqu'elle portait le nom de la déesse incarnée à Philae, elle se montrerait digne de son inspiratrice.

Isis s'assit au bord de l'eau. Un vent doux l'enveloppa comme un châle; sous ses pieds nus, la terre était déjà tiède.

Comme elle vénérait ce lieu isolé, ce temple perdu au milieu des eaux et des écueils, cet hymne de grès à la puissance invisible, ce chant joyeux de la reine des étoiles! Elle était née ici, dans la salle d'accouchement, avait appris à lire, à écrire, et à compter dans la Maison de vie, reçu l'initiation aux petits mystères dès l'âge de seize ans, avant de développer son esprit comme les ailes d'un oiseau pour connaître l'illumination des grands mystères et le poids de la charge de supérieure. Mais comment oublier les convulsions du monde extérieur, l'occupation byzantine aussi rude que celle des Romains, la mainmise de l'évêque Théodore sur la cité d'Éléphantine [1], les conversions forcées des scribes, des bateliers et des paysans contraints d'oublier leurs racines et de se comporter en chrétiens obéissants ?

Aujourd'hui, la vieillesse accablait le doyen. C'était à Isis de continuer la lutte et de préserver Philae des agressions. Les fanatiques rêvaient de s'emparer du temple et de ses richesses. Elle comptait sur la modération de l'évêque, un Égyptien rallié à la cause du Christ.

Quand le doyen s'éteindrait, il faudrait désigner un nouveau supérieur, apte à régner avec elle. Comment ne pas songer à Sabni, un jeune homme à la mine sévère et au front ample auquel elle pensait trop souvent, ces derniers mois, au point d'être troublée pendant l'accomplissement des rites ? Sabni, à ses yeux, possédait les qualités requises pour occuper cette fonction. Mais ne cédait-elle pas à une passion ?

Un bruissement de sistres se répandit dans l'air léger. Isis revint vers le temple d'où sortaient deux prêtresses âgées, maniant les instruments de musique dont la voix métallique écartait les démons de la nuit qui tentaient de s'incruster dans les murs des édifices. L'une tenait un sistre aux tigettes servant de support à des serpents en cuivre, l'autre un manche en forme de colonnette que surmontait une tête de Hathor, déesse de l'amour. Elles aussi avaient revêtu leurs habits de fête. A l'approche d'Isis, elles s'inclinèrent. Malgré son jeune âge, la supérieure imposait le respect ; souriante, ne haussant pas la voix, elle jouissait de la prestance innée des Égyptiennes de haut rang dont la beauté avait été immortalisée par des milliers de bas-reliefs. Celle d'Isis était lumineuse ; sa seule vue atténuait les angoisses. Dotés du titre sacré de « frère » et de « sœur », les adeptes décidés à

1. Ville située en face de l'Assouan moderne.

demeurer sur l'île savaient que leur sauvegarde dépendait d'elle.

Le soleil tourna l'obstacle de la montagne d'Orient et son feu envahit le ciel. Une procession qui rassemblait tous les adeptes franchit la porte d'Évergète. En tête, Sabni rythmant la marche avec une longue canne en bois doré; derrière lui, le doyen soutenu par le parfumeur et le boucher; puis les prêtres au crâne rasé et les prêtresses. Ils portaient des statuettes de divinités, des vases d'or et d'argent, des sceptres et des coffres en bois. Les précieux objets, conservés dans des cryptes et des salles obscures, sortaient au jour, selon l'expression rituelle.

Isis avait décidé d'organiser cette cérémonie à une période torride où, avec un orgueil qui déclenchait bien des jalousies, seule l'île de Philae demeurait verdoyante. Autour, ce n'étaient que côtes abruptes, rochers hostiles et terres arides asséchées par le vent du sud, porteur de maladies. Bientôt au plus bas de son cours, le Nil laissait affleurer les rocs de la cataracte qu'aucun bateau ne pouvait traverser. A Éléphantine, on respirait de plus en plus mal. La mort ravisseuse s'emparait aisément des enfants et des vieillards.

Parmi ses frères et ses sœurs, Isis observait des signes d'épuisement. Les forces du doyen déclinaient; à quatre-vingt-quinze ans passés, il désespérait d'atteindre cent dix ans, l'âge des sages. Il continuait pourtant à montrer bon visage, comme si les atroces douleurs qui lui taraudaient la poitrine n'étaient qu'illusion. Malgré les soins prodigués, Isis redoutait la proximité d'une issue fatale, à moins que son père ne triomphât une fois de plus.

La supérieure attendit la procession devant l'entrée du kiosque; elle s'écarta quand Sabni, guidant le cortège à la blancheur immaculée, s'avança entre les quatorze colonnes. La communauté déposa les objets sacrés. Après une année d'utilisation, l'énergie dont ils avaient été chargés lors du précédent rituel s'était épuisée. Seul le soleil les rendrait à nouveau efficaces et capables de transformer la laideur en beauté.

– Comme ton visage est radieux, lumière divine, déclama la ritualiste, quand tes bras modèlent la matière pour façonner les dieux, les humains, les animaux et tout ce qui existe.

Pendant que l'hymne, vieux de trois millénaires, se poursuivait, Isis arrêta la décision qu'elle mûrissait depuis de longues semaines.

– Cette régénération par la lumière doit s'accompagner d'une sortie de la barque. Ainsi agissaient nos ancêtres, ainsi agirons-nous.

La belle sérénité de la communauté s'effrita; des murmures désapprobateurs la parcoururent. Dans les yeux du doyen passa une lueur d'excitation.

– Supérieure, dit Sabni avec respect, ce projet paraît téméraire; nous n'avons plus le droit de quitter l'île. Des concentrations de troupes ont été signalées à Éléphantine. Nous risquons d'être malmenés.

– Nous devons déclencher un mouvement de résistance. Aucun des paysans qui travaillent sur nos terres n'est chrétien. Ils ont été baptisés l'épée sur la nuque; si la barque de la déesse reste invisible, l'Égypte continuera à mourir.

– L'ennemi dispose de la force.

Isis se tourna vers le doyen.

– Il ne faut pas risquer la vie des tièdes, indiqua-t-il d'une voix joyeuse; elle est trop indigeste, même pour les chacals.

La supérieure prit la main de son père.

– Toi qui ignores la crainte, sois le gardien de ce temple. Prends à tes côtés les plus âgés; je ne veux que des volontaires conscients du péril. Si nous devions disparaître, que ces lieux continuent à vivre.

CHAPITRE 2

La communauté disposait encore de plusieurs barques. Même si les nombreuses équipes de charpentiers et le chantier naval n'étaient que souvenirs lointains, deux adeptes continuaient à entretenir ce trésor inestimable.

L'une d'elles fut mise à l'eau devant le kiosque de Trajan, loin de l'embarcadère habituel, afin de ne pas attirer l'attention d'éventuels guetteurs. Dix prêtres y montèrent. Sabni portait une petite barque sacrée, à la proue en forme de fleur de lotus. D'un regard, il tenta de dissuader Isis d'entreprendre cette expédition; la supérieure s'installa à l'avant, goûtant la brise sur son visage. Le court voyage, de l'île à la rive désertique, s'annonçait comme une victoire. Philae brisait la fortification invisible qui l'empêchait de communiquer avec le monde extérieur; l'emblème de la grande déesse réapparaîtrait parmi des fidèles sevrés de sa présence et condamnés au désespoir.

Un berger, du sommet d'une colline, aperçut le premier la procession. Il la vit s'organiser sur la berge, Isis en tête. Fou de joie, il courut prévenir les paysans courbés vers la terre dans un champ voisin, minuscule lopin arraché à la sécheresse. Un laboureur monta sur le dos d'un âne, le lança au galop et répandit plus loin la bonne nouvelle.

Quand le cortège atteignit l'une des esplanades rocheuses dominant la ville, Isis découvrit, émue, les faubourgs d'Éléphantine; la grande cité du Sud n'était plus qu'une ville de garnison abandonnée des divinités, un territoire profané où les temples avaient été saccagés. Sabni cacha mal son angoisse, mais lui aussi connut la joie intense d'échapper à la réclusion, de revoir l'endroit où il était né, d'espérer un autre avenir pour son pays.

Les prêtres, inquiets, regardaient de droite et de gauche, redoutant l'intervention de forces armées à la réputation de férocité. Pas après pas, ils s'enhardirent; quand ils traversèrent la première vigne où, entre les ceps, poussaient des palmiers-dattiers, ils étaient convaincus qu'aucun obstacle n'entraverait leur marche en avant. La barque de la déesse, illuminée des rayons d'un chaud soleil, les protégeait. Ils progressèrent sans hâte, adoptant une allure solennelle caractéristique des déplacements à l'intérieur du temple. Au bout du chemin, au premier groupe de fermes, l'Égypte entière les accueillerait; Isis proclamerait le retour de la foi traditionnelle, la résurgence du bonheur.

Une dizaine d'hommes au visage fermé barrèrent le passage. Sabni confia la barque sacrée à ses suivants et se rapprocha d'Isis qui continuait d'avancer. Les paysans, sans armes, s'agenouillèrent; la supérieure les releva.

– C'est de votre confiance que se nourrit la grande déesse, pas de votre humiliation.

Les paysans se joignirent aux prêtres. L'un d'eux entonna un chant dont il ne comprenait plus les paroles; il vantait la beauté des grains d'orge parvenus à maturité grâce à la bienveillance du ciel. Un prêtre reprit le refrain et entraîna ses frères. Quand la procession parvint en vue du premier camp fortifié interdisant l'accès de la ville, une voix unie, puissante, s'éleva d'une centaine de poitrines; jardiniers, marchands ambulants, bateliers abandonnèrent leur labeur pour se joindre à la reconquête.

Isis pria; elle psalmodia à mi-voix un hymne à la mère divine, se défendant de l'exaltation qui la gagnait. Pourquoi avoir tant attendu alors que l'assaut était si aisé ? Le nombre des dévots de la déesse ne cessait d'augmenter. Femmes et enfants osaient sortir de leurs maisons et participaient à la fête. L'au-delà revenait, l'Égypte ressuscitait.

Sabni ne s'abandonnait pas à l'allégresse; chants et cris de joie ne le rassuraient pas. Il observa le chemin de ronde où venaient d'apparaître deux soldats armés de lances.

Le jeune homme tressaillit : ce n'étaient pas des paysans enrôlés de force mais des mercenaires bien équipés chargés de surveiller le poste de douane, de recouvrer les impôts et d'escorter les transports de nourriture. Leur principale fonction consistait à assurer le maintien de l'ordre au mépris des vies humaines. Le corps couvert d'une cuirasse et de jambières de cuir, la tête dissimulée sous un casque pourvu de deux ouvertures pour les yeux, ils maniaient volontiers la pique et la hache à double tranchant. Le peuple haïssait et redoutait ces barbares venus d'Asie.

Le cortège progressa vers le fort en briques crues dont la façade principale se tournait vers le sud d'où avaient surgi, voici bien des années, des tribus nubiennes révoltées. Le sinistre bâtiment, relié aux tours de guet d'autres camps où étaient casernés les détachements préposés à la frontière, aux routes et aux carrières, symbolisait l'autorité de l'évêque.

En ouvrant de nouveau la porte de l'Égypte, Éléphantine, la communauté ferait circuler un souffle puissant dans le pays entier. En quelques semaines, chacun saurait que la grande déesse avait quitté l'île sainte afin de réanimer les anciens sanctuaires et de revivifier les cultes assoupis. Partout, ce serait de nouveau la fête du ciel et de la terre.

Quatre soldats en guenilles coururent vers le cortège. Ils ôtèrent leurs bottes de papyrus et jetèrent leurs épées courtes au tranchant émoussé; sales, hirsutes, ils rançonnaient chaque semaine leur propre famille, à laquelle ils avaient été arrachés pour devenir des policiers soumis aux mercenaires étrangers.

La désertion commençait.

Deux cents, trois cents... Sabni ne comptait plus les alliés qui, se dépouillant de leurs oripeaux chrétiens, libéraient les paroles du cœur. Il se reprocha d'avoir douté : nul oppresseur ne tuerait l'âme de l'Égypte.

Comme Isis était belle, en ce temps de triomphe! Calme, lumineuse, elle commandait avec douceur. Fragile, elle semblait indestructible. Sabni l'admirait depuis si longtemps qu'il s'étonnait des couleurs plus chaudes prises par ses sentiments; dans ses regards, la déférence se teintait d'un élan presque passionné qu'il refrénait encore. Amour ne saurait être son nom. Comment aurait-il réuni deux êtres si dissemblables : Isis, l'héritière d'une longue lignée illustre de reines d'Égypte, Sabni, un modeste prêtre aux humbles origines ?

L'attaque se produisit à l'arrière. Tout à leur délire, les pèlerins n'avaient pas remarqué la rapide manœuvre d'encerclement. Les ordres des mercenaires ne souffraient pas d'hésitation : aucun trouble ne devait être toléré. D'ordinaire, ils bastonnaient un ivrogne ou rattrapaient un paysan en fuite que rendaient fou la misère et l'esclavage. Cette fois, la situation était beaucoup plus préoccupante : une émeute, une rébellion contre l'ordre établi. De plus, les sentinelles avaient assisté à la désertion de plusieurs policiers, ralliés aux agitateurs. Aussi la consigne fut-elle appliquée avec la dernière rigueur.

La première ligne de mercenaires tira à l'arc. Les flèches se fichèrent dans le dos des fidèles d'Isis ; à la hache, les soldats coupèrent jambes et nez des blessés, percèrent le ventre des derniers révoltés. En quelques minutes, les troupes de surveillance se rendirent maîtresses du terrain.

Ceux qui avaient cru au retour de la grande déesse gisaient ensanglantés dans la poussière du chemin. Un seul prêtre avait perdu la vie, la gorge tranchée. Une erreur due à la trop grande fougue d'un soldat qui s'était souvenu, un peu tard, des recommandations de l'évêque : ne pas attenter aux jours des hommes et des femmes vêtus de robes blanches. On dévêtit le cadavre et on l'habilla avec la tunique souillée d'un paysan.

Isis, Sabni et les autres membres de la communauté furent reconduits sous bonne garde jusqu'à leur barque. Effondrés, ils entendirent les hurlements des déserteurs que les mercenaires pendaient par les pieds après avoir versé du plomb fondu sur leurs testicules. Restait à brûler les suppliciés ; s'élevant vers l'azur, la fumée marqua la fin de l'insurrection.

Un gradé ramassa une petite barque à la proue en forme de fleur de lotus. Déplorant l'absence de dorure, il la disloqua à coups de botte et en dispersa les morceaux dans la pierraille.

CHAPITRE 3

Isis, prostrée au pied d'une colonne du kiosque de Trajan, n'avait absorbé aucune nourriture depuis deux jours. La communauté, désemparée, attendait que la supérieure sortît de son mutisme. Le doyen, alité, avait perdu l'usage de la parole. La ritualiste se contentait de réciter les textes énumérant les offrandes aux divinités afin de préserver le faible lien unissant encore l'Égypte à l'harmonie céleste. Plongé dans la léthargie, indifférent à la douceur du jour, le temple n'était que murs silencieux.

Sabni déposa devant Isis une outre d'eau fraîche.

– Personne ne te juge responsable de la mort de notre frère. Comme les autres, il connaissait le risque.

– L'évêque avait promis que la vie des membres de notre communauté serait protégée. Tous ces malheureux assassinés, cette furie...

– Théodore n'a jamais trahi sa parole. Ce fut un accident.

– En es-tu certain ?

– Je compte m'en assurer.

– De quelle manière ?

– En rencontrant Théodore.

– Tu n'as pas le droit de quitter l'île.

– En tant que prêtre, non. Mais qui se méfiera d'un paysan ?

– Trop dangereux.

– C'est indispensable.

– Si je t'interdisais cette expédition ?

– J'obéirais. Mais nous souffririons d'une angoisse insupportable.

Isis se leva. Comme il était difficile de ne pas s'élancer vers elle, de ne pas la prendre dans ses bras!

La supérieure admit le bien-fondé de l'opinion de Sabni. Lors du partage des terres, l'évêque n'avait pas démantelé le patrimoine du temple; ce dernier ne possédait plus les richesses d'autrefois, mais il lui restait des champs cultivés qui continuaient à nourrir la communauté. Chaque paysan était persuadé que, si la déesse recevait la première part des récoltes, son sort serait moins rude. L'évêque fermait les yeux et le système économique fonctionnait comme jadis : denrées apportées au temple, sacralisation par la supérieure, redistribution.

– Un autre événement m'oblige à me rendre sans délai à Éléphantine.

– Lequel?

– Notre fidèle Mersis ne nous a pas fait parvenir son message habituel. Il y a des soldats sur les rives et aucun pêcheur ne peut s'aventurer dans nos eaux.

Mersis, un Égyptien dont le nom signifiait « le Rouge », était l'un des hommes de confiance de l'évêque. Converti de longue date, il ne supportait pas de voir disparaître les adeptes des anciens cultes. Il voulait sauver Philae et communiquait à la communauté les informations indispensables à sa survie.

– Comment procéderas-tu?

– Je nagerai jusqu'au premier poste frontière. Seuls le gardent des paysans enrôlés de force, occupés à dormir ou à jouer aux dés. Ensuite, j'emprunterai le bac. A Éléphantine, j'attendrai le temps nécessaire pour rencontrer Théodore seul à seul.

Isis se tourna vers Sabni. Dans ses yeux, l'inquiétude se mêlait à la tendresse.

– Nous n'avons donc pas le choix...

– Je suis ton serviteur. L'âme de Philae, c'est toi.

– Reviens vite, Sabni.

***

Sabni traversa aisément le bras d'eau qui séparait l'île du baraquement où des douaniers d'occasion entassaient dépouilles de crocodiles et pagnes nubiens de mauvaise qualité. Personne ne fréquentait cet endroit sinistre, où il n'y avait rien à voler ; au loin, juste avant la première cataracte, Sabni discerna les fortifications du grand poste de douane, frontière entre l'Égypte et le Sud. Éclairé par des torches, il était maintenu en état d'alerte jour et nuit pendant la période des basses eaux. L'occupant redoutait peu les tentatives d'invasion des tribus nègres ; les derniers assauts remontaient à plus de dix ans. Ce qu'il fallait protéger des pillards, c'étaient les trésors accumulés dans les entrepôts : sacs d'or, ivoire, bois d'ébène, peaux de fauves. Après inventaire et évaluation de leur valeur, ils alimentaient le marché le plus animé du pays. Les douaniers accueillaient les caravanes venues d'Afrique, prélevaient les taxes et garantissaient la sécurité des marchandises avant qu'elles ne fussent négociées.

Philae ne disposait plus d'assez de pièces d'argent convertibles en ce métal précieux qui servait à recouvrir les statues divines et les vantaux de porte. Mélancolique, Sabni s'enfonça dans les ténèbres ; enfant, il avait joué si souvent sur les berges et les falaises qu'il en connaissait le moindre caillou. Certains sentiers, d'apparence aisée, celaient des pièges mortels ; oubliant que les pierres, en équilibre instable, pouvaient dévaler à tout instant les pentes sablonneuses, plusieurs soldats byzantins s'étaient rompu le cou.

Il ôta sa tunique de paysan et dormit au sommet d'une colline à l'abri d'un bloc de granit rose. Éveillé par les lueurs de l'aube, il descendit d'un pas tranquille vers l'embarcadère où se pressait une foule nombreuse. Le bac pour l'île d'Éléphantine, où résidait l'évêque, était gratuit ; s'y entassaient chèvres, moutons, ânes et agriculteurs apportant des nourritures au maître des lieux et à la garnison. Sabni soulagea de son fardeau une vieille femme ployée sous le poids d'un panier rempli de bottes d'oignons qu'elle devait livrer aux échoppes de la cité bâtie à la pointe sud de l'île. Marchant à ses côtés et devisant avec elle, il donnait l'image d'un bon fils aidant sa mère. Soldats et policiers ne les interpellèrent pas ; ils passèrent près du célèbre puits que le Grec Ératosthène, en 230 avant Jésus-Christ, avait utilisé pour confirmer la mesure de la circonférence de la Terre établie par les savants égyptiens. Dans cette région, au solstice d'été, les rayons lumineux tombaient à la verticale et éclairaient les aiguilles des cadrans solaires sans provoquer d'ombre portée; ils offraient un excellent point de départ aux calculs des géomètres.

La plupart des maisons avaient troqué leurs terrasses contre des toits en plâtras. Certaines, rasées jusqu'aux fondations, rappelaient le châtiment infligé à ceux qui refusaient obstinément de se convertir. L'ancienne demeure du gouverneur égyptien hostile au christianisme était abandonnée. Sa façade, lacérée et noircie, ressemblait au visage d'un supplicié.

Sabni accompagna la vieille jusqu'à l'échoppe de l'épicier, un Libanais toujours prêt à vanter les mérites de Byzance et la sagesse de l'occupant. Cousin d'un gradé, il avait acheté quantité de terres, où il exploitait en toute impunité plusieurs familles qui, sans lui, seraient mortes de faim.

Épuisée, la marchande d'oignons pria Sabni de porter son fardeau, pourtant allégé, jusque chez elle. Elle habitait dans le quartier le plus pauvre et devait se rendre quotidiennement jusqu'à son lopin de terre, sur la rive est. Pendant les périodes de forte chaleur, elle y travaillait la nuit. Son mari décédé, ses deux fils casernés en Asie, elle subsistait avec peine.

La maison basse, donnant sur une ruelle boueuse et obscure, était bâtie en briques de terre crue séchée au soleil. Dans la façade brunâtre mal entretenue s'ouvrait une minuscule fenêtre pourvue d'une grille en bois. Sabni et la vieille grimpèrent une volée de trois marches usées. La propriétaire utilisa une clé rouillée; elle croyait en l'illusoire protection que lui procurait une serrure branlante. Un mobilier à moitié pourri encombrait les deux petites pièces.

La vieille s'affala sur le sol de terre battue.

– Qui es-tu?

– Désires-tu vraiment le savoir?

Elle ferma les yeux.

– Tu n'as pas les manières d'un paysan, ta voix est posée comme celle d'un prêtre... Je me souviens des paroles paisibles des adeptes d'Isis quand ils sortaient en procession avant que l'évêque ne les obligeât à demeurer sur l'île. Ils avaient des gestes calmes, comme toi.

– Ces temps-là sont révolus. Je suis ici pour m'engager dans l'armée. Adieu.

La vieille garda les yeux à demi clos. Dénoncer un prêtre en fuite lui rapporterait une coquette somme. Elle mangerait à sa faim pendant plusieurs mois.

CHAPITRE 4

A côté de la demeure de l'évêque se dressait le plus haut pigeonnier de la région d'Éléphantine. Les excréments des pigeons fournissaient un engrais efficace et apprécié, surtout dans les vignobles. La bâtisse du maître de la province arborait fièrement deux étages et une terrasse. Sabni la connaissait bien; avant d'abriter l'évêque, la villa avait été la propriété d'un juge dont les enfants, auxquels se joignait volontiers le petit Théodore, jouaient avec le futur prêtre d'Isis.

Chaque jour, une dizaine de serviteurs nettoyaient la salle de réception, les chambres, la cuisine, la salle d'eau, les portiques et les garde-manger. Sabni avait songé à prendre la place de l'un d'eux, mais des soldats vérifiaient leur identité. Aussi se glissa-t-il dans l'équipe d'entretien de la basse-cour où figuraient souvent de nouvelles têtes.

Jusqu'au soir, Sabni s'occupa des cochons, des oies et des poules. N'avait-il pas rempli cette tâche, au temple, avant d'être admis à l'école des scribes ? Il échangea quelques mots avec ses collègues, sans se mêler à eux; quand ils quittèrent la basse-cour, il s'y laissa enfermer.

Lorsque la nuit fut tombée, Sabni s'introduisit dans la cave par une fenêtre basse aux barreaux mal scellés, se faufila entre deux rangées de jarres emplies d'un grand cru puis monta l'escalier qui aboutissait au rez-de-chaussée. Le bureau de l'évêque se situait au second.

Assis à sa table de travail en bois d'ébène, Théodore lisait des listes comptables qu'éclairaient deux lampes à huile.

– Entre, Sabni. Tu ne fais presque aucun bruit mais je t'attendais; après un tel drame, j'étais persuadé que tu viendrais.

Le fidèle d'Isis pénétra dans la pièce remplie de rouleaux de papyrus rangés avec soin dans des casiers. Théodore aimait l'ordre, détestait le laisser-aller et la négligence. Bien qu'il régnât sur une escouade de secrétaires, il continuait à classer lui-même ses documents; travailleur infatigable, il s'accordait peu de repos. A trente ans, il avait déjà l'apparence d'un homme mûr, épuisé par des tâches trop nombreuses. Sabni, son cadet de deux ans, semblait beaucoup plus jeune que Théodore, dont le visage allongé, les tempes dégarnies et la maigreur accentuaient la sévérité. Adolescent, il enviait la beauté de son camarade, sa nature triomphante et joyeuse.

– Assieds-toi sur les coussins et déguste ces figues succulentes. Je dois terminer un rapport, car Dieu n'a guère eu pitié de moi en me confiant l'administration de la province; les fonctionnaires de l'empereur ne cultivent que la paresse.

Comment supposer que Théodore fût d'origine égyptienne, lui, l'amateur de vêtements byzantins aux ourlets violets et aux broderies ornées d'un décor floral? Des mosaïques illustrant des scènes de la mythologie grecque couraient sur les murs; des marqueteries hellénistiques agrémentaient les meubles; verres et vaisselle d'argent provenaient de la capitale de l'Empire d'Orient. Sabni méprisait ce raffinement excessif mais il avait faim.

Il dégusta plusieurs figues douces, presque dépourvues de grains. Les notables appréciaient cette variété tardive.

– Un prêtre a été tué, Théodore.

– Officiellement, il s'agit d'un déserteur. Cette version est préférable.

– Tu avais promis.

– Vous aviez promis de ne quitter l'île sous aucun prétexte; des faibles d'esprit sont morts à cause de vous.

– Tu dois nous comprendre.

– A toi d'admettre que Philae viole la loi de Dieu et des hommes depuis trop longtemps. Ignores-tu que Constance le Second a ordonné la fermeture des temples païens dès l'an 356 après la naissance du Sauveur, que le christianisme est religion d'État depuis 380 et que les cultes hérétiques sont interdits depuis 392?

– Rome est tombée en 410, rappela Sabni. Sa chute prouve que la croyance des chrétiens est périssable et que la plus impitoyable des tyrannies peut s'effondrer.

– L'Empire d'Orient a repris le flambeau. Philae ne subsiste que dans un rêve qui risque de se transformer en cauchemar. Convertis-toi.

L'évêque se tourna vers le prêtre égyptien.

– Nous sommes amis, et les dieux sont morts. C'est la vraie foi qui règne sur le monde. Le Christ te recevra dans son Église, tu connaîtras enfin la paix... et moi aussi.

Le regard de Théodore brillait d'espoir. Alors que l'Occident, mal remis de l'effondrement de Rome, se disloquait dans les convulsions de la barbarie, l'héritage de Constantin, riche de ses provinces d'Asie Mineure, de Syrie et d'Égypte, élevait l'Orient au rang de phare de l'humanité. Byzance, la nouvelle Rome, détenait les clés de la civilisation. Seule Alexandrie tentait de rivaliser avec elle en étalant ses richesses au pied du palais du Patriarche, adepte de la doctrine monophysite selon laquelle la nature divine du Christ avait absorbé sa nature humaine. Condamné par l'empereur, le particularisme égyptien florissait. L'évêque Théodore aurait dû le combattre avec davantage d'énergie, mais un autre adversaire le souciait : Philae, le dernier temple païen en activité.

– Je ne me convertirai jamais, affirma Sabni avec la certitude tranquille que procure une foi inébranlable.

– Je viens de signer un nouveau décret, sur ordre de l'empereur. Tout baptisé qui pratique un ancien rite, même dans le secret de sa maison, sera condamné à mort. Lis.

Sabni déchiffra le texte, rédigé en grec, en démotique et en latin afin que nul n'en ignore. Les illettrés seraient rassemblés sur les places publiques où des hérauts leur communiqueraient l'avertissement solennel :

> « *Que nul, quels que soient sa famille, son rang, sa dignité, qu'il soit ou non revêtu d'une autorité ou de fonctions publiques, qu'il soit bien né ou de condition modeste, d'une fortune élevée ou humble, ne sacrifie en quelque lieu que ce puisse être, en aucune ville, à des symboles ; et qu'il ne fasse aucune offrande. Sinon, qu'on le dénonce.* »

Sabni roula le papyrus.

– Voici votre nouvelle arme : la délation. Rassure-toi ; je ne suis pas baptisé. Les cœurs sont avides, la douceur périt, on se réjouit du mal, le criminel a force de loi, chacun baisse son visage vers le sol : le pays est abandonné à ceux qui le détestent.

– Ne t'obstine pas.

– Le temps est apparence. Dans le malheur d'aujourd'hui gît le bonheur de demain.

– Tu méconnais la hargne de tes ennemis ; les cohortes de moines qui ont envahi les anciens tombeaux ne supporteront plus longtemps l'existence de Philae. A chaque assemblée, leurs représentants exigent le départ de ta communauté et la destruction du temple. Je tente de passer sous silence la présence des derniers païens dans ma juridiction mais votre stupide procession réduit mes efforts à néant.

– Isis commande aux étoiles et chasse les démons. Elle ne persécute personne, son amour vaincra.

– Tu es un homme d'un autre âge, Sabni. Isis... un fantôme oublié.

– Pourquoi ton dieu verse-t-il autant de sang et réduit-il en esclavage des pays entiers ?

– Pourquoi adores-tu des divinités à corps d'homme et à tête d'animal ?

Sabni sourit.

– Cet argument est indigne de toi, Théodore. En l'animal s'incarne une force divine ; nous n'adorons aucune idole mais reconnaissons le message des symboles.

L'évêque quitta sa table de travail et s'assit en face de son ami. Il accepta les figues qu'il lui proposait et versa du vin blanc dans deux coupes d'argent.

– Consentez-vous au moins à vénérer le Seigneur le dimanche, jour férié obligatoire ?

– Chaque jour doit être sacralisé. Le rite ne s'interrompt pas ; à chaque aube, la création renaît en totalité. Pourquoi privilégier le dimanche ?

– Tu t'exprimes comme si le monde n'avait pas changé ! La voix des pharaons s'est éteinte à jamais.

– Il reste Philae. Viens sur l'île, Théodore ; viens méditer sur le parvis, à l'ombre des colonnes. Parcours les salles et les chapelles, relis les hiéroglyphes gravés sur les murs, goûte la sérénité d'Isis, la reine céleste.

Un instant, Sabni crut que l'évêque le suivrait et ouvrirait son cœur, ne fût-ce que l'espace d'un pèlerinage, aux mystères de la déesse. Que Théodore fût à nouveau gagné par la magie du temple et la dernière communauté renaîtrait à l'espérance.

– Tu es un enfant! Sais-tu que Philae est peuplée de personnages diaboliques, de déesses aux formes provocantes dont les robes moulantes laissent voir les seins nus? Sais-tu que leur costume est si transparent qu'il ne cache même pas leur intimité, que bijoux et parures sont une insulte à la pauvreté du juste? Un évêque qui mettrait le pied dans ce lupanar que vous nommez « temple » se damnerait aussitôt.

– N'est-ce pas l'apôtre Paul qui a écrit : « La femme a été créée pour l'homme, elle est le reflet de l'homme »? Ce n'est pas mon avis. Si tu considères la femme comme diabolique, pourquoi admettre que le Christ est né de la Vierge Marie? Joseph, Marie, Jésus... ne sont-ils pas la trinité Osiris, Isis et Horus?

– Tu blasphèmes.

– Toi, tu répètes un dogme auquel tu ne crois qu'à moitié.

– Tu te trompes. Je crois en un seul dieu, le Père, de qui proviennent toutes choses et pour qui nous sommes nés. C'est Lui qui m'a désigné comme serviteur de son Église; mon devoir consiste à protéger la foi et à lutter contre l'erreur.

– Tu es aussi le patron d'une armée de diacres, de fonctionnaires et d'administrateurs, tu possèdes quantité de terres et de maisons, tu perçois des taxes qui accroissent la pauvreté des pauvres. Ta religion est cruelle; elle n'admet d'autre vérité qu'elle-même. Seuls des esclaves y adhèrent. La foi des pharaons n'était ni missionnaire ni conquérante : seule comptait la conversion du cœur. Seul s'opérait le changement profond de l'être par l'initiation au trésor divin.

– Les sacrements ont remplacé l'initiation.

– Tu commandes des moutons. Ils subissent une révélation au lieu de construire.

– Leur sincérité vaut bien celle des derniers adeptes d'Isis.

– Sers le Christ, puisque telle est ta vocation, mais

accorde la vie à ma communauté; elle est porteuse d'une spiritualité qui fera refleurir le monde de demain.

L'évêque éleva les mains devant lui, dans un geste de prière.

– Je t'en supplie, Sabni! Persuade la supérieure de ne pas s'enfoncer davantage dans sa folie. Quant à toi, feins au moins de te convertir. Je porterai sur moi le poids de ton mensonge et j'implorerai Dieu de nous pardonner.

Sabni se leva, Théodore l'imita. Les deux hommes étaient unis par la complicité du regard qu'offre une amitié indestructible.

– Je ne renoncerai pas, Théodore.

– L'Histoire lutte contre toi.

– Le nombre et la force aussi. Ils ont tort.

– Ensemble, nous aurions vaincu tous les obstacles, recréé cette région à l'image du paradis.

– Il y a déjà Philae : protège-la. Notre survie dépend de ta vigilance.

L'évêque se détourna et tira un papyrus de la case réservée aux affaires urgentes.

– L'incident d'avant-hier me contraint à prendre des mesures. Les habitants de l'île doivent devenir des travailleurs comme les autres. Qu'ils fournissent gratuitement des vêtements aux soldats de la garnison : première livraison au début du mois prochain.

– Impossible. Nos deux vieilles tisserandes sont presque impotentes et les autres membres de la communauté affectés à des tâches impérieuses.

– En ce cas, je supprime la dotation de lin à Philae.

– Nous comptions sur la prochaine pour fabriquer de nouvelles robes.

– Que m'importe! Les sujets de l'Empire ne se promènent pas en robes blanches.

Théodore se remit à écrire.

– M'accorderas-tu un laissez-passer?

– Tu n'es jamais venu ici, Sabni.

L'évêque trempa son calame dans un godet rempli d'encre noire et rédigea, en grec, l'interdiction formelle et définitive de livrer du lin au temple païen.

CHAPITRE 5

Sans laissez-passer, Sabni ne valait guère mieux qu'un hors-la-loi. Les patrouilles qui arpentaient les ruelles d'Éléphantine exigeraient de connaître sa profession, son lieu de travail et le nom de son patron. L'Égyptien avait espéré une aide plus substantielle de la part de l'évêque. Mais ce dernier lui donnait une leçon ; seul dans une ville hostile, il lui fallait échapper aux rondes pour regagner Philae. Impossible de sortir par la basse-cour, dont l'issue était gardée.

Jetant un dernier regard à la fenêtre de l'évêque d'où s'échappait la lueur des lampes, Sabni enjamba le parapet de la terrasse et gagna le toit d'une remise. Il observa les ruelles : aucun soldat en vue. Poursuivant son chemin de bâtiment en bâtiment, il s'éloigna du quartier central et s'aida des arceaux d'une treille pour descendre sur une placette encombrée de détritus.

Il ne lui restait plus qu'à rejoindre la berge des anciens jardins du temple ; là croupissaient des barques rarement utilisées. Il évita une venelle et s'engagea dans une petite artère longeant les demeures éventrées des prêtres de Khnoum, le dieu bélier. De pan de mur en soubassement, Sabni se rapprocha de l'atelier d'un potier ouvert sur le Nil. Au-dessus d'une fenêtre subsistait un linteau en bois de cèdre. Pavements et revêtements de calcaire avaient été arrachés. Malgré les amoncellements de briques, il distingua l'emplacement d'une grande salle ornée de niches, abris dérisoires de divinités domestiques auxquelles les familles d'antan adressaient une prière au lever et au coucher. Il franchit les restes d'une porte et songea que, dans moins d'une heure, il serait de retour sur l'île.

– Ne bouge plus. Tu es en état d'arrestation.

Des décombres surgirent une dizaine de soldats casqués, qui pointèrent leurs épées vers lui.

– Si tu cherches à t'enfuir, nous t'abattons.

Sabni se retourna. D'autres soldats lui barraient la route. Il s'immobilisa. Le chef de la patrouille, un Byzantin sec et nerveux, s'avança.

– Qui es-tu ?

– Un paysan.

– Ton nom ?

– Je ne sais plus...

– Que fais-tu ici ? Ignores-tu qu'il s'agit d'un terrain militaire ?

– Je me suis perdu.

Le chef de la patrouille, l'épée levée, tourna autour de Sabni comme s'il cherchait le meilleur endroit pour lui enfoncer la lame dans les chairs.

– Es-tu chrétien ?

– Qui ne l'est pas ?

– As-tu été incarcéré ?

– Non.

– Qu'on l'emmène.

Deux soldats empoignèrent Sabni et le poussèrent devant eux. Il ne résista pas ; on l'entraîna jusqu'au poste de garde de la garnison. Cachée derrière un milicien, une vieille marchande d'oignons regardait le chef de patrouille et hocha la tête au passage de Sabni.

Le suspect fut jeté dans une prison aux murs de briques crues et au sol de terre battue. Le toit était si bas qu'il ne pouvait se lever : quand la chaleur serait à son apogée, il étoufferait. Sabni s'assit dans la posture du scribe et vida son esprit de toute agitation. Le doyen lui avait appris à se situer en dehors des événements immédiats, à devenir presque étranger à lui-même afin de mieux orienter sa pensée. Le jeune homme oublia le réduit malodorant, les allées et venues des soldats, les bruits du camp. La peur qu'il éprouvait glissa sur sa peau et s'écarta de lui.

Comment prévenir Isis ? S'évader semblait impossible. Il faudrait soudoyer un soldat et lui demander de transmettre un message à Philae. Mais il n'avait rien à donner ; trouverait-il un être compatissant dans cette meute ? On ne lui apporta ni à boire ni à manger. Au milieu de l'après-midi, Sabni sentit sa langue gonfler et ses muscles se contracter.

La porte s'ouvrit. Un fantassin l'arracha de la cellule en le tirant par le bras gauche ; Sabni vacilla, les jambes lui manquèrent. Il reprit son équilibre avec peine. Le front haut, il avança. Une pique lui érafla le dos, il marcha plus vite. On le poussa à l'intérieur d'un bureau aux murs lépreux ; des tablettes gravées gisaient en désordre sur un coffre. Les fantassins s'écartèrent ; entra un officier supérieur, âgé d'une cinquantaine d'années. La joue droite barrée d'une cicatrice, le nez brisé, l'homme portait les traces manifestes de nombreux combats.

D'un coup de pied, il claqua la porte.

Sabni recula.

Les deux hommes tombèrent dans les bras l'un de l'autre.

– Mersis !

– La vieille t'a dénoncé. Mes hommes t'ont arrêté.

– Comme prêtre d'Isis ?

– Comme brigand ; c'est du moins le terme retenu dans la plainte. Bois ça.

Le capitaine offrit à Sabni un gobelet d'eau fraîche.

– As-tu pris le risque de rédiger toi-même le texte ?

– Le greffier m'obéit. J'ai encore quelque pouvoir dans cette garnison. Peut-être plus pour longtemps : l'avenir est sombre.

Du poing, le capitaine Mersis frappa le mur.

– Le préfet Maximin arrive demain, à la tête de cinq cents hommes. Quatre cents fantassins et cent cavaliers ; une troupe d'élite, un formidable renfort ajouté aux mercenaires et aux enrôlés d'office. On m'a donné l'ordre de remettre les casernes en état et de faire briller les armes.

– Pourquoi ce déploiement de forces ?

– Pacification définitive de la région.

– Philae ?

– Je n'en sais rien, mais la surveillance de l'île sera renforcée. Je ne peux plus t'envoyer de messages quotidiens.

– L'évêque supprime la dotation de lin.

Une vive douleur s'inscrivit sur le visage bourru du capitaine.

– Les robes des prêtres...

– Nous prendrons soin de celles que nous possédons.

Le soldat était au bord des larmes. La mort l'indifférait, pas la beauté d'un cérémonial.

– Ce Théodore est un monstre.

– Est-il en bons termes avec Maximin ?

– Ils ne se connaissent pas. Mais on prétend que le préfet est un homme très autoritaire. L'évêque n'appréciera guère.

– La chance nous sourira.

– Ces centaines de soldats...

– Philae ne mérite pas une telle armée. Il doit exister une autre raison.

Le capitaine n'en discernait aucune. Voilà bien longtemps que, dans le Nord, les velléités de révolte avaient été arrachées comme de vieux ceps. Entre l'Égypte et le Sud, les fortifications de la frontière vouaient à l'échec toute tentative d'invasion. Un seul fauteur de troubles s'opposait encore à la mainmise totale de l'Empire : le temple païen.

– Ne t'expose plus, Mersis. Si l'on apprenait que tu nous aides...

– Je ne crains pas le destin. Tu resteras en prison jusqu'à demain matin; l'interrogatoire que je viens de te faire subir t'innocente. Au quai abandonné, il reste une barque défoncée; elle devrait tenir bon jusqu'à la moitié du chemin. Ensuite, tu nageras. J'essayerai de t'envoyer un pigeon dès que j'en saurai plus; mais les meilleurs messagers, ceux qui volent la nuit, sont réquisitionnés par l'évêque. A présent, pardonne-moi : un suspect ne ressort pas intact de ce bureau.

Mersis frappa Sabni à plusieurs reprises, puis ouvrit la porte avec violence et jeta dehors sa victime dont les gémissements de douleur n'étaient pas feints.

– Remettez-moi ça en cellule. Ce petit voleur avait besoin d'une leçon.

CHAPITRE 6

Le doyen, de ses doigts gourds, tailla la figurine dans du bois d'olivier. Maîtrisant mal le ciseau, il s'écorcha le dos de la main gauche mais ne ressentit aucune douleur tant sa tâche lui paraissait essentielle. Sabni l'observait en silence. Dès son retour d'Éléphantine, il avait dépeint la situation à Isis et à son père. Furieux, ce dernier avait retrouvé l'usage de la parole avant d'entraîner le jeune homme dans la bibliothèque du temple.

– Un temps viendra où les dieux quitteront la terre et regagneront le ciel; des étrangers défigureront notre pays. Ce lieu sacré entre tous, cette patrie des temples sera couverte de cadavres et de sépulcres. Rien ne survivra, sinon quelques signes gravés dans la pierre : ainsi parlent les prophètes. Je n'accepte pas leur malédiction, je lutterai jusqu'au bout!

Le vieillard entailla davantage la statuette. Il lui donna la forme grossière d'un être humain, la recouvrit d'une étoffe et la plaça sur une table devant laquelle étaient disposés un encensoir d'argile et un fourneau en brique crue. Il y jeta du charbon de bois et des boulettes de graisse d'oie.

– Tout est prêt. Il suffit d'allumer le feu, de prononcer à haute voix le nom de notre ennemi et de jeter son effigie dans le brasier. L'adversaire sera détruit. Ah, j'oubliais...

Le doyen déroula un papyrus vierge.

– Prends ce calame et utilise cette encre; ils n'ont jamais servi. Écris le nom de l'évêque Théodore.

– Je refuse.
– Pourquoi ?
– Cette magie est vaine.
– Elle fut efficace des milliers de fois.
– Théodore n'est pas notre ennemi. Il est même le seul capable de nous sauver ; ce n'est pas lui qu'il faudrait supprimer mais l'Empire entier avec ses cohortes de soldats. Aucune magie ne saurait y parvenir.

Le doyen jeta la statuette dans un fourneau qu'il n'allumerait pas.

*
* *

La soixantaine bedonnante, le visage poupin et la peau luisante d'une pommade qui le faisait paraître plus jeune, le préfet Maximin entra dans Éléphantine à cheval, à la tête de ses troupes. Il affichait ainsi sa prise de pouvoir immédiate et incontestable. Les autorités de la région se soumettraient sans délai à sa volonté.

Derrière lui, une armée redoutable, bien équipée et bien nourrie. Les quatre cents fantassins disposaient de cuirasses neuves, de tuniques propres, de manteaux et de bottes. Les cent cavaliers montaient des chevaux vigoureux ; chaque soldat recevait quotidiennement deux rations comprenant du pain, de la viande, du vin et de l'huile. La solde permettait aux plus sages d'économiser un peu d'or. Syriens, Grecs, Romains, Asiatiques et quelques Égyptiens formaient cette cohorte chargée de pacifier définitivement une contrée dont l'insoumission latente exaspérait l'empereur.

La mission déplaisait au préfet. Il n'aimait qu'Alexandrie, son luxe douillet, ses femmes, ses banquets, la douceur du bord de mer. C'était la première fois, après une quinzaine d'années passées en Égypte, qu'il s'enfonçait aussi loin vers le sud. La chaleur l'accablait, les rochers dénudés et le paysage aride de la cataracte reflétaient une solitude effrayante. Seul le quartier central d'Éléphantine, planté d'arbres, égayé de jardins, ne manquait pas de charme. Mais Maximin s'ennuierait vite dans cette bourgade de province. Il rêvait déjà de repartir ; par bonheur, sa tâche serait aussi aisée que rapide.

Il fut étonné de la bonne tenue des troupes qui lui rendirent les honneurs; des rapports malveillants parlaient d'un ramassis de gueux dépenaillés, incapables de se battre. En réalité, leurs habits comme leur armement ne le cédaient guère en qualité à ceux des arrivants. L'évêque responsable de la garnison avait effectué un bon travail.

Le préfet refusa l'aide du fantassin et descendit seul de cheval. Malgré sa relative corpulence, il se targuait d'une excellente forme physique qu'une vie de plaisirs n'avait pas altérée. Théodore vint à sa rencontre. Les deux hommes se saluèrent en inclinant la tête.

– Heureux de vous accueillir, préfet Maximin.

– Félicitations, Monseigneur. L'ordre n'est pas un vain mot, à Éléphantine.

– La discipline est une vertu qu'aime le Seigneur. Une collation vous attend; sans doute désirez-vous d'abord vous baigner?

– Volontiers. Le voyage fut long et poussiéreux.

Maximin goûta les délices d'un bain parfumé et d'une eau chaude circulant dans d'anciennes canalisations que l'évêque préservait avec scrupule. Théodore comptait autant de partisans que d'adversaires. On le considérait comme le plus remarquable des prélats égyptiens et un excellent administrateur. Mais son ambition était à la hauteur de sa foi; il régnait en maître absolu sur le Sud, espérant sans doute de nouvelles responsabilités. On avait décrit au préfet un homme rude et froid; Théodore se comportait pourtant de manière fort aimable.

Le repas fut digne des meilleures tables: melon blanc, poisson du Nil, agneau rôti, légumes verts, fromage de chèvre, pêches, figues et grenades. Le cuisinier avait habilement joué des épices et obtenu des saveurs qui enchantaient le palais. Les vins, un rouge local et un blanc du Delta, n'auraient pas déparé une réception de l'empereur. L'évêque mangea peu. Après tant d'auberges médiocres le long de la route, Maximin ne bouda pas son appétit.

– Vous êtes un personnage étonnant, Monseigneur. Une armée en bon état, une demeure somptueuse, un cuisinier hors pair... ne vous sentez-vous pas à l'étroit, dans cette province reculée?

– J'y suis né.

– Peu importe. Je n'eus de cesse de quitter le village d'Afrique du Nord où j'ai vu le jour.

– Cette terre est rude mais non dépourvue de richesses.

– Il en est une dont l'empereur s'estime privé depuis trop longtemps : l'or de Nubie. Voici plus d'un an qu'aucun chargement de métal précieux n'est parvenu à la capitale.

– Il me fut ordonné de consolider la frontière afin de décourager toute tentative d'invasion. Les caravanes ne peuvent plus pénétrer dans les régions aurifères. Les tribus nègres les massacreraient ; je n'ai pas l'autorisation d'organiser une expédition.

– Moi, je l'ai. Le général Narsès conduira cette armée jusqu'en Nubie pendant que je vérifierai ici vos comptes et votre gestion.

L'évêque parut embarrassé.

– Vous courez au-devant de difficultés insurmontables.

Courroucé, le préfet posa sèchement sa coupe sur la table en acacia massif.

– Vous refusez ?

– Je vous abandonne volontiers mon bureau ; vous y examinerez à loisir les documents administratifs. C'est l'expédition nubienne qui suscitait mon appréciation défavorable.

– Comment des sauvages résisteraient-ils à une troupe expérimentée ?

– Expérimentée ou non, il faudrait qu'elle franchisse d'abord la cataracte.

Maximin s'essuya le front avec un linge.

– Personne ne m'a signalé cette difficulté, à Alexandrie... Expliquez-vous.

– Nous sommes en période de basses eaux ; les rochers affleurent. Aucune embarcation ne se risquera dans ce labyrinthe ; si vous persistez dans votre projet, plus des trois quarts de vos hommes périront.

Les experts en stratégie, qui n'avaient jamais vu la cataracte, ne tenaient compte que de la réalité militaire.

– Quand la crue se déclenchera, franchirons-nous aisément l'obstacle ?

– Les premiers jours, non ; ensuite, tout dépendra de son intensité. Trop faible, elle masquera à peine les rochers les plus dangereux. Trop forte, elle provoquera des tourbillons auxquels n'échapperont pas les meilleurs marins.

Maximin était effondré. Combien de mois lui faudrait-il patienter avant de satisfaire l'empereur ? De quelles sanctions serait-il passible en cas d'échec ? Sa mission, si facile en apparence, se transformait en cauchemar.

– Soyez assuré de mon entière collaboration, promit Théodore. Si votre séjour ici doit être long, qu'il soit au moins agréable. Mes secrétaires et mon personnel répondront à vos moindres désirs.

– Il y a un autre point... L'empereur a reçu des plaintes concernant un petit groupe de païens qui refusent de se convertir.

– C'est exact.

– Où résident-ils ?

– Sur l'île de Philae, perdue au milieu des flots. L'endroit est isolé, personne ne s'y rend.

– Un temple ?

– Oui.

– Pourquoi ne pas l'avoir fermé ? Son existence même est contraire à la loi.

– J'en suis conscient, mais j'hésite à utiliser la force ; Philae ne gêne pas la population. La cinquantaine de païens qui vit sur l'île, loin des regards, est condamnée à s'éteindre rapidement. La plupart sont des vieillards inoffensifs. Leurs enfants sont convertis depuis longtemps, certains sont soldats ; comment les lancer à l'assaut de leurs parents ?

Maximin reprit du vin rouge.

– Je ne suis pas partisan de la violence... La christianisation a causé beaucoup de morts, ajoutées aux souffrances des persécutions antérieures. Mais cette situation est inacceptable : ne pourrait-on expulser ces gens avec ménagements ?

– Comprenez-les : ce sont des rêveurs, des nostalgiques du passé. Beaucoup sont nés sur l'île, y ont vécu, voudraient y mourir. Bientôt, ce temple reviendra à l'Église. La compassion dicte mon attitude.

Maximin jugea étrange la position de l'évêque ; sa réputation était celle d'un homme intransigeant, peu coutumier des tergiversations et fort soucieux d'appliquer la loi. Lui cachait-il un fait essentiel ?

– Philae serait donc le seul temple païen encore en activité.

– Terme excessif : léthargie conviendrait mieux.

– L'île est-elle accessible ?

– Par bateau, mais...

– Ne serait-elle plus territoire de l'Empire ?

Théodore ne répondit pas.

– Je me rendrai à Philae, annonça Maximin. Montrez-moi votre bureau, Monseigneur.

CHAPITRE 7

Sabni soutenait le doyen qui goûtait les joies de sa promenade quotidienne sous le portique couvert, entre le débarcadère et le premier pylône. Profitant de la fraîcheur de ce cloître où tant de sages avaient médité, il s'attardait sur les textes rituels et les figures divines qui couvraient murs et colonnes. Pharaon dialoguait avec de gracieuses jeunes femmes dont le corps harmonieux manifestait l'amour de la terre pour les puissances célestes. Bien qu'il marchât avec peine, le vieillard jubilait.

– Plus abondant en richesses est un instant passé à servir Dieu que toute une existence d'homme fortuné. Plus abondant en richesses un jour passé à faire offrande que tous les trésors du monde. C'est ce que m'a répété mon père après l'avoir entendu de son père; toi, Sabni, transmettras-tu ces paroles?

– Que la déesse m'en donne la force.

Le doyen s'arrêta et regarda le ciel.

– Aujourd'hui se produira l'événement qui décidera de l'avenir de notre communauté. Observe le soleil... c'est à lui de parler!

Une nouvelle vigueur habitait les jambes du vieillard, capables de parcourir un chemin plus long qu'à l'ordinaire. Sabni, oppressé, n'osa pas lui poser de questions. Lui aussi pressentait que les heures prochaines ne seraient comparables à nulle autre.

Les deux hommes se dirigèrent vers l'extrémité sud-ouest de l'île où se dressait le pavillon de Nectanebo Ier, surplombant le plan d'eau. Autrefois venaient y accoster les grandes barques transportant ceux qui travaillaient au temple pendant une semaine avant de repartir vers le monde extérieur. La tribune, jadis occupée par un collège de musiciennes dont les mélodies accueillaient les arrivants, menaçait ruine. Les deux petits obélisques érigés devant la façade méridionale du pavillon vacillaient sur leur base.

Le doyen s'assit sur la plus haute marche de l'escalier descendant vers l'eau, face à l'île de Biggeh, territoire sacré où reposait Osiris. Nul profane ne devait y poser le pied. Après un long repos, le vieillard manifesta le désir d'arpenter à nouveau le portique; il fit halte devant chacune des larges baies ouvertes sur le paysage d'eau et de roches. Son visage trahit une intense déception.

– Ma vue baisse, mes oreilles sont sourdes, ma force s'en va, ma bouche ne peut plus parler, mes os sont douloureux et ma pensée trébuche; suis-je capable de lire un présage? Il ne me reste qu'un bonheur, ma fille. Sais-tu qu'Isis appartient à la plus illustre des lignées, qu'elle descend de Cléopâtre, la dernière des grandes reines... ne rêvait-elle pas de reconstruire l'empire des pharaons?

Le doyen égrena des souvenirs où revenait sans cesse le nom de sa fille. Parfois, ses phrases étaient incompréhensibles. Il entrechoquait les mots et les rêves, disloquait le passé dans un tourbillon d'espérances mourantes.

Les yeux fixes, il se redressa brusquement.

– Regarde! Regarde le soleil!

De la lumière aveuglante jaillit un vol de canards sauvages disposés en triangle. L'oiseau de tête piqua vers le pavillon de Nectanebo; les suivants se glissèrent dans son mouvement avec aisance. Sabni quitta l'abri de la colonnade pour mieux observer l'admirable ballet. Les colverts changèrent de direction et tournoyèrent au-dessus de lui.

– Le présage! hurla le doyen.

Les oiseaux, de nouveau disposés en triangle, remontèrent vers l'azur. Le vieillard tomba dans les bras du jeune homme.

– Le signe que j'attendais... C'est toi qui seras le supérieur de la communauté.

***

La cérémonie d'intronisation de Sabni débuta à midi plein. Une chouette ulula. Ce nouveau prodige confirma la décision du doyen. Consultée, Isis l'avait approuvé.

En proie à une exaltation dont elle ne se serait pas crue capable, la communauté s'enivrait d'une nouvelle jeunesse. La naissance d'un supérieur, appelé à former avec Isis le couple symbolique qui régnerait sur l'île, garantissait la pérennité du culte. On avait nettoyé les salles du temple et ôté les mauvaises herbes; vieux et malades n'avaient pas ménagé leurs forces. Même si certaines robes de lin étaient usées ou trouées, elles éclataient de blancheur après plusieurs lavages successifs. Pas un objet rituel qui ne fût dépoussiéré, pas une statue qui ne fût rendue à sa beauté première. Le temple était prêt à accueillir son maître.

Sabni avait passé la nuit en méditation; il ne comprenait ni le choix du doyen ni l'approbation d'Isis. Un supérieur ne devait-il pas être un homme rassis, serein, éloigné des passions, attentif à la parole divine, détaché de lui-même? Sabni se savait esclave de sa jeunesse. Diriger une communauté dont les membres étaient plus âgés et plus expérimentés que lui serait impossible. Aussi vécut-il avec anxiété les heures qui précédèrent le rituel de la montée au temple.

Deux anciens l'extirpèrent de la cellule où il avait été enfermé. Ils le conduisirent à l'extrémité septentrionale de la galerie couverte, entre deux obélisques, face au premier pylône dont les deux massifs culminaient à une vingtaine de mètres. Des degrés menaient à la porte fermée; elle s'ouvrit lentement lorsque la ritualiste, d'une voix forte, annonça la venue du supérieur reconnu par la communauté. Sabni, avant de s'engager sur le chemin des transformations, observa la haute figure de Pharaon: maniant la massue blanche, le souverain fracassait le crâne des ennemis visibles et invisibles, rétablissait l'ordre dans le chaos et illuminait les forces des ténèbres.

Dès cet instant, le monde extérieur au temple cessa d'exister. Disparurent le christianisme, l'envahisseur byzantin, les troupes d'occupation. Ne subsista que l'île sainte, préservée du malheur et de la destruction. Sur le soubassement, des personnages ventripotents aux mamelles pendantes symbolisaient le Nil fécondateur et d'admirables jeunes femmes les provinces chargées d'abondantes nourritures destinées aux divinités.

Sur l'ordre de la ritualiste, Sabni s'immobilisa au seuil du pylône, entre les deux larges tours où s'incarnaient des déesses, nourrices du soleil nouveau. Une énergie inconnue parcourut le corps de l'impétrant; des pierres jaillit une clarté bienfaisante.

Un homme à tête de chacal s'avança vers Sabni; porteur du masque d'Anubis, l'ouvreur des routes, le prêtre guida l'adepte vers le second pylône. L'axe du temple se brisa. Les portes monumentales se décalèrent, amorçant une spirale, matrice du temple aspiré vers les étoiles impérissables, au nord de l'univers.

Sabni traversa la cour bordée, à l'ouest, par le déambulatoire de la salle de la naissance; au sommet des chapiteaux, Hathor souriait. Le sculpteur avait donné à chacun des visages de la déesse une expression différente : bonheur, joie, plaisir, tendresse composaient une musique de pierres vivantes.

Sur la façade du second pylône, Pharaon affirmait de nouveau sa présence; il triomphait à jamais des puissances ténébreuses. Le prêtre au masque de chacal céda la place à son frère au masque de faucon; désormais Horus orientait les pas de Sabni.

La porte franchie, au-delà du rocher taillé en forme de stèle où Ptolémée VI énumérait les donations au temple, le futur supérieur découvrit une salle à dix colonnes. Vert des palmes s'épanouissant au sommet des chapiteaux, tiges bleutées des végétaux reliant le sol argenté au plafond couvert de vautours aux ailes éployées, liens multicolores enserrant bouquets de fleurs et bottes de papyrus rouges et jaunes rythmant les scènes d'offrande, feuille d'or recouvrant des colonnes gonflées de sève animaient le rituel célébré par les hiéroglyphes, émetteurs de l'énergie des premiers âges, du « temps de Dieu » qu'évoquaient les annales du temple.

Sabni vit le doyen. Celui-ci parvint à se tenir debout sans sa canne et présenta au jeune homme un pagne identique à celui que portaient les rois d'Égypte lorsqu'ils officiaient dans les lieux saints.

– Ôte ta robe de lin; grâce à ce vêtement, tu manifesteras ta fonction.

Horus et Anubis se placèrent de part et d'autre de Sabni, purifièrent son corps nu en l'aspergeant d'eau fraîche, puis le doyen enroula la grande écharpe de lin autour des reins du supérieur et rabattit l'extrémité plissée sur elle-même de manière à former une languette saillante qui permettait de serrer le vêtement à sa guise. L'étoffe, passée entre les jambes et enroulée trois fois autour du corps, fut maintenue par une ceinture de cuir. Les mains du doyen n'avaient pas tremblé.

La jeunesse de Sabni se craquelait; ce simple pagne l'introduisait dans la chaîne ininterrompue des chefs de communauté.

– Tu materas les impies. Leur race sera humiliée, leurs enfants seront sacrifiés et leurs femmes rendues stériles, les statues des dieux seront redressées. Le pays rira à nouveau grâce au souverain né du soleil. Nous verrons la fin de nos malheurs; notre terre, la nourricière, donnera vie à qui aime la vie. Les morts se relèveront afin de prendre part au bonheur retrouvé. Va, Sabni. Accomplis pour nous ce destin.

Le doyen ôta les deux verrous qui fermaient la porte du Siège vénérable; le lieu mystérieux où se concentrait la puissance divine était plongé dans une obscurité où se perdaient de faibles rayons de lumière que filtraient de minuscules lucarnes.

Thot à tête d'ibis et Séchat, la souveraine de la Maison de vie, au corps revêtu d'une peau de panthère, prirent le supérieur par les mains; ils lui firent emprunter le déambulatoire qui desservait la chambre des étoffes, la salle du trésor, la chambre de purification, la salle des offrandes et l'amenèrent face au Saint des Saints, également clos par deux verrous.

– La hauteur du temple est conforme à la connaissance, déclara Thot, sa largeur à la loi du nombre, ses proportions respectent l'harmonie d'en haut. Deviens pierre fondamentale de l'édifice, pénètre dans le mystère.

Les divinités disparurent, le silence enveloppa le sanctuaire. Sabni tira les verrous, les posa sur le sol, poussa l'ultime porte.

Une lumière l'aveugla : le granit brillait de lueurs argentées mêlées à l'or du naos. Au sommet du monolithe, des cobras dressés crachaient un feu protecteur; à sa base, Pharaon soulevait le ciel.

L'éblouissement passé, il la vit. Vêtue d'une tunique blanche moulante, le cou orné d'un large collier d'or et les cheveux d'un diadème de lapis-lazuli, Isis se tenait à l'angle du naos; d'un doigt, elle repoussa la tigette d'or qui fermait la châsse où veillait une statue de la déesse, aux yeux perpétuellement ouverts.

– Je suis Isis, la mère de Dieu, la reine des cieux, souveraine de la terre sacrée. J'ai amené la vie à l'existence à travers ce que mon cœur a conçu, j'ai donné naissance aux divinités, montré le chemin des étoiles, régulé le cours du soleil et de la lune, enseigné aux humains l'initiation aux mystères, établi les temples, chassé les démons, aboli les lois des tyrans, mis en ordre ce que nulle folie ne modifiera. Par mon amour, la terre fleurit, le vent souffle avec douceur, la chaleur est tendre, le Nil abondant. J'offre l'or du ciel et la bonne fortune à qui me vénère. Sois dépositaire de cette richesse, Sabni, le supérieur de la communauté de Philae.

Plaçant sa main dans celle de Sabni, elle le conduisit hors du sanctuaire. Le jeune homme tremblait. Son existence ne lui appartenait plus, mais il vivait aux côtés de cette femme presque irréelle qui lui accordait sa confiance.

La communauté s'était rassemblée devant le second pylône; dès que le couple apparut, les adeptes reconnurent par acclamation la légitimité de son pouvoir. Puis Sabni déroula le papyrus de la Règle appliquée à tous, pauvre ou riche, noble ou paysan.

– Vous qui accomplissez les rites et gardez ce temple, lut Sabni, ne permettez à aucun profane d'y pénétrer. Que personne n'y accède s'il n'est en rectitude. Que les offrandes soient portées aux dieux de sorte que cette terre connaisse la paix et un destin heureux au-delà du temps. Vous qui suivez le chemin de lumière et veillez sur cette demeure du Principe, entrez en plénitude, allez heureux! La vie se trouve dans la main de Dieu, le bonheur dans son poing. Je m'engage à expulser le bavard et le violent car l'harmonie de la communauté est notre ciel. L'amour fraternel est le seul monument durable. Avançons sans crainte vers les épreuves et, si elles deviennent trop lourdes, augmentons l'offrande de chaque jour.

Face à Sabni, le doyen lui donna l'accolade.

– Toi qui es notre chef, recherche chaque occasion d'agir avec justesse de sorte que ta conduite soit irréprochable. Grande et puissante est la Règle. Elle n'a pas été perturbée depuis le temps d'Osiris; quand la fin viendra, la Règle durera.

CHAPITRE 8

Sabni s'étendit sur le pavement tiède près d'un bassin d'eau fraîche qu'ombrageaient des tamaris. Au terme de son intronisation et de la découverte du temple fermé où il pratiquerait désormais le culte en compagnie d'Isis, le nouveau supérieur de Philae avait éprouvé une vive lassitude. Le doyen s'était trompé : Sabni ne serait pas digne de diriger la communauté. Il resserra le pagne autour de ses reins comme si ce geste lui procurait une assise qu'il ne possédait pas ; ses prédécesseurs, pendant la cérémonie, avaient dû ressentir de l'exaltation, non ce poids écrasant qui le clouait au sol.

Un liquide chaud et parfumé coula sur sa poitrine. Ouvrant les yeux, Sabni contempla Isis ; elle maniait un flacon de verre teinté de jaune, au long col d'un vert sombre. En sortait un filet ambré aux senteurs de jasmin. Le jeune homme se laissa inonder par le fluide, qui détendit ses muscles et atténua sa fatigue.

– La dernière recette de notre frère parfumeur, mise au point juste avant son décès. Il a emporté la formule au pays du silence.

Sabni eût aimé que le flot bienfaisant ne cessât point ; sa peau l'absorba avec avidité, tentant de retenir le ruissellement qui embaumait son être.

La nuit tombait. Il ne quittait pas des yeux Isis, dont le visage s'estompait dans l'ombre douce de la mort du jour ; voilà longtemps qu'elle avait posé près d'elle le flacon et son bouchon en forme de palme.

– Rentrons, proposa-t-elle. Je dois te montrer le texte de fondation du temple.

Ils s'installèrent dans une petite pièce située derrière le môle oriental du premier pylône, à côté de la bibliothèque. Là étaient entreposées les archives consistant en papyrus et en rouleaux de cuir couverts de hiéroglyphes. Isis remplit d'huile de sésame le réservoir d'une lampe en terre cuite, vérifia que le trou d'évent n'était pas obstrué et tira la mèche en lin filé hors du bac. Elle l'alluma; Sabni tint l'anse et éclaira un papyrus jauni que la supérieure sortit d'un long coffre reposant sur quatre pattes de lion. Elle le déroula avec précaution.

– Voici l'acte de naissance de Philae, signé par Imhotep.

– Le créateur de la pyramide à degrés?

Isis acquiesça.

Incrédule, Sabni lut le court document tracé par la main parfaite d'un scribe de l'Ancien Empire, l'âge d'or de la civilisation égyptienne. Il proclamait le caractère sacré de l'île où s'était uni le premier couple royal, Osiris et Isis, qui avait révélé les règles de l'architecture, de la musique et de l'agriculture aux habitants des bords du Nil. Imhotep, le sage d'entre les sages, demandait à ses successeurs d'embellir Philae et de célébrer le culte de la grande déesse jusqu'à l'extinction des siècles.

Sabni embrassa le papyrus.

– A présent, tu es le supérieur de cette communauté. Puisses-tu ne pas trahir le maître d'œuvre.

Isis replaça le trésor dans son écrin. Au sortir de la salle des archives, le regard de Sabni s'attarda sur un bloc sculpté inclus dans le soubassement du mur. Y était gravée une figure à la fois grotesque et inquiétante : tête simiesque, coiffée d'un bonnet à rayures, creusée de deux yeux en amande encadrant un nez épais, bouche ouverte sur des dents taillées en triangle pointe en haut, menton barbu, torse musclé, sexe et testicules énormes.

– Quel est ce monstre?

– Un Blemmie.

– Un être imaginaire?

– Un membre d'une tribu nègre qui réside dans les territoires inaccessibles du grand Sud, au-delà de la quatrième cataracte. Les Blemmies détestent les chrétiens. Ils vénèrent le dieu Mandoulis, hôte d'une chapelle de notre temple. Son offrande préférée est le vin fruité de Nubie, qu'ils apportaient dans de grandes outres. Avant notre naissance, ils taillaient en pièces les garnisons romaines pour venir l'adorer ici même avec l'accord de mon père. Ils sont aussi très attachés au caractère inviolable de l'île de Biggeh, où repose Osiris; à ses côtés veille leur maître céleste, qu'ils qualifient de seigneur du sanctuaire secret, d'âme vivante et de lion courageux qui repousse les impies. Les fortifications de la frontière ont ruiné leur projet de libération de la province.

– Sont-ils vraiment aussi laids?

– C'est une caricature due à l'un de nos sculpteurs blessé par un archer blemmie. Enfiévrés lors des combats, ils ne distinguaient plus alliés et ennemis; peut-être leur race s'est-elle éteinte.

– En es-tu certaine?

– Ne rêve pas, Sabni. C'est sur nous, et sur nous seuls, que nous devons compter.

Le supérieur mit un genou à terre afin de mieux examiner le faciès barbare, synonyme d'espoir.

– Au-delà de la quatrième cataracte...

– Les routes nous sont inconnues. En tant que supérieur, tu te dois à la défense du corps sacré de la communauté; abandonner Philae et risquer ta vie te sont interdits. Rejette l'idée d'une aventure insensée.

Aucun des frères n'était assez jeune pour courir les pistes d'Afrique et franchir quatre cataractes. Dépité, Sabni se rendit à la raison; l'allié blemmie s'évanouissait aussi vite qu'il était apparu.

– Tu devrais dormir. A l'aube, tu dirigeras ton premier rituel.

– J'aimerais...

Elle posa un doigt sur ses lèvres.

– L'heure est au silence.

Isis s'éloigna dans la nuit, blanche apparition dont la trace lumineuse persista dans les ténèbres. Sabni aurait souhaité la retenir, lui confier sa détresse, son besoin d'une présence qui le rassurait. Mais elle avait refusé, se réfugiant dans une solitude hautaine plus inaccessible qu'une forteresse. Lui, le supérieur, elle, la supérieure... étrangers l'un à l'autre, prisonniers de leur fonction.

Fonction si illusoire, en vérité! L'évêque ne la supprimerait-il pas d'un trait de son calame? Combien de temps encore Isis feindrait-elle de croire à la survie de Philae? Sabni se détesta. Par ces pensées misérables, il n'attirerait que le mépris de celle qu'il aimait si mal; à l'anxiété d'un velléitaire, il ajoutait le découragement d'un lâche. Lui, un supérieur... quel mensonge! Pourtant, il s'était engagé devant Imhotep. Ce serment le liait à une tâche au-delà de ses forces et l'enchaînait à un devoir dont aucune volonté ne romprait les liens. Sabni n'était plus libre de vivre à sa guise, de céder à ses impulsions. Dans cette absence de choix, connaîtrait-il la sérénité de ceux qui recevaient la lumière parce qu'ils n'attendaient plus rien d'eux-mêmes?

Un cri déchira la paix de l'île. Il provenait de la berge occidentale, près du portique d'Hadrien; à cet endroit, il n'y avait pas de mur d'enceinte. Sabni se hâta. Il entendit un appel au secours.

La lune éclairait une horrible scène: un être hirsute et barbu frappait à coups de poing une tisserande. Le visage ensanglanté, elle cessa de gémir. Son agresseur la tirait par les cheveux quand Sabni l'obligea à lâcher prise.

Le forcené sentait mauvais; de la vermine courait sur sa peau parcheminée, parsemée de croûtes rougeâtres. Le supérieur identifia l'un des moines installés dans les tombes égyptiennes après avoir profané les scènes religieuses et incendié les chapelles. Plusieurs membres de la communauté accoururent, des torches à la main. Le moine édenté tenta de mordre Sabni, qui le repoussa aisément.

– Tuons-le! exigea une sœur.

L'agresseur avait attaqué seul Philae; il dévala la berge jusqu'à son radeau de branches et de palmes.

– Vous mourrez, prophétisa-t-il, vous mourrez tous!

CHAPITRE 9

A l'aube, Isis et Sabni franchirent le seuil du temple fermé afin d'éveiller la grande déesse résidant au cœur du Siège vénérable. Le supérieur éleva les mains en signe d'adoration ; Isis se plaça derrière lui et magnétisa sa nuque.

– Salut à toi, disque ailé, dit le supérieur ; tu surgis hors de l'océan des origines, créateur des dieux et père des hommes, être unique dont la forme demeure mystérieuse, sculpteur que personne n'a sculpté ; tu parcours l'éternité et suscites l'allégresse de l'univers entier ; pour toi, chaque journée ressemble à un instant.

Le supérieur tira le verrou, ôtant ainsi le doigt de Seth, maître de l'orage et de la puissance qu'il fallait assujettir par le rite. Il guérit l'œil d'Horus en ouvrant la porte de la demeure obscure d'où émanait la lumière de la déesse.

– Je vois ton secret, proclama la supérieure, je réunis pour toi le ciel et la terre.

Ni Isis ni Sabni ne parvinrent à chasser de leur pensée la vision de leur sœur gravement blessée. Le supérieur avait refusé que la communauté lynchât le moine, qui s'était enfui en hurlant des anathèmes.

Sabni offrit à l'âme de la déesse un modeste pain rond. Oubliés, les autels couverts de victuailles ; lointaines, les processions de porteurs de viande fraîche, de légumes odorants aux couleurs vives, de jarres de vin. Le faste d'autrefois cédait la place à la lecture des textes inscrits sur les murs. En s'incarnant par la parole, les hiéroglyphes devenaient bœufs gras, fumigations d'encens, bijoux d'or et d'argent, vêtements précieux, onguents rares.

Isis sortit la statuette du naos et l'exposa à la lumière d'une lampe. Après avoir traversé les régions ténébreuses de dessous terre, la puissance se matérialisait dans le corps de pierre où se concentrait l'énergie indispensable au temple. Elle circulerait dans ses reliefs, dans les signes gravés, et les animerait d'une vie inaltérable.

La supérieure parfuma l'effigie d'Isis, nourrie de la réalité subtile de l'offrande, puis referma les portes du naos.

Isis et Sabni sortirent du Siège vénérable à reculons et s'inclinèrent devant la présence divine avant de se saluer l'un l'autre. Le supérieur, qui avait accompli les gestes millénaires enseignés par les premiers pharaons et répétés chaque matin, saisit la main de la jeune femme ; il désirait partager avec elle l'émotion de son premier rituel. Leurs doigts s'entremêlèrent, d'abord hésitants ; Sabni voulut parler, Isis lui imposa silence. Unis, ils parcoururent la salle aux colonnes colorées et passèrent la porte du second pylône. Un soleil ardent envahit la cour intérieure fermée par le premier pylône ; Isis retira sa main.

– La première colonne sur la droite est dégradée ; tu devrais la restaurer.

Sabni accepta d'enthousiasme. Son talent de dessinateur et de peintre avait déjà eu l'occasion de s'exprimer.

– Je réunis les sœurs au kiosque de Nectanebo, annonça-t-elle. Nous devons examiner les textes concernant le retour de la déesse lointaine ; voilà trop longtemps que nous négligeons ce mythe.

Entourée des femmes qui avaient voué leur existence au temple, Isis dirigea les travaux. La lectrice proposa quelques phrases du récit, chaque sœur donna son interprétation, la supérieure corrigea et orienta. Peu avant le repas de midi, elle prit conscience qu'aucune novice ne figurait depuis longtemps dans les rangs de la confrérie féminine ; l'évêque avait interdit aux jeunes filles de quitter leur famille et de solliciter une période de probation au temple. La moins âgée des sœurs avait dépassé la cinquantaine ; la confrérie masculine n'était pas mieux lotie et subissait la même loi ecclésiastique qui condamnait Philae à disparaître par manque de nouveaux adeptes. Une seule femme aurait pu mettre au monde un enfant : Isis. Mais sa fonction s'y opposait; sa famille et ses enfants, c'était la communauté.

Une sœur se leva et pointa l'index vers l'eau bleutée.

– Là-bas! Un bateau!

Affolée, elle s'agrippa au bras de la supérieure, qui la repoussa doucement.

– Regagnez toutes vos demeures.

– Mais toi...

Le sourire d'Isis valait commandement; les sœurs se dispersèrent, les plus vaillantes soutenant les invalides. La supérieure s'avança jusqu'à l'extrémité du débarcadère.

Sur l'embarcation à la voile blanche déjà proche de l'île, une vingtaine de soldats. A la proue, drapé dans une tunique rouge rehaussée de fils d'or, le préfet Maximin, les yeux fixés sur Philae. Bientôt, son regard accrocha celui d'Isis. Ni l'un ni l'autre ne montrèrent signe de faiblesse. Quand le bateau accosta, un soldat jeta un cordage, dont la jeune femme s'empara d'une main ferme.

– Cette île est territoire sacré. Nul profane ne peut en fouler le sol sans mon accord.

Maximin tenta de quitter le pont; Isis lui barra le chemin. L'admirable visage de la supérieure, en dépit de la douceur des traits, manifestait une volonté farouche. Elle n'hésiterait pas à se battre, même vaincue d'avance.

– Philae est territoire d'Empire. Je suis le préfet Maximin, mandaté par l'empereur.

– Si vous souhaitez rendre hommage à la grande déesse, elle vous accueillera; venez seul et sans arme.

Les soldats, immobiles, attendaient les ordres. Frapper une femme n'ajouterait rien à la gloire d'un haut dignitaire.

– J'accepte.

Isis enroula le cordage autour d'un piquet d'amarrage puis aida le préfet à enjamber le parapet. Le contact d'un bras à la peau douce comme du byssus le troubla.

– Bienvenue à Philae; ici, vous jouirez de la paix du cœur. N'élevez pas la voix : la déesse aime le calme.

Isis tira elle-même l'épée hors du fourreau et la posa sur le sol. Le préfet ne réagit pas, subjugué par la vision de la grande colonnade qui dominait le flot et conduisait vers le premier pylône. La sérénité du lieu et sa noblesse l'envoûtèrent : il perçut les pulsations d'un être vivant caché dans la pierre; en découvrant les scènes rituelles entrecoupées de fenêtres ouvertes sur l'eau et les falaises, il s'émut de la grandeur de ces figures surannées où s'affirmait la puissance de souverains, maîtres du plus grand empire du monde. Un instant, il crut que Pharaon sortirait de ces murs pour entreprendre la reconquête du bonheur perdu.

Maximin toucha l'une des sculptures. Le grès palpitait. Le préfet devint complice du roi qu'avait immortalisé le sculpteur. Comment l'aurait-il servi, comment aurait-il administré des provinces regorgeant de richesses? La vérité refusée depuis tant d'années surgit avec la violence d'un orage : il vivait dans une époque médiocre, sans génie; la grandeur dont il avait toujours rêvé, c'était ici qu'elle s'exprimait, sur cette île emprisonnée.

– M'autorisez-vous à visiter les salles?

Isis entrouvrit la porte du premier pylône. Dans la cour intérieure s'étaient rassemblés les frères et les sœurs; Maximin observa ces hommes et ces femmes d'un autre âge, hostiles à l'expansion de la foi chrétienne. Pourquoi ne s'enfuyaient-ils pas, pourquoi ne regagnaient-ils pas leurs familles après s'être convertis? Il eut envie de leur crier la réalité d'un monde implacable, pétri d'intolérance, mais aucune parole ne sortit de ses lèvres. La dignité de ces victimes consentantes, leur gravité tranquille le déroutèrent. Ils avaient généré un univers au fonctionnement autonome, hors d'un temps qu'ils rejetaient. Et s'ils avaient raison, si l'existence du temple s'avérait plus essentielle que celle de l'Empire?

Le préfet fut pris de vertige. Il monta les marches aboutissant à la porte du second pylône demeurée entrebâillée et s'appuya contre un montant; une sueur aigre embua ses yeux.

– Ce temple doit disparaître. Il viole la loi.

Isis, au centre de la cour, se contenta de sourire. La puissance que croyait détenir Maximin s'effondrait à ses pieds.

Le préfet se sentit sans force, privé de toute agressivité, presque docile. Magie de Philae, sortilèges de la grande déesse... seuls des fous auraient accordé quelque crédit à ces superstitions. Pourtant, il s'inclinait devant une femme qu'il aurait pu abattre d'un revers de main.

Pour lui échapper, il força l'entrée du temple couvert. A genoux devant une colonne, un homme jeune, au large front, ajoutait des touches de couleur à des motifs défraîchis. Sur une palette creusée de petits godets, il avait mélangé de la craie et du gypse de manière à obtenir un blanc brillant; l'azurite broyée procurait un bleu durable. L'artisan restaurait la couronne d'une déesse, après avoir réajusté les chevilles à tête dorée qui maintenaient une plaque d'or couverte de hiéroglyphes.

Maximin fit quelques pas à l'intérieur de la salle aux colonnes peintes, ébloui par le foisonnement de couleurs s'exaltant les unes les autres; pas un pan de mur, pas un pouce de pierre privé de scènes d'offrandes, de personnages divins ou de génies protecteurs. Le temple parlait, le temple enseignait. La palette chamarrée du peintre animait le plus modeste détail; nul artiste grec, romain ou byzantin n'avait acquis une telle maîtrise.

– Vous devez quitter cet endroit, dit Sabni en se relevant. Il n'est pas accessible aux profanes.

Maximin aurait dû châtier cet impudent, il se contenta de lui obéir. Rebroussant chemin, il s'arrêta devant Isis et la regarda longuement.

Quand le préfet remonta sur le bateau, les soldats jugèrent son attitude étrange. Livide, tremblant, Maximin bredouilla l'ordre de regagner Éléphantine : l'invasion de Philae n'aurait pas lieu.

CHAPITRE 10

Levé avant l'aube, l'évêque Théodore relut le rapport que lui avait adressé l'un des soldats de la suite du préfet, chargé d'espionner les faits et gestes de Maximin; ce dernier semblait perdre la raison. A son retour de Philae, il s'était enfermé dans la chambre de sa vaste demeure de fonction. Désemparée, son escouade avait regagné la caserne. Déjà courait le bruit que le préfet, rendu fou par la sorcellerie des adeptes d'Isis, se préparait à entrer en guerre contre les chrétiens. Chacun se souvenait des vagues de persécutions qui avaient décimé des villages entiers. Des ermites battraient bientôt la campagne pour rassembler les fidèles; ils iraient jusqu'à former des milices armées de fourches et de pioches que les troupes de l'évêque devraient combattre. Une guerre civile entre chrétiens...

Théodore redoutait la venue de ce préfet ignorant des réalités du Sud, mais ne supposait pas que son comportement se révélerait aussi désastreux en si peu de temps. Pour Philae, quelle victoire! A cause de Maximin, l'île émergeait du silence où l'évêque avait réussi à l'enfermer. Elle apparaissait de nouveau comme un danger à supprimer au plus vite; comment parviendrait-il à contenir la haine de ses coreligionnaires et à sauver Sabni?

Toutes affaires cessantes, Théodore se rendit chez le préfet. Contemplant le Nil argenté des premières heures du jour et les falaises qui se teintaient de rouge orangé en sortant de la nuit, il comprit à quel point il vénérait cette terre.

Aucun des fidèles d'Isis n'en ressentait la beauté avec autant de ferveur que lui, le serviteur de Dieu, incarné à la fois dans la solitude du désert et la luxuriance de la végétation. Il façonnait l'enfer et le paradis dans le même paysage, traçait tous les sentiers, ceux de l'espérance et du repentir. Philae, la dernière hérésie, l'ultime rempart à la vague de foi déferlant sur le monde, devait survivre comme trace du paganisme vaincu et symbole de la clémence du Seigneur. Les ignorants d'hier deviendraient les croyants de demain.

Au moment où l'évêque franchit le portail du jardin qui entourait la villa du préfet, l'un de ses courriers l'aborda et lui remit un morceau de papyrus jauni. Théodore reconnut le sceau du temple; la qualité du support correspondait à un message solennel. Avant même de le déchiffrer, il devait s'entretenir avec Maximin.

Selon ses serviteurs, il dormait. Nul n'osa s'interposer lorsque l'évêque força la porte de la chambre; Maximin, étendu sur un lit bas, gardait les yeux ouverts et fixait le plafond décoré d'entrelacs végétaux. Un instant, Théodore crut qu'il était mort; mais le préfet respirait.

– C'est vous, Monseigneur... Il est si tard...

– Il est très tôt, au contraire. J'avais besoin de vous voir.

– Philae...

– Bien sûr, Philae.

– Il faut sauver le temple.

– Seriez-vous réellement envoûté?

Le préfet pivota sur son séant, se redressa et regarda l'évêque avec des yeux enfiévrés.

– Avez-vous déjà été amoureux?

– Le mariage ne m'est pas interdit, mais j'ai d'autres préoccupations. Quel amour pourrait se comparer à celui de Dieu?

– Celui d'une femme.

– Isis?

– Vous ne l'avez jamais vue, Monseigneur... Vous n'avez pas désiré ses seins, sa bouche, son corps... Vous n'avez pas ressenti son sourire comme un appel à la jouissance suprême, sa présence comme une félicité où l'on se noie de bonheur. Elle porte le même nom que sa déesse. Et si...

– Vous délirez.

Maximin se leva.

– C'est ça, le véritable amour... un délire qui vous emporte au-delà de vous-même, un feu qui détruit pour mieux vous faire renaître. Je croyais connaître les femmes, l'évêque. Des dizaines, de tous âges et de toutes races sont passées dans mon lit... Mais celle-là! Je suis comme un enfant devant elle. Pas un gentil bambin, mais un garnement capricieux, au désir brûlant.

– Le voyage vous a épuisé. En cette saison, le soleil est dangereux.

Maximin mangea quelques dattes et se servit un verre de lait.

– Ne me prenez pas pour un dément. Je reste un homme d'État.

L'évêque fut soulagé. Maximin ne céderait pas à sa passion.

– Le propre d'un homme d'État, poursuivit le préfet, est de changer d'avis au bon moment. Je voulais fermer le temple de Philae; j'avais oublié Isis.

– Comment comptez-vous procéder?

– Rétablissons les anciens privilèges de l'île.

– Ce serait une erreur dramatique. Les chrétiens ne le supporteraient pas.

Le préfet se tourna vers l'évêque.

– Une menace?

– Si vous désirez sauver Philae, faites oublier son existence.

Maximin sourit d'une manière étrange.

– Ce sera difficile.

– Pourquoi?

– Parce qu'Isis sera mon épouse. Et l'épouse d'un préfet doit obtenir ce qui lui plaît! Jamais elle n'abandonnera son temple; il faudra donc l'embellir et lui redonner sa splendeur passée.

– Piétineriez-vous les ordres de l'empereur?

– C'est mon affaire. L'entrevue est terminée.

***

Le message marqué au sceau du temple annonçait l'élévation de Sabni au rang de supérieur de la communauté de

Philae. En raison de cette investiture et des prérogatives qui s'y attachaient, le nouveau maître de l'île demandait audience au régent d'Éléphantine, l'évêque Théodore. Le texte, rédigé en hiéroglyphique et en démotique, ignorait superbement le grec. Philae traitait d'égal à égal avec le pouvoir, comme si le temple avait une existence légale.

Sabni devenait fou comme le préfet. Son titre l'enivrait, le projetait hors de son époque, dans un temps mythique qui lui paraissait plus concret que le quotidien. Théodore était brusquement prisonnier d'une nasse : sauver son ami d'enfance restait un devoir impérieux, mais les difficultés et les dangers s'accumulaient. D'abord, neutraliser le préfet; ensuite, ramener Sabni à la raison. Après avoir répondu favorablement à la demande de ce dernier, l'évêque reçut le général Narsès, un colosse au visage carré dont le menton s'ornait d'une fine barbe noire. La raideur du militaire de carrière se doublait d'une prestance certaine, en dépit de l'absence d'un bras gauche tranché net lors d'un corps à corps avec un Égyptien qui refusait de céder sa ferme à l'armée. Narsès bénéficiait d'une excellente réputation. L'empereur appréciait sa rigueur et sa loyauté, ses soldats l'adulaient. Sa carrière, déjà longue, n'était entachée d'aucun échec; opiniâtre, méticuleux, il ne s'engageait pas avant d'avoir soigneusement étudié une situation. D'aucuns jugeaient son esprit borné et son intelligence médiocre, mais l'évêque ne se fiait qu'à son propre avis.

Théodore resta assis à sa table de travail. Narsès, debout, gardait les yeux légèrement inclinés.

– Vous plaisez-vous à Éléphantine, général ?

– Sans importance. J'exécute les ordres du préfet.

– Votre séjour risque d'être plus long que prévu. Vous en a-t-il touché un mot ?

– Nous nous parlons peu. Il commande, j'obéis.

– En sera-t-il de même avec moi ?

– Vous êtes responsable de la garnison permanente. Nous sommes donc appelés à collaborer.

– C'est bien mon intention; prenez un siège.

– J'aime être debout.

– Un peu de vin ?

– Jamais.

L'évêque se leva.

– Allons sur la terrasse, général.

Entouré de hauts rebords, le toit plat de la demeure épiscopale dominait la cité. Narsès, au côté de Théodore, contempla Éléphantine, les groupes de maisons blanches tassées les unes contre les autres, les bosquets d'acacias et les palmeraies, les hautes falaises bordant le Nil, les camps fortifiés. Bien qu'aucune émotion ne s'inscrivît sur le visage du général, l'évêque perçut son trouble. Qui n'aurait savouré ce spectacle ? Dès cet instant, Narsès eut envie de protéger cette province aux couleurs d'éternité et d'y couler une vieillesse paisible. Lui, le soldat errant, avait enfin découvert la paix.

– Vous êtes un homme honnête, général.

– On le prétend.

– Comment jugez-vous l'attitude du préfet ?

– Il est mon supérieur.

– Êtes-vous un bon chrétien ?

Narsès sourcilla.

– En douteriez-vous ?

– Le comportement de Maximin devrait vous choquer.

– Ce n'est pas à moi d'émettre un avis.

Narsès consentit à s'asseoir sur un banc de pierre, à l'ombre d'une treille.

– Vous avez trop d'expérience, général, pour négliger le génie d'un lieu. Éléphantine est très attachée à la pureté de sa foi chrétienne.

– Elle tolère pourtant une communauté juive et le dernier temple païen.

– Je déteste le fanatisme, crois en la conversion des cœurs et y travaille sans cesse. Mais je suis aussi un fidèle sujet de l'empereur, comme vous. Pourquoi ne pas laisser s'étioler ces avatars du passé ? Le temps agira plus efficacement que la force ; encore ne faut-il pas attiser la flamme au moment où elle disparaît. Ne pourriez-vous mettre en garde le préfet ?

– Ce serait un manque de respect de la hiérarchie.

– Savez-vous qu'il est tombé amoureux de la supérieure de Philae et qu'il entend redonner à l'île des privilèges légalement supprimés ?

Le militaire eut un haut-le-corps.

– Vous... vous n'exagérez pas ?

– Mentir serait pécher, se voiler la face également. Si nous n'intervenons pas, nous risquons de voir des passions se déchaîner.

Narsès perdit contenance ; cette discussion le troublait. Il redoutait les arguties et fuyait les diplomates. Les révélations de l'évêque débordaient le cadre de sa mission. Se révolter contre un supérieur équivalait à une haute trahison ; s'engluer dans de sanglants conflits avec la population le rebutait.

– Espérons que Maximin recouvrera davantage de lucidité. Nous avons confiance en lui, vous et moi. Je continue à m'occuper de Philae. Dans quelques jours, je recevrai le supérieur de la communauté. Vous seul en êtes averti ; il est préférable que cette information demeure confidentielle.

Narsès se tut. Ce silence le rendait complice de l'évêque.

CHAPITRE 11

Conformément à ce qu'avait exigé Sabni, le bateau provenant de Philae s'immobilisa à mi-distance de la berge. Le supérieur passa dans l'embarcation occupée par les soldats de l'évêque; ils le déposèrent à l'entrée du temple de Khnoum, le plus vaste édifice pharaonique d'Éléphantine, réduit à l'état de ruines. Piliers fracassés, tambours de colonnes débités à la scie, linteaux et fragments de sculptures répandus sur le sol gisaient abandonnés comme les membres disloqués d'un grand corps. Le sanctuaire du seigneur de la cataracte et du flot bienfaisant de l'inondation avait été dévasté par les Romains puis par les chrétiens. Selon les sorciers, des spectres armés de couteaux hantaient les lieux. Nul n'avait le droit de croire à ces fables; néanmoins les ruines restaient désertes. Pas un Égyptien ne s'y serait aventuré. Quant aux occupants byzantins, ils n'éprouvaient aucun goût pour ce triste passé.

Ni l'évêque ni Sabni ne redoutaient les émissaires du dieu bélier. Le premier parce qu'il lui opposerait la croix du Christ, le second parce qu'il connaissait les formules qui l'apaiseraient. Les deux amis avaient la certitude de jouir d'une parfaite tranquillité, loin de toute oreille indiscrète. Ils s'assirent côte à côte sur le rebord d'un naos en granit rose effondré sur le flanc.

– Ainsi, tu as accepté la fonction de supérieur.

– Le doyen me l'a demandé. Isis l'a approuvé.

– Comment lutterai-je contre cette nouvelle folie? Voilà

plus de vingt ans que Philae se passait de supérieur! On jurerait que tu veux ressusciter la communauté.

– Tel est mon unique devoir : transmettre l'initiation que nos ancêtres nous ont léguée.

Théodore ramassa un éclat de granit et le jeta au loin.

– Tu ressembles à cette pierre : incapable de se mouvoir elle-même, esclave de la main qui s'en empare. Tu es le chef dérisoire d'une assemblée de vieillards aux portes de la mort; si ta ridicule missive était tombée entre les mains du préfet, tu serais déjà en prison.

– Ma dignité de supérieur...

– Elle n'existe plus, Sabni! L'unique autorité religieuse de cette contrée, c'est moi qui la détiens.

– Tu règnes sur les chrétiens. Moi, sur les Égyptiens. Peu importe le nombre; aujourd'hui, nous sommes égaux. C'est pourquoi j'escompte une réponse favorable à ma demande.

L'évêque, dépité de ne pouvoir arracher Sabni à son rêve, l'écouta avec étonnement.

– Certaines parties du temple sont en mauvais état. Pour les toitures, j'ai besoin de troncs de palmier que nous scierons nous-mêmes en planches. De l'acacia et du sycomore sont indispensables pour les portes; quelques pièces de sapin d'Asie serviront à la restauration des coffres liturgiques. Il me faudrait aussi une centaine de blocs de grès dont je te donnerai les dimensions.

Le supérieur ramassa à son tour un éclat de granit.

– Ton église n'a-t-elle pas été construite sur une pierre ?

Une ride profonde creusa le front de l'évêque.

– Pourquoi cette provocation ?

– C'est une demande officielle.

– As-tu supposé une seule seconde que j'accéderais à ta requête ?

– Je ne désespère pas de te persuader.

– Bois et pierre sont des matériaux rares, très coûteux, réservés à l'armée et aux édifices publics. J'en suis comptable devant le préfet.

– Le temple appartient à la divinité; c'est à elle seule que toi et moi rendrons des comptes après notre passage sur cette terre. Sa demeure doit être la plus belle et la plus riche; aucune matière n'est assez splendide pour l'honorer.

– Dieu n'habite pas dans un temple, Sabni. Il s'est fait homme pour que l'homme devienne Dieu; ce n'est pas moi qui vis, c'est le Christ qui vit en moi.

– Quelle vanité! Voilà bien la trahison suprême du christianisme : l'adoration de l'individu. Il n'est pas divin, Théodore. Ni toi ni moi ne sommes à l'image de Dieu; seul le temple, construit selon la Règle, est symbole du Principe.

– Tu as enfermé Dieu dans le temple, je l'en ai fait sortir. Tu le confinais dans des cercles d'initiés, je l'ai révélé à tous les hommes.

– En allant vers le plus médiocre, vers la foule, en refusant la transcendance et l'effort, tu conquiers à la manière d'un chef de guerre.

– L'individu doit montrer sa faiblesse, a écrit Paul, afin que la force du Christ s'abaisse sur lui.

– Paul... C'est à cause de lui que ta religion est devenue fanatique et doctrinaire. Il n'y a pire race que les oppresseurs convertis.

– Ta critique est stérile. Celui qui fut envoyé en ce monde lui était étranger avant sa naissance; il est devenu homme sans cesser d'être Dieu. De ses entrailles, comme d'un ciel, Marie l'a enfanté de manière divine. Une autre lumière est apparue; le nier est insensé.

– Marie est fille d'Isis. C'est la grande déesse qui, demain ou dans mille ans, orientera à nouveau ce monde vers une foi sans dogme.

– Grâce à quelques initiés sans avenir?

– Souviens-toi de tes Écritures : un seul juste suffira.

– Isis est morte. Ses derniers fidèles vont disparaître.

– Est-ce la fameuse tolérance que tu prêches?

– Je désire vous sauver, toi et ta communauté, pas vos idées funestes qui empoisonnent l'esprit. Quand vous en serez délivrés, la vraie foi illuminera vos cœurs.

– Elle a répandu le sang et les larmes. Byzance est aussi cruelle que Rome. Au temps des pharaons, l'Égypte était belle, riche et heureuse; du paysan au roi, tous communiaient dans le sacré, le crédule par l'intermédiaire d'une statue dressée dans son champ, le sage par la contemplation de la lumière cachée dans le temple. Regarde mon pays, Théodore, regarde notre pays... misérable, exploité, ruiné!

On ne cure plus les canaux, on n'irrigue plus les champs, les riches sont des bêtes fauves, la violence triomphe, les villages sont sales et pouilleux, la corruption a détrôné la loi. Où se cache le potier Khnoum qui, de ses bras robustes, inondait l'Égypte d'aliments ? Souviens-toi de notre Règle : donner du pain à l'affamé, des vêtements à qui allait nu, une barque à qui ne pouvait traverser le fleuve, un cercueil à qui n'avait pas de fils. Aujourd'hui, les hommes considèrent l'ignorance comme la connaissance et le nuisible comme l'utile. Ils vivent de la mort, s'en rassasient chaque jour. Es-tu satisfait, rends-tu grâce à ton dieu ?

– La création est imparfaite.

– L'humanité la souille. Pharaon bâtissait le ciel et la terre, au prix d'un travail incessant; en faisant croire à chaque homme qu'il porte Dieu en lui, tu conduis l'univers aux pires conflits.

– Le Christ enseigne l'amour du prochain; tu sembles l'oublier.

– Les Grecs se contentent de belles paroles. L'Égypte exigeait des actes, des êtres désireux de se bâtir en taillant la pierre et le bois. Fermer les temples, c'est tarir la source la plus vitale.

– L'Égypte païenne serait-elle mère du monde ?

– Si tu n'en étais pas convaincu, resterais-tu ici ?

L'évêque regarda au loin. L'amoncellement des blocs de la cataracte fermait l'horizon. Le sanctuaire de Khnoum respirait encore; un souffle éteint, à peine perceptible, circulait entre les chapiteaux tailladés et les colonnes disloquées.

– Pourquoi ne détruis-tu pas Philae, Théodore ?

– Parce que tu es mon ami.

– N'existe-t-il pas un autre motif... Ne cherches-tu pas à préserver les derniers vestiges de ton passé ?

L'évêque se cacha le visage dans les mains.

– Cette procession... et, à présent, ce titre de supérieur, l'activité dangereuse que tu désires poursuivre... pourquoi me compliques-tu ainsi la tâche ?

– Pour t'obliger à choisir.

– Sache t'arrêter à temps, Sabni. L'armée de Maximin n'est pas un mirage. Je suis contraint de lui obéir.

– J'ai confiance en toi; tu n'obéis à personne d'autre qu'à

toi-même. M'accorderas-tu les pierres et le bois dont j'ai besoin ?

– Non. Que Philae s'effondre sera ma plus grande joie.

– A bientôt, Théodore.

Sabni s'éloigna d'un pas ferme et tranquille. Le doyen ne s'était pas trompé : le jeune homme avait bien la stature d'un supérieur.

CHAPITRE 12

Le mois de mai touchait à sa fin. Les paysans moissonnaient sous un soleil brûlant pendant que débutait le battage. Une interrogation hantait les esprits : quel serait le niveau de la crue prochaine ? L'évêque saurait-il attirer ses faveurs et la maîtriser, à l'instar des pharaons et des grands prêtres d'Isis ? Théodore avait conscience d'être le principal motif d'inquiétude qui revenait sans cesse dans les conversations des rues. On dînait tard, on bavardait dehors, sur le seuil des maisons, on profitait de la fraîcheur de la nuit. Mais jeux et plaisanteries diminuaient au fur et à mesure qu'approchait le moment décisif, celui qui déciderait du destin de tout un peuple pendant l'année à venir : prospérité ou famine ? La nervosité s'accroissait. Çà et là éclataient des bagarres que les soldats réprimaient avec brutalité. Beaucoup perdaient le sommeil ; des fous traversaient les villages en prédisant les pires calamités. Les astrologues, dont l'art avait été condamné par l'Église, se taisaient.

Maximin invita les autorités de la province à un banquet digne des plus belles réceptions d'Alexandrie. Pas un diacre, pas un officier supérieur, pas un riche propriétaire terrien ne manqua à l'appel. Faire acte d'allégeance, de la manière la plus ostentatoire, donnait l'assurance de conserver ses privilèges et d'entrevoir enrichissement ou avancement. Théodore admira l'habileté de Maximim, qui connaissait la carrière de chacun de ses hôtes et les gratifiait de remarques personnelles. En moins de trois semaines, il avait étudié les archives de l'évêque. Ceux qui misaient sur sa rapide décrépitude déchantèrent; pendant sa période d'isolement, le préfet s'était informé sur la caste dirigeante.

Vin et bière coulèrent à flots. Une dizaine de variétés de viande et de poisson furent proposées à des convives qui se régalèrent également de fruits et de pâtisseries. Alors que l'aube approchait, Maximin pria l'évêque de le suivre dans son bureau.

– Vous n'avez rien bu, Monseigneur.

– Ma condition me demande d'être sobre, pas la vôtre. Pourtant, vous n'avez pas dégusté ces excellents crus.

– Le temps du plaisir viendra plus tard.

La vaste pièce où travaillait le préfet ressemblait, dans son agencement, à celle qu'occupait Théodore.

– J'ai apprécié votre sens de l'administration, Monseigneur. A vrai dire, je n'en ai pas connu de meilleure. Vous me pardonnerez de vous avoir imité.

– Voici beaucoup d'honneur.

– Une telle rigueur dessert parfois son auteur.

– De quelle façon?

– J'ai vite constaté que les notables de cette région sont tous sous votre influence; au moins la moitié des terres vous appartient.

– A mon Église, rectifia Théodore.

– Votre politique d'acquisition se développe à un rythme élevé, vous approvisionnez et habillez les soldats en poste à Éléphantine. Qui chercherait à vous nuire ou à s'opposer à vous serait rapidement éliminé.

– Pourquoi s'attaquerait-on à l'interprète de Dieu? J'aime cette province. Mon but est de la rendre prospère: est-ce une faute?

– Au terme d'un premier examen de vos comptes, je n'ai rien à vous reprocher. Vous êtes plus compétent que le trésorier de l'empereur. A Byzance, vous seriez ministre; sans doute avez-vous l'étoffe d'un futur patriarche d'Alexandrie. Mais il est certain comportement que je désapprouve.

– Lequel?

– Pourquoi persécutez-vous Philae?

Théodore serra sa croix dans la main droite.

– Interdiction de livrer du lin, refus de fournir du bois et de la pierre pour restaurer l'édifice... J'ai lu vos décrets.

– Ils ne sont pas confidentiels. Les hérauts les proclament en place publique.

– Vous soumettez cette communauté à la torture.

– Ces reproches me surprennent. Dois-je vous rappeler qu'il s'agit de païens ?

Nerveux, le préfet fit les cent pas.

– J'ai été obligé d'approuver vos décisions.

– Vous n'avez pas le choix, en effet. Elles correspondent aux volontés de l'empereur.

– Pas aux miennes.

Théodore ne dissimula pas son indignation.

– Est-ce vous, le serviteur de l'Empire, qui vous exprimez ainsi ?

– Un fait m'étonne : vous ne fermez pas ce temple alors que vous pourriez ordonner une évacuation rapide et définitive. Il existe donc un frein à votre animosité ; de mon côté, je désire obtenir les faveurs d'Isis. Puisque nous sommes solidaires, gagnons du temps et trouvons une solution satisfaisante pour nous deux.

***

Comme le sommeil le fuyait, Théodore passa la nuit à sa table de travail. Il classa quelques documents épars, étudia le budget de la cité pour les mois à venir, vérifia la liste de ses terres, pria Dieu.

Le nom des mauvais payeurs était souligné à l'encre rouge. Une fois encore, il ferait appel aux soldats afin de recouvrer les fonds manquants. Que le préfet examinât sa gestion ne gênait pas l'évêque qui, par caractère et en prévision d'une inspection de ce genre, avait pris l'habitude de ne rien dissimuler. La totalité de ses affaires entrait dans un cadre légal dont il utilisait les ressources avec une habileté extrême. Le danger résidait ailleurs : Maximin perdait la tête. Sa démence semblait d'autant plus profonde qu'il donnait l'apparence d'un être responsable et maître de lui. Pourtant, il ne songeait qu'à Isis, au point de trahir ses devoirs envers l'empereur. Passion absurde, vouée à l'échec. Passion qui rendait Maximin aussi incontrôlable qu'un fétu de paille errant au gré des vents. A cause de cet amour subit, Philae devenait un objet de conflit. Le temple, que Théodore avait réussi à plonger dans une ombre protectrice, presque dans l'oubli, surgissait de nouveau au premier plan.

Maximin n'était plus qu'un adolescent prompt à s'émouvoir. Ses sentiments pour la supérieure anéantissaient son passé. Isis, si belle, si attirante, parée de la magie de la déesse qu'elle vénérait ! L'évêque comprenait l'envoûtement ; il risquait de déclencher l'ire des chrétiens, que lui, Théodore, n'aurait pas le droit de réprimer.

Il n'exerçait plus aucune influence sur Sabni. En devenant supérieur, son ami avait changé, prenait sa tâche au sérieux, se gavait d'illusions et rêvait à d'impossibles exploits. Isis encouragerait-elle des actions suicidaires ou respecterait-elle la mesure et le silence, ses armes les plus efficaces ?

Théodore regretta de ne jamais l'avoir rencontrée. Entre leurs deux solitudes, un dialogue muet s'était instauré. A distance, ils percevaient leurs intentions ; mais Sabni et Maximin brouillaient le jeu.

Philae, une partie de lui-même ? Un temple païen, image d'une foi qu'il n'aurait pas réussi à déraciner du plus profond de son âme ? Questions dépourvues de sens. En se convertissant au christianisme, il avait changé de vie. Immergé dans le Christ, il se consacrait à l'établissement d'une doctrine solide et durable qui extirperait l'erreur chez les plus entêtés.

Des épreuves s'annonçaient ; Théodore ne les redoutait pas. Il arracherait son ami à un destin tragique, convertirait Philae sans utiliser la violence et neutraliserait Maximin. Puisque Dieu l'aiderait, il réussirait.

CHAPITRE 13

Au milieu du mois de juin, un jour de très forte chaleur, le Nil changea de couleur. L'eau se teinta de marron, le débit du fleuve s'accéléra. Il charriait de la boue et de la vase. Les travaux agricoles s'interrompirent. A Philae, Isis observa Sirius, l'étoile principale de la constellation du Chien, dont le lever héliaque annonçait le début de la crue, nourrie par la sueur et les lymphes sorties du corps d'Osiris assassiné. Quand son épouse verserait des larmes de deuil, le mariage serait à nouveau célébré, cette fois dans l'au-delà, et la terre d'Égypte fécondée.

L'évêque réquisitionna ouvriers agricoles, tâcherons, commerçants ambulants et artisans pour curer les canaux et nettoyer les bassins d'irrigation où l'on retiendrait l'excédent d'eau. Dans la plupart des provinces, on négligeait ces travaux pénibles qui, au temps des pharaons, avaient fait de l'Égypte une immense oasis au cœur du désert. Plus de la moitié des terres cultivables avaient été perdues; corvéables à merci, les petites gens ne se dévouaient plus pour une administration qui les oppressait chaque année davantage. Théodore luttait à sa manière contre l'injustice. La région d'Éléphantine ressemblait, par endroits, au paradis sur terre qu'avaient créé les dynasties royales. Travail et argent ne suffisaient pas; c'était d'une foi enthousiasmante que les hommes éprouvaient le plus grand besoin. Qui, sinon le Christ, la leur offrirait?

Une semaine après les prémices de la montée des eaux,

Théodore et Maximin descendirent les quatre-vingt-dix marches de l'escalier du nilomètre. Sur les parois, des graduations en coudées permettaient de calculer la hauteur de la crue. Dans ce puits bâti en pierres de taille était conservé, grâce à des inscriptions gravées en profondeur, le souvenir des inondations précédentes. Chacun connaissait par cœur la litanie : douze coudées, famine ; treize, ventre affamé ; quatorze, le bonheur ; quinze, la fin des soucis ; seize : la joie parfaite. Théodore s'adossa contre une paroi humide et consulta, sur celle d'en face, les stries distantes entre elles d'une coudée. L'expérience acquise autorisait une prévision.

– Votre conclusion ? interrogea Maximin, anxieux.

Dubitatif, l'évêque recommença ses calculs.

– Parlez, je vous en prie !

– J'obtiens des résultats aberrants. Je reviendrai demain, l'eau aura monté.

Le lendemain et le surlendemain, Théodore obtint les mêmes chiffres. Devant l'insistance du préfet, il fut contraint de livrer sa pensée : il fallait s'attendre au pire.

***

Chacun guetta en vain les eaux majestueuses qui déborderaient avec fougue, escaladeraient les rives, s'étaleraient sur les champs et transformeraient la vallée en un lac d'où n'émergeraient que les villages construits sur des buttes. On espérait dans le génie du Nil qui, en bondissant à l'assaut du ciel, noierait rats et vermines, purifierait la terre, déposerait le limon et préparerait le jaillissement du blé, symbole de la renaissance d'Osiris.

Mais le niveau de l'eau restait anormalement bas. Si l'évêque ne s'était pas trompé, il n'atteindrait pas onze coudées ; ce serait une effroyable famine. Aussi réunit-il un conseil de notables auquel assistait le préfet.

– Les réserves de grains ?

– Presque épuisées.

– Imprévoyance ?

– Les précédentes crues étaient médiocres. L'Empire nous a lourdement taxés.

– D'autres nourritures ?

– Alexandrie nous pille.

Le préfet édicta des mesures d'urgence. L'armée devait être approvisionnée en priorité; courant juillet, seuls les soldats mangèrent à leur faim. Les ressources alimentaires de la province furent réparties par les officiers supérieurs, qui songèrent surtout à leurs troupes. La population s'indigna. Il ne lui restait plus que figues séchées et pain rassis.

Le dernier jour de juillet, Maximin convoqua l'évêque : tout espoir d'une bonne crue était perdu. Des enfants et des vieillards mourraient en grand nombre. Les forces de l'ordre avaient dû réprimer deux tentatives de révolte, l'une dans un village proche de la cataracte, l'autre dans un faubourg d'Éléphantine. Le nombre des victimes s'élevait à une dizaine d'après les soldats, à plus de deux cents selon les autochtones.

Théodore constata que les collaborateurs du préfet étaient aussi paresseux qu'incompétents. Comment s'en étonner puisque l'évêque les avait lui-même recommandés à Maximin ? Le meilleur moyen de l'isoler consistait à l'entourer d'individus assez médiocres pour lui donner l'illusion de régner sans partage; qui ne connaissait pas la province de l'intérieur s'égarerait dans le détail des procédures administratives. Byzance avait ajouté tant de lois à celles déjà promulguées par Rome que seul l'évêque parvenait encore à se faufiler dans ce labyrinthe. Théodore prenait soin d'encombrer le cabinet du préfet de rapports inutiles; plus il serait surmené, moins il s'occuperait de Philae.

Aux côtés de Maximin se tenait le général Narsès, à la barbe noire finement taillée. L'évêque perçut l'hostilité des deux hommes. Il n'avait pas réussi à les opposer l'un à l'autre et devait s'attendre à un assaut en règle. Théodore ne serait-il pas un parfait bouc émissaire ?

– Le peuple gronde, Monseigneur.

– La garnison interviendra.

– Faudra-t-il écraser une émeute ?

– L'empereur détesterait ce genre d'incident.

– Je maintiendrai l'ordre, mais cette crue catastrophique démoralise les troupes de Narsès.

Le général acquiesça.

– On murmure qu'une malédiction pèse sur Éléphantine.

Certains de mes hommes sont très superstitieux et prêtent l'oreille aux prophètes de malheur; la colère des anciens dieux serait à l'origine de cette famine.

L'évêque dévisagea ses interlocuteurs avec sévérité.

– Bien entendu, vous rejetez l'un et l'autre ces billevesées.

Ni le préfet ni le général ne répondirent. Maximin brisa le silence.

– Un soulèvement populaire compromettrait la mission que m'a confiée l'empereur.

– Que proposez-vous?

– Je me suis promené dans les rues de la ville; les habitants m'ont parlé. Pour conjurer le mauvais sort, demandons l'aide de la supérieure de Philae. Elle connaît les formules qui feront monter le niveau de l'eau; qu'elle célèbre l'ancien rituel.

– La magie noire est punie de mort, objecta Théodore. Voilà de nombreuses années que je m'acharne à éliminer ces pratiques maudites; oseriez-vous les réanimer au mépris des lois divines et humaines?

– Cas de force majeure, estima le préfet.

En procurant à Isis l'occasion de se mettre en valeur et de prouver que la religion traditionnelle perdurait, il comptait s'attirer ses faveurs.

– Êtes-vous conscient des risques?

Maximin devint moins cassant.

– Comment une jeune femme désarmée menacerait-elle la sécurité publique? Le peuple aime la superstition : son apparition calmera les esprits. Ensuite, elle retournera sur l'île.

– Vous mésestimez la pureté de la foi chrétienne; elle ne tolérera pas pareil affront.

– Je suis chrétien, rappela Maximin. Isis ne convertira personne. Bien qu'elle soit recluse, son prestige demeure considérable; alliée d'un jour, elle servira la cause de la paix. Nous annoncerons à l'empereur que cette région est totalement soumise.

– Vous vous trompez. Isis ne pactisera pas avec nous; elle profitera de la chance que vous lui offrez pour proclamer la toute-puissance de la déesse. Les conséquences...

– Êtes-vous si peu convaincu de la fidélité de vos ouailles?

– Les mauvaises herbes poussent vite.

– Unissons nos forces.

– Je ne suis pas certain de pouvoir vous aider.

Maximin fronça les sourcils.

– Ce n'est pas à l'homme d'Église que je m'adresse, mais à mon subordonné. Je n'ose envisager un refus qui équivaudrait à une désertion.

Narsès porta la main au pommeau de son épée. L'évêque sut qu'il n'hésiterait pas à user de son arme contre lui.

– Vos craintes ne sont pas fondées, déclara-t-il d'une voix glacée.

CHAPITRE 14

Isis, vêtue d'une longue robe blanche, débarqua au pied de la plus haute colline d'Éléphantine. Le général Narsès et une escouade assuraient sa protection. Les fantassins avaient expulsé une dizaine d'anachorètes vivant dans des grottes voisines; enfermés à l'intérieur d'une caserne, ils ne sauraient rien du rituel célébré par la supérieure de Philae qui avait accepté la proposition du préfet en échange de vivres. Plusieurs membres de la communauté dépérissaient; certains n'avaient plus la force de travailler.

Avant le départ d'Isis, un bateau chargé de légumes, de fruits et de farine avait accosté au temple; Sabni s'était occupé du déchargement. Pendant que frères et sœurs dégustaient leur premier repas consistant depuis près de quinze jours, la supérieure partit vers l'inconnu. Elle s'était opposée à son père, certain que Maximin l'attirait dans un piège; mais le préfet avait déjà tenu parole en rétablissant l'approvisionnement de l'île.

Du sommet de la colline, la vision était grandiose. Le fleuve coulait, somnolent, entre des falaises escarpées. Au loin, la cité vert et blanc. A cette époque de l'année, le manque d'eau générait des taches brunâtres dans les champs; partout, le désert gagnait.

– Pays splendide, estima Maximin, mains croisées derrière le dos, face au vide.

– Les dieux y ont élu domicile, rappela Isis qui se tenait à ses côtés.

Les fantassins, en retrait, n'entendraient ni ne verraient. Le préfet n'osait regarder la jeune femme, dont la seule présence répandait un feu dans ses veines ; la douleur était aussi atroce que délicieuse.

– L'inondation sera trop faible, des milliers de gens mourront de faim. Il n'y aura pas de récolte, les épis se dessécheront ; déjà les enfants pleurent et les vieillards sont prostrés. La vermine prolifère. Vous devez intervenir, Isis !

– Trop tard.

– Les larmes de la déesse ne déclenchent-elles pas la crue ?

– Nous avons laissé passer le moment juste.

– N'existe-t-il pas un rituel de sauvegarde ?

– Organiser une procession, offrir au fleuve de la viande, des gâteaux, des fruits et des statuettes de femmes qu'il fécondera... oui, c'eût été indispensable lorsque la teinte des eaux se modifiait.

– Ne reste-t-il aucun recours ?

– Un seul, utilisé par Imhotep il y a plus de trois mille ans lors de la plus grave des sécheresses qui mit en péril le trône de Pharaon : se rendre aux sources du Nil.

***

– C'est une légende, protesta Théodore ; la source du Nil ne se trouve pas à Éléphantine !

Maximin ne fut pas ébranlé.

– Ce que nos yeux observent est souvent illusoire ; Isis affirme que la puissance du fleuve est cachée dans une grotte, près d'ici. C'est vous qui avez obstrué l'entrée.

– Mesure indispensable. Les païens s'y réunissaient chaque année, avant le début de la crue, et y célébraient des rites sataniques.

– La supérieure accepte de s'y rendre et de prier le génie du Nil.

– Je refuse cette mascarade.

– Des milliers de vies sont en jeu. L'existence même de votre province dépend de la crue. Laissez Isis agir ; elle détient des clés que nous ne possédons plus.

– Vous, un chrétien, vous exprimer ainsi !

– Cas de force majeure, je le répète. Dégageons l'accès de cette grotte.

– Une bouche d'enfer...

– Pas de superstition, l'évêque.

– Est-ce un ordre ?

– A exécuter sans délai.

***

Elle, la supérieure. Lui, l'évêque. Elle ne baissa pas les yeux, à la manière d'une bonne croyante; Théodore oublia pourtant le sermon qu'il avait préparé.

Ils n'échangèrent aucun propos, pressés d'en finir avec une tâche délicate qui les contraignait à s'allier.

L'emplacement de la sainte grotte était un secret d'État connu d'un petit nombre; située à l'extrémité orientale de l'île et protégée par un éperon rocheux, elle n'offrait qu'une entrée étroite, accessible à une seule personne de faible corpulence. Seuls Maximin, Théodore, Isis et un tailleur de pierre empruntèrent le sentier perdu qui y conduisait. Ils écartèrent branchages et herbes folles avant de parvenir à une minuscule esplanade que masquaient des papyrus hauts de six mètres; Isis guida ses adversaires dans un dédale où le plus habile des aventuriers se serait égaré.

A la vue de l'antre du dieu bélier Khnoum qui libérait le flot en soulevant sa sandale, le cœur d'Isis bondit de joie. D'Éléphantine, elle ne connaissait que ce lieu obscur; son père l'y avait amenée trois fois avant que l'évêque le décrétât inaccessible.

Théodore demanda au tailleur de pierres d'ôter les blocs qu'il avait lui-même entassés afin d'occulter l'orifice. Quand celui-ci fut libéré, Maximin s'impatienta.

– Entrerez-vous, Isis ?

– Pas avant d'avoir obtenu le signe. On ne s'adresse pas à un dieu avec des paroles humaines.

Le tailleur de pierres s'assit à l'écart. La supérieure tendit le bras à l'intérieur de la grotte, en retira deux petits vases. L'un contenait l'eau du ciel, l'autre celle du Nil. Elle les disposa de chaque côté de l'entrée. L'évêque semblait mal à l'aise et touchait sans cesse sa croix pectorale comme s'il s'apprêtait à conjurer l'apparition d'un démon.

– Combien de temps... ?

– Je l'ignore.

Une longue heure s'écoula. Le préfet, l'irritation apaisée, savoura la douceur du moment. Il admirait Isis; elle ressemblait à Cléopâtre dont de sublimes portraits ornaient les salles à manger des vieilles familles alexandrines, mais avec une plus grande perfection dans le dessin du visage. Sa pureté solaire la rendait d'autant plus désirable qu'elle la situait hors du vulgaire. La contempler, c'était déjà lui faire l'amour avec l'infini respect des passions les plus ardentes. Isis était à lui; elle n'appartiendrait à personne d'autre.

Théodore espérait que l'événement tant redouté ne surviendrait pas. Sans le signe, la supérieure ne pénétrerait pas dans la grotte et l'Église ne serait pas humiliée. Isis demeurait sereine; son espérance devenait certitude. Non seulement Philae ne serait pas détruite, mais encore elle reprendrait sa fonction première : former des adeptes, les initier aux mystères, transmettre l'esprit. Dans ces circonstances, pourquoi la volonté divine ne se manifesterait-elle pas ? Elle livrait un combat muet, sans arme, sans blessure apparente; de son issue dépendrait peut-être l'avenir du temple.

Isis et l'évêque se défiaient ouvertement pour la première fois. Ils s'estimaient et se craignaient. La beauté de la jeune femme éblouit Théodore; en son for intérieur, il admit les élans insensés du préfet. Le prélat perçut la volonté implacable de la supérieure et son aptitude à diriger. Si Sabni avait l'intelligence de l'écouter, ils formeraient un couple capable de toutes les audaces, au point de menacer la paix civile.

Isis fut étonnée de rencontrer un adversaire de cette envergure dont les capacités réelles dépassaient la réputation; aux qualités d'un chef, Théodore ajoutait la souplesse d'un politique et la force inépuisable du croyant. Ennemi irréductible, il se comporterait en jouteur impitoyable que nulle plainte n'attendrirait.

– Le signe, remarqua Isis avec calme.

Maximin suivit la direction de son regard : sur le seuil de la grotte, une vipère ondulait. La supérieure mit un genou en terre et, d'un geste vif, l'attrapa derrière la tête. D'instinct, le préfet recula. Brandissant la créature qui se débattait, Isis avança vers l'entrée de la grotte; Théodore lui barra le chemin.

– Je vous interdis d'utiliser le symbole du diable!

– Le serpent n'est pas le mal, il naît de la terre régénérée par le flot. Je dois l'apporter au génie du Nil, seule, dans le silence et le respect du dieu caché.

– Le poisson du Christ a vaincu le reptile du démon. Cette magie est illusoire et dangereuse. L'évêque d'Éléphantine ne cédera pas le passage et aucun rituel satanique ne souillera sa cité. Reculez tous!

Impressionné par la véhémence du prélat, le préfet céda. Isis jeta la vipère dans un fourré de papyrus.

– Rebouche cette maudite fissure, ordonna l'évêque au tailleur de pierres. Que le souvenir de ce lieu soit à jamais perdu.

L'évêque tomba à genoux et, brandissant la croix, exorcisa l'antre païen.

CHAPITRE 15

Les vendanges débutèrent à la fin du mois d'août. Aucun chant ne s'éleva dans les vignobles, d'ordinaire si joyeux; le pays se préparait à subir les conséquences de la crue la plus faible des deux cents dernières années. L'évêque serait contraint de prélever les quantités de blé et d'orge exigées par l'Empire. Il ne resterait plus rien pour les habitants de la province, et les rongeurs, que la maigre inondation avait épargnés, s'attaqueraient aux cultures et aux vergers.

Que s'était-il passé sur le site de la sainte grotte, aux sources secrètes du Nil? Pour les uns, Isis avait tenté en vain de calmer le courroux de Khnoum; pour les autres, Théodore avait tari le flot en massacrant les génies cachés dans les eaux. Certains prétendaient que ni la supérieure ni l'évêque ne s'étaient rendus jusqu'à ce lieu mystérieux dont l'emplacement était oublié depuis longtemps. Le bureau du préfet démentait que Maximin eût joué un rôle quelconque dans cette affaire inventée par des conteurs en mal d'histoires. Quant à l'unique témoin, un tailleur de pierres, personne ne l'avait revu à Éléphantine. Seul le général Narsès savait que l'évêque l'avait envoyé en exil dans l'oasis de Khargeh d'où il ne reviendrait pas.

Le préfet, enfermé dans sa demeure, se haïssait. Pourquoi s'était-il comporté comme un lâche, pourquoi avait-il déçu Isis dont l'œil accusateur l'humiliait encore, et que désirait-il vraiment, égaré, inconsistant? Un sentiment inconnu, sur lequel il n'exerçait aucun contrôle, envahissait Maximin.

Habitué à diriger des hommes, il ne se commandait plus lui-même. Ses tempes bourdonnaient sans cesse, proies d'un monstrueux insecte qui ne lui accordait plus le moindre repos. Isis avait anéanti une carrière vouée à l'ordre public et au service de l'État; par quelques regards, une attitude d'autant plus provocante que rien n'entamait sa noblesse, son absence même, elle se rendait chaque heure plus indispensable et plus inaccessible. Le préfet avait coutume de prendre les femmes comme des fruits mûrs; la supérieure lui arrachait le cœur, ouvrait un trou béant où s'engouffrait une tempête. Déraciné, Maximin sentait croître en lui un étranger qui, avec une rage joyeuse, détruisait ses anciennes certitudes.

Parfois, le préfet réussissait à s'occuper des affaires courantes. L'évêque lui fournissait quantité de rapports détaillés sur les parcelles cultivables, les bassins d'irrigation, le transport des denrées; chaque document abordait les difficultés avec une minutie extrême que n'aurait pas désavouée le plus tatillon des fonctionnaires alexandrins. L'attention de Maximin s'envolait vite, captée par le visage d'Isis. Comment parvenir à s'illustrer à ses yeux?

Occuper l'île serait aisé; s'il agissait ainsi, il la perdrait. Il devait l'épouser, elle devait l'aimer.

Plus de la moitié des cultures n'avaient pas été recouvertes par les eaux; il serait vain de semer dans la terre craquelée. Les paysans commençaient à quitter leurs exploitations et à s'entasser dans les faubourgs d'Éléphantine. Lors d'une grand-messe, l'évêque avait imploré le Seigneur d'offrir aux croyants la force nécessaire pour surmonter l'adversité, puis s'était préoccupé de répartir équitablement les nourritures. Philae en obtenait sa part, comme si le temple était un simple village relevant de l'autorité administrative.

La vision de ce pays assoiffé et brûlé par le soleil, des pentes aux reflets ocre qui s'enfonçaient dans un Nil trop faible pour les gravir suscita un grand projet : partir à la conquête de l'or nubien, satisfaire l'empereur, remettre à

Isis une partie du métal précieux, chair des statues divines. Philae brillerait de son éclat passé. Maximin avait trouvé son cadeau de mariage.

Il convoqua Narsès, lui intima l'ordre de préparer ses troupes et de rassembler les bateaux aptes à franchir la cataracte.

Heureux de sortir de l'inaction, les soldats furent presque immédiatement sur le pied de guerre. Mais le général se heurta à la corporation des bateliers, qui ne lui cédèrent que trois barques en mauvais état. Les autres appartenaient à l'évêque.

Furieux, Maximin fit irruption dans le bureau du prélat aux prises avec d'épineux problèmes d'irrigation.

– J'exige la totalité des bateaux disponibles.

– Ils sont indispensables à la vie de la cité.

– Ne vous opposez pas à ma volonté : je franchirai la cataracte.

– Le Nil est trop bas. Vous échouerez.

– Je passerai.

– Aucun batelier n'acceptera de vous guider.

– Je les réquisitionne.

***

La population se massa sur les rives pentues qui bordaient le dédale de rochers où le fleuve, rendu furieux par des coups de vent, se brisait sur des rocs tantôt émoussés, tantôt pointus, avant de resurgir en tourbillons imprévisibles. L'évêque avait refusé d'assister au départ de l'expédition; malgré de solennelles mises en garde, le préfet s'était obstiné.

Les soldats furent répartis dans de lourdes barges difficiles à manœuvrer; le préfet, après avoir examiné la flottille dont il disposait, avait choisi ce type d'embarcation en raison de sa solidité. A la proue, un batelier sonderait l'eau avec une longue perche.

Quand la première barge s'élança à l'assaut de la cataracte, des cris d'encouragement s'élevèrent de la foule. L'enthousiasme de Maximin se révélait communicatif;

beaucoup croyaient l'exploit possible, même si les anciens qualifiaient l'entreprise de démente. Le préfet et le général Narsès observaient la scène depuis un monticule. Le batelier, un professionnel expérimenté, évita un énorme rocher dont le sommet était masqué par une eau boueuse, contourna un tourbillon, s'engouffra dans un chenal étroit, heurta un bloc de granit. La gorge de Narsès se serra. Le pilote, manœuvrant avec dextérité, alla dans le sens d'un courant de plus en plus violent; au débouché d'un second chenal, le fleuve se calmait. Maximin pensa que son pari était gagné.

L'homme de proue relâcha trop tôt son attention. Quand il aperçut le long rocher plat qui sommeillait sous la surface, il n'avait plus le temps de prévenir le pilote; hurlant, il lâcha sa perche et se jeta de côté. L'embarcation percuta l'obstacle, se cabra et se renversa. Plusieurs soldats furent écrasés, d'autres se noyèrent. Les deux barges suivantes, abandonnées par leurs pilotes, subirent le même sort. Narsès, impuissant, assista à la mort de ses hommes. Maximin ferma les yeux.

***

Plus de deux cents fantassins avaient disparu dans les pièges de la cataracte; des soldats expérimentés, dignes des légions romaines de la grande époque, des héros sortis indemnes des pires champs de bataille, des braves venus des quatre coins de l'Empire avaient stupidement péri dans ce chaos rocheux.

Malgré la perte de la moitié de son armée, Narsès n'éprouvait aucun ressentiment envers Éléphantine. Lui, le militaire zélé, se détachait peu à peu des exigences de sa charge et méditait de plus en plus longuement face aux solitudes surchauffées du désert où se perdaient les bruits des batailles passées.

La route de Narsès s'arrêtait là. Depuis son engagement volontaire, à l'âge de douze ans, il n'avait cessé de courir les provinces de l'Empire en quête d'une gloire que le destin lui avait généreusement dispensée. Cette nouvelle campagne devait confirmer son prestige auprès de l'empereur, qui lui aurait attribué un poste honorifique à Byzance, prélude à une vieillesse dorée. Narsès ne quitterait pas Éléphantine; fastes et intrigues de la capitale ne l'intéressaient plus. La paix pour laquelle il avait combattu se déployait sur ces terres désolées où l'homme faisait figure d'intrus.

Maximin ne rejeta sur personne la responsabilité du désastre; face à l'évêque et au général, il reconnut son erreur. Refusant de rester sur un échec, il dévoila ses projets : organiser au plus vite une nouvelle expédition.

– Aucun de mes hommes ne sortira de sa garnison, affirma Théodore. J'ai le devoir d'assurer la sécurité de mon diocèse.

Après avoir longtemps hésité, l'évêque déchira le rapport qu'il comptait envoyer à Byzance pour dénoncer les agissements du préfet. Cette stratégie conduirait au rappel de Maximin, mais s'accompagnerait d'une longue enquête menée par des magistrats et des militaires. Théodore devait agir seul et se débarrasser de ses adversaires sans l'aide de quiconque.

– Votre attitude ne me surprend pas, Monseigneur. Le général et moi rapporterons l'or de Nubie.

– N'y songez plus, recommanda Narsès.

Stupéfait, Maximin se tourna vers son subordonné.

– Comment osez-vous... ?

– J'ai le droit de contester votre autorité.

– Uniquement en cas de défaillance mentale.

Narsès et l'évêque se regardèrent, soudain complices. L'évêque ignorait les raisons de ce revirement inattendu, qu'il exploita sans délai.

– Cette défaillance, qui la niera ?

– Prenez garde, l'évêque. Un mot de moi et...

– Nous n'irons pas en Nubie, affirma Narsès avec fermeté.

– Vous délirez, général.

– La cataracte est infranchissable. Nous devrions diriger nous-mêmes la navigation et en sommes incapables. Je ne veux pas voir périr l'autre moitié de mon armée; si nécessaire, que le pouvoir judiciaire intervienne.

Maximin contint sa colère. Le pouvoir judiciaire... Autrement dit, l'évêque!

– Que proposez-vous?

– Attendre. Attendre aussi longtemps qu'il le faudra.

– Mais l'or...

– L'empereur comprendra. Nous sommes tributaires du Nil et de ses caprices; rédigez un rapport dans ce sens et je le contresignerai.

– Évitez de mentionner les pertes, recommanda l'évêque. Je les oublierai, moi aussi. Éléphantine est loin de Byzance... Si des bruits douteux parvenaient aux oreilles de l'empereur, nous démentirions. Ces hommes sont officiellement morts de maladie : les années de mauvaise crue, des épidémies ravagent la population.

Le préfet hésita. La proposition de l'évêque ne présentait qu'un inconvénient : elle le contraignait à devenir son complice.

– Qu'en pensez-vous, général?

– L'homme le plus valeureux peut commettre une erreur. Je suis prêt à l'oublier.

– A quelle condition?

– Être nommé chef de la garnison permanente d'Éléphantine.

– Vous désirez... vivre ici?

– Je me suis exprimé. A vous de solliciter l'empereur dans ce sens, avec la bénédiction de l'évêque.

– J'ai besoin de réfléchir.

Le général et l'évêque sortirent du bureau du préfet. Comme Maximin connaissait mal les hommes... Cette illusion-là aussi s'envolait. Narsès, ce rabat-joie froid comme la neige des montagnes d'Asie, ce militaire intransigeant dont l'horizon se bornait aux ordres reçus, était tombé amoureux! Il avait découvert son paradis et lui sacrifiait sa carrière.

Par bonheur, Théodore et Narsès ne complotaient pas contre Maximin; le général se convertissait à la province du Sud. Le miracle servirait les intérêts du préfet. Narsès s'attacherait au statu quo et protégerait Philae autant que les chrétiens.

Le sens diplomatique de Théodore le comblait d'aise.

L'évêque, lui non plus, ne souhaitait pas un conflit ouvert. Que Philae fût une pomme de discorde n'excluait pas un terrain d'entente; un homme qui avait l'oreille de Dieu devait s'entendre avec un dignitaire de l'Empire.

L'horizon s'éclaircissait. Restait un motif de détresse : Maximin ne pourrait offrir à Isis l'or de Nubie.

CHAPITRE 16

Isis avait appris à connaître chacun des membres de la communauté, savait apaiser leurs doutes, décupler leurs espoirs; une attitude, un geste lui suffisaient pour déceler une difficulté. Pourtant, le comportement de la bibliothécaire la surprit. Cette femme de cinquante ans, bien en chair, avait un tempérament très gai, presque facétieux. Nul chagrin ne lui résistait; à force de fréquenter les vieux textes et d'entretenir les rouleaux de papyrus, elle avait acquis un équilibre débonnaire.

Chaque matin, Isis s'entretenait avec elle. Depuis plusieurs mois, la supérieure étudiait le rituel du retour de la déesse lointaine. Conformément à la tradition, elle ajoutait des formulations aux paroles antérieures et précisait « autre manière de dire » afin de souligner ses interventions. Depuis l'origine, l'Égypte n'avait jamais supprimé une perception de l'absolu propre à une époque, refusait une vérité définitive et préférait bâtir la pensée comme une pyramide, pierre après pierre.

La bibliothécaire, crispée, froissa un coin de papyrus. Affolée, elle courut vers la porte de la bibliothèque, revint vers le centre de la pièce, explora des étagères. Isis la prit par les épaules et l'obligea à se calmer.

– Es-tu souffrante ?

La sœur baissa la tête, tenta de s'enfuir; Isis ne lâcha pas prise.

– Explique-toi.

– C'est trop horrible. J'ai... j'ai commis une telle faute...

Elle éclata en sanglots.

– Est-ce si grave?

– Même à toi, je ne parviens pas à en parler. Pourtant...

– Pourtant?

– La communauté entière le verra. Je...

Elle se mordit les lèvres jusqu'au sang avant de crier la vérité.

– Je suis enceinte.

Elle attendit la condamnation de la supérieure. Isis lui serra tendrement les mains.

– Je ne croyais plus que cela fût possible, avoua-t-elle. J'ai été imprudente. Le frère cellérier et moi nous fréquentons depuis si longtemps... je ne voulais pas ça, je te le jure! Me voici exclue de la communauté.

– Ne préjuge pas de la décision que prendra la chambre de la Règle.

– Notre loi ne connaît pas d'exception.

– Philae est un îlot sacré dans un monde profane. Nous devons en tenir compte.

La douceur d'Isis rassura la bibliothécaire. Mais ses espoirs fondirent quand elle entra dans la salle de Maât, norme de l'univers. Elle resta debout face au tribunal composé du doyen, d'Isis et de Sabni. Ce dernier prit la parole : si la règle du temple, qui n'imposait la chasteté que pendant de courtes périodes précédant les initiations, déconseillait aux sœurs d'enfanter et l'interdisait à la supérieure, elle se référait à une époque où quantité de néophytes sollicitaient leur admission. Puisque Philae était condamnée à périr en vase clos, pourquoi refuser un enfant dont la seule présence symboliserait l'avenir? La sœur bibliothécaire et le frère cellérier devraient vivre sous le même toit; le doyen, de nouveau privé de l'usage de la parole, approuva d'un hochement de tête. Isis embrassa sa sœur.

Au sortir de la chambre de la Règle, la supérieure fut abordée par Ahourê. Devenue ritualiste après avoir franchi de nombreux degrés de la hiérarchie, elle jouait souvent le rôle de porte-parole de la communauté auprès d'Isis.

– Nos sœurs redoutaient la sentence, avoua-t-elle.

– Et toi ?

– J'étais certaine que tu te montrerais clémente.

Ahourê, la quarantaine passée, témoignait d'une singulière puissance. Robuste, trapue, les épaules carrées, elle ne manquait pourtant pas de féminité et cédait même à une coquetterie parfois excessive qui se traduisait par l'emploi de nombreux fards. Sans l'élever au rang de confidente, Isis s'appuyait souvent sur elle comme sur un roc inébranlable résistant aux vents déchaînés.

– Sévir aurait affaibli la communauté. Nous devons nous entraider, pas nous exclure.

– Même si l'une de nous trahissait ?

– Comment peux-tu évoquer pareil crime, toi qui nous diriges ?

– L'ennemi s'approche du temple, rappela Isis. Demain, nous serons en guerre ; tous les adeptes auront-ils le courage de lutter jusqu'à l'ultime sacrifice ?

– Tu n'as pas le droit d'en douter.

– Tu es rassurante, Ahourê.

– Lucide, Isis. Philae est notre bien le plus précieux, le dernier souvenir de l'âge d'or. Qui serait assez fou pour y renoncer ?

***

Pas un souffle de vent ne troublait la nuit sans lune. A l'extrémité méridionale de la grande colonnade, au bas du kiosque de Nectanebo, l'eau clapota. Sabni discerna au dernier moment la barque peinte en noir, qui accosta sans bruit un rocher derrière lequel son unique occupant, le capitaine Mersis, la dissimula.

– Pourquoi être venu toi-même ?

– Je n'ai plus confiance en personne. Le général exerce un contrôle permanent sur la garnison ; il est méfiant. Le climat a bien changé, on ne s'amuse plus guère. Pour rivaliser avec Narsès, l'évêque nous impose une discipline permanente ; on croirait qu'un conflit entre les deux factions se prépare.

– Heureux événement.

– Ne te réjouis pas trop vite. Je suis inquiet, très inquiet.

L'évêque, le préfet et le général se réunissent souvent; après l'échec de l'expédition de Nubie, ils n'ont plus qu'un os à ronger : Philae.

– Des décisions concrètes?

– Je l'ignore.

– Ils ébauchent peut-être d'autres projets.

– Souhaitons-le! Il existe bien un décret bizarre portant sur des mesures sanitaires.

– Une épidémie?

– A part la faim, aucune trace. Sans doute une invention du préfet pour justifier la mort de ses soldats; ce Maximin est rusé et venimeux.

– La visite du temple l'a impressionné.

– Je n'y crois pas. Comment percer à jour un tel personnage? Il sacrifie tout à sa carrière. Éléphantine ne sera qu'une brève étape; si détruire Philae lui vaut une promotion, il n'hésitera pas. Je te le répète, j'ai peur. Mon instinct de soldat m'a rarement trompé : que ta communauté soit prête à s'enfuir.

***

Isis réveilla Sabni au milieu de la nuit.

– Mon père se meurt.

Le supérieur se rendit en hâte jusqu'à la demeure du doyen, une petite maison blanche à deux étages bâtie à droite du débarcadère, face au temple. Le vieillard était allongé sur un lit étroit, les bras le long du corps. Le visage n'exprimait aucune souffrance mais le regard, usé et las, implorait le repos des paradis où, sur des canaux bordés de fleurs et d'arbres, voguaient les âmes des bienheureux. La main droite du moribond saisit le poignet de Sabni. Les lèvres tremblèrent; il tentait de parler. Isis aida son père à se redresser.

– Recherchez la sagesse, mes enfants, recherchez-la jusqu'à l'épuisement de vos forces, jusqu'à ce que la mort vous apparaisse avec le sourire de la déesse d'Occident qui vous ramènera au paradis de nos ancêtres, avant que la crainte ne se répandît dans le cœur des moissonneurs et des laboureurs. Ne pleurez pas sur moi mais sur notre Égypte d'où la lumière divine se retire. Rê devra recommencer la création. Le disque solaire se voile, d'épais nuages le recouvrent, les hommes sont aveugles et sourds. Bientôt le fleuve se videra, son cours sera entravé et le limon fertile ne parviendra plus aux deux rives. Poissons et oiseaux dépériront, d'autres envahisseurs imposeront leur loi et mépriseront nos temples. Partout, le tumulte. Partout, du sang pour obtenir du pain, des rires douloureux, des ventres affamés, des fils adversaires de leurs pères, des frères qui s'entretuent, le mal à la place du bien. Des voleurs dirigeront l'État, truqueront la balance. Si malade sera notre pays que le faible deviendra puissant pour opprimer les plus faibles. La cité du soleil, Héliopolis, où naquirent les divinités, sera ensevelie sous la haine et la bêtise. Elle était si noble, notre terre, semblable à l'étoile du matin, douce comme la rosée du ciel, tendre comme le parfum du jour de l'an. Elle construisait des autels pour les fêtes, se mariait au fleuve nourricier, aux fourrés de papyrus, aux lotus bleus et blancs. Te souviens-tu, Isis ? J'ai navigué jusqu'à l'île où m'attendait ta mère, les cheveux odorants, sous un persea. Son teint rayonnait, ses yeux parlaient d'amour. Ma main restera dans ta main, promit-elle, ton bonheur sera mon seul souci. Je peux la rejoindre puisque toi aussi, ma fille, tu connais le chemin.

– Reste, supplia Isis. Nous avons tant besoin de toi.

– La mort est aujourd'hui devant moi comme une guérison. Elle m'ôtera cette vieillesse que je ne supporte plus. Mon corps disparaît mais mon esprit ne vous abandonnera pas. Poursuivez... poursuivez l'œuvre d'Imhotep!

Le nom du grand sage fut le dernier prononcé par le doyen. Sa bouche demeura entrouverte, ses yeux restèrent fixes. Isis serra contre son sein la tête du défunt; Sabni lui donna le baiser de paix.

– A présent, dit la supérieure, nous sommes seuls.

***

Après avoir annoncé à la communauté le voyage du doyen, heureux aventurier des beaux chemins de l'au-delà, elle ordonna au frère momificateur de remplir son office.

Isis violait la loi : l'évêque avait formellement interdit cette ancienne pratique. Lors d'un décès, la première démarche consistait à faire rayer le nom du mort de la liste des contribuables, la seconde à payer l'emplacement de la sépulture dans un cimetière légal. Le frère assassiné lors de la procession tragique avait été inhumé dans une fosse commune réservée aux indigents; le doyen méritait un autre sort.

Les adeptes se baignèrent dans les bassins de purification et se frottèrent d'huile. Les frères ne se rasèrent pas. Avec un couteau de silex, le momificateur ouvrit le flanc gauche du cadavre déposé sur un lit de pierre, en sortit les viscères puis réussit à extraire le cerveau par la narine gauche au moyen d'un crochet de métal. Après avoir nettoyé l'abdomen avec du vin de palme, il plongea le corps dans du natron, qui déshydraterait les chairs. Ce sel divin transformait la dépouille, lavée et séchée, en corps d'Osiris.

Isis plaça au cou de son père un pilier *djed* en or, symbole de la stabilité du dieu ressuscité au terme des épreuves, et un vautour en pierres précieuses, évocateur de la mère céleste. Elle recouvrit d'or fin le visage reposé, les mains et les pieds. La tête fut ornée d'une couronne de fleurs.

Sabni oignit la momie d'aromates et l'enroula dans des bandelettes enduites de résine et de bitume. A l'emplacement du cœur, il posa un scarabée, image des métamorphoses incessantes. Une voile forma l'ultime linceul; le sarcophage n'était-il pas la barque appelée à voguer éternellement dans le ciel ?

Sur le cartonnage furent inscrits le nom du défunt, ses titres et des formules extraites des *Textes des pyramides*, le plus ancien livre sacré. Remontant à l'aube de la civilisation, ils avaient été révélés, voilà près de quatre millénaires, dans la pyramide du roi Ounas. Transmis de Maison de vie en Maison de vie, de sage en sage, de scribe en scribe, ils demeuraient la source inépuisable de l'enseignement dispensé aux adeptes et procuraient au voyageur de l'autre monde le nom des portes à franchir.

La momie fut transportée sur le toit du temple où trônait une chapelle ornée de scènes représentant les phases de la résurrection d'Osiris. L'âme du doyen goûta son dernier soleil terrestre avant de s'immerger dans l'énergie de l'océan originel.

Après s'être recueillie autour du sarcophage, la communauté descendit l'escalier qui reliait le toit à la salle aux colonnes peintes.

– Ne cesse ni de boire ni de manger, psalmodia la ritualiste, continue à vivre des jours heureux, unis-toi à la déesse, suis le chemin de ton cœur. Rien ne sera reproché au juste qui a parcouru le sentier divin. L'Occident où tu reposes est une terre de paix ; le silencieux y découvre la source. Tu oublieras l'inutile et le passager, tu te souviendras de ton nom et tu prendras part au banquet des dieux.

Le sarcophage fut enterré sous le dallage, face au premier pylône. De lourdes pierres cacheraient à jamais la sépulture du doyen. Ses funérailles, dignes de son rang, lui permettraient de se présenter en majesté dans l'assemblée lumineuse des adeptes ressuscités.

Quand les dalles furent reposées, Isis s'effondra. Elle retint pourtant ses larmes, renonça à griffer la pierre avec ses ongles et à pousser les cris de désespoir des pleureuses qui montaient jusqu'aux nues et attiraient la compassion des dieux.

Des êtres comme le doyen étaient irremplaçables. Elle ne s'habituerait pas à l'absence d'un père qui lui avait tout appris ; des jeux de l'enfance à l'enseignement le plus abstrait, elle lui devait petites et grandes joies. Surmontant la peine infligée par la disparition de son épouse, trois ans après la naissance d'Isis, il avait conduit sa fille vers les mystères sans lui imposer d'autre discipline que le respect de la Règle du temple.

La supérieure n'avait ni le droit ni le loisir de s'attarder sur sa douleur ; la communauté exigeait sa présence rassurante. Ahourê eût aimé la réconforter mais resta bouche close, tant ses paroles seraient insignifiantes. En ces instants, Isis semblait loin de ses sœurs ; son âme voguait dans l'une des régions secrètes que parcourait le soleil nocturne en quête de sa renaissance. La supérieure erra dans le temple dont son père disait qu'il était venu à l'existence quand la terre gisait encore dans l'obscurité, avant qu'aucune créature, plante, pierre ou animal ne se fût manifestée. Elle entra dans les ateliers, la boulangerie, l'abattoir pur, explora les organes du grand corps de pierre où, aux temps heureux, un personnel nombreux préparait des mets pour la table du dieu puis se nourrissait des offrandes sacralisées et des pensées du Créateur. Elle longea le mur du sanctuaire de la naissance où la déesse Isis donnait le sein à son fils Horus que le lait des étoiles rendait lumineux comme la clarté de l'origine.

La supérieure s'arrêta devant la grande stèle de granit dressée près du môle oriental du second pylône. Son père lui avait appris à lire le texte de la soumission de la région du Dodécashène, comprenant une partie de la Nubie. Propriétaire de terres vastes et riches, le temple de Philae rendait hommage au pharaon, partout présent sur les murs. Immuable, grandiose, indifférent au temps profane, la tête au ciel et les pieds sur la terre, il voyait l'autre monde dont l'énergie était le sang de la dernière communauté d'Égypte. Il la guidait dans l'invisible, sur les routes incertaines de la souffrance, à travers les folies de son époque; elle oubliait que, sans la présence d'un sanctuaire à la tête et au cœur de la cité, la barbarie condamnait les hommes à ramper dans leurs propres immondices.

Le doyen refusait de se soumettre aux envahisseurs qui réduisaient en esclavage le corps et l'esprit; avec la ténacité des vieux chefs dont la meute des chasseurs décuplait les forces, il continuait, au-delà du trépas, à préserver l'aire sacrée. Sa momie devenait le seuil du temple.

Isis s'avança dans la grande cour.

Soudain, elle aperçut une silhouette inconnue.

Progressait dans sa direction un jeune garçon d'une quinzaine d'années, nu et trempé. Épuisé, il vacillait. Elle s'approcha.

– Qui es-tu?

– Mon nom est Chrestos. J'ai nagé jusqu'ici. Je veux être initié aux mystères.

CHAPITRE 17

– D'où viens-tu ?

– D'Éléphantine. Mon père m'obligeait à m'engager. Je me suis enfui. Je ne deviendrai pas soldat mais prêtre d'Isis.

Malingre, presque chétif, le garçon avait outrepassé ses ressources physiques. Incapable de rester debout plus longtemps, il tomba sur les genoux; Isis appela à l'aide. Sabni accourut en compagnie de quelques frères qui vêtirent Chrestos d'un pagne et lui donnèrent du pain.

– Je nage mal, avoua-t-il, mais je préférais mourir noyé plutôt que d'être enfermé dans une caserne. C'est ici que je veux vivre.

– Nous n'avons pas le droit de t'accueillir.

– C'est l'âme de mon père qui a guidé ce postulant, déclara Isis. Désires-tu vraiment connaître les mystères ?

Le visage de Chrestos s'illumina.

– Chaque nuit, je rêve du temple. J'ai posé mille questions, on a refusé de me répondre, tenté de me décourager. Les uns prétendent que Philae est l'antre des démons, les autres un repaire de magiciens. On vous craint et on vous hait. C'est un berger qui m'a conforté dans mon intuition; là-bas, a-t-il affirmé en désignant l'île sainte, coule la dernière source de sagesse. Le jour où elle sera tarie, le monde sombrera dans les ténèbres.

Sabni avait suivi le même chemin, effectué la même démarche, prononcé les mêmes paroles. Seul un feu intérieur violent et impérieux ouvrait les portes de la communauté. Mais Chrestos était un hors-la-loi; sa présence à Philae entraînerait une intervention de la police.

– Je suis favorable à son admission, jugea Isis que le garçon dévorait des yeux.

Si le supérieur émettait un avis négatif, le demandeur serait rejeté sans appel. Ni Sabni ni Isis ne pouvaient prendre une décision sans le consentement de leur homologue.

Sabni renonça à présenter des arguments raisonnables qu'Isis connaissait aussi bien que lui, et choisit de se retirer, abandonnant Chrestos à son espérance. Comme Isis ne bougeait pas, ce dernier l'imita. C'était sans doute la première épreuve; il s'estimait capable d'une infinie patience puisqu'il avait atteint son but.

Quand le supérieur revint, porteur d'un récipient rempli d'eau, Isis éprouva l'un de ces bonheurs si intenses que leur écho perdurerait au-delà de la mort. Célébrant le rite d'accueil, Sabni lava les pieds du néophyte.

– La ritualiste te prépare un lit. Dans ta cellule, la lumière brillera la nuit durant. Tu offriras une libation aux dieux car tu leur dois la vie. Demain, à l'aube, tu confirmeras ton engagement; si tu renonces, tu partiras sur-le-champ.

La nuit fut complice de Chrestos. Isolé au cœur du temple, libre de toute attache profane, il dialogua avec la flamme de la lampe. Son esprit dansa avec elle, épousa les secrets que lui transmettaient ces lieux d'éternité; le temps aboli, l'âme en fête, le cœur bondissant comme un chevreau... Que de félicités en un instant qui ne se dissolvait plus mais se gravait dans la conscience, tel un soleil immuable, vainqueur des myriades de ténèbres. Nuit complice où ne surgissaient pas des démons à tête d'âne armés de couteaux mais des ombres rassurantes, plus proches de l'adolescent que parents et amis; Chrestos avait retrouvé sa véritable demeure. Ces murs austères étaient ses confidents, ce silence empli de la voix des sages le transportait en un rêve aussi réel que les pierres de Philae.

Comme elle serait belle, l'aube de son initiation!

***

– Désires-tu appartenir à notre communauté ? demanda Sabni.

– Si tu m'orientes sur le chemin de la vie, je te donne ma vie.

– Tourne ton visage vers le ciel. Ne pénètre pas dans le temple en état d'impureté, ne sois ni menteur, ni avide. Respecte la Règle sans faillir. Ne révèle pas ce que tu auras perçu dans le mystère, ne conçois pas en ton cœur une pensée destructrice. Renonce à ta volonté propre pour accomplir celle du Principe. Sois obéissant car cette vertu te libérera de toi-même. La communauté te protégera et t'ouvrira les portes du sanctuaire si tu te montres digne des tâches qui te sont confiées. Tu te purifieras trois fois chaque jour avec de l'eau, te nourriras avec modération, veilleras sur l'intégrité du temple, notre bien le plus précieux. T'engages-tu à respecter ces devoirs ?

– Je m'y engage de tout mon être.

– Reçois l'accolade qui fait de toi un frère.

Sabni et Chrestos se congratulèrent. Isis embrassa le garçon, dont la joue fut mouillée des larmes de la supérieure. Comme il était doux et chaud, ce liquide joyeux qui saluait la naissance d'un adepte ! Le doyen transformait son décès en miracle.

– Dès à présent, montre-toi courageux.

– De lâcheté jamais on ne m'accusera.

– Comme chaque frère, tu dois être circoncis.

Le garçon releva le menton. Le frère boucher enduisit son sexe d'un onguent aux vertus anesthésiantes mais, lorsque le couteau entama le prépuce, le nouvel adepte ne put retenir un cri.

***

La naissance d'un frère fut fêtée lors d'un banquet hélas frugal, où figurèrent pourtant des jarres de vin sorties des réserves du temple, presque épuisées. Chacun jura le secret. Aucun profane ne devait être informé de la présence de Chrestos à Philae.

Isis songeait à son nom : n'était-il pas analogue à celui du Christ, le dieu de la religion chrétienne désireuse de détruire le temple ? Signe étrange, en vérité.

Alors que s'achevaient les réjouissances, le préposé à la surveillance du débarcadère avertit Sabni qu'une barque approchait. A bord, deux soldats. Le supérieur les reconnut : ils appartenaient à l'escouade qui l'avait accompagné jusqu'au temple de Khnoum.

– L'évêque veut te parler. Nous t'emmenons.

– Théodore... est-ce bien lui ?

Le prélat avait prévu cette question. L'un des fantassins brandit la croix pectorale du maître d'Éléphantine. Rassuré, Sabni descendit dans la barque.

Une nouvelle angoisse l'étreignit aussitôt : la fugue de Chrestos était-elle connue ?

Pas une parole ne fut échangée jusqu'au quai désert où attendait l'évêque. Il entraîna Sabni vers une palmeraie, lieu de méditation et de promenade à l'ombre des grandes palmes dispensant calme et fraîcheur.

– J'ai de mauvaises nouvelles.

– Pour toi ou pour moi ?

– N'ironise pas, Sabni. Quelles que soient les protestations du temple, je ne suis pas responsable.

Quel argument opposerait le supérieur ? En initiant un fuyard que l'on qualifierait sans doute de déserteur, Philae commettait une lourde faute.

– L'empereur exige la totalité de la récolte de papyrus, révéla Théodore. Je minimiserai les quantités obtenues, mais suis contraint de supprimer le lot de tiges destiné au temple.

Au soulagement succéda l'indignation.

– Tu sais que nous avons besoin de papyrus comme support d'écriture, pour fabriquer des nattes, des paniers, des câbles, des sandales, des...

– Je ne l'ignore pas, mais le décret est signé de la main même de l'empereur ; le préfet s'occupe déjà de l'organisation du transport.

– Aurons-nous au moins accès à la forêt, au nord de la ville ?

– Elle est désormais zone militaire. Des soldats ont pris position et l'interdisent aux civils.

– Nous priver de papyrus... Qui aurait cru à une telle cruauté ?

– Un chrétien ne redoute aucune souffrance; Christ a souffert pour nous, pas Osiris.

– Osiris nous enseigne la résurrection. La douleur n'est pas voie de plénitude mais seulement douleur; l'habiller d'une quelconque vertu est duperie.

– Le royaume viendra bientôt. La race divine issue du poisson céleste y pénétrera; elle fortifie son cœur car le Seigneur, aux paroles douces comme le miel, la nourrit. Tu es mon ami : convertis-toi et tu seras mon frère. Que t'importe le papyrus ? Dieu est plus proche de toi que tu ne l'imagines.

– S'il en est ainsi, ce n'est pas Dieu. La puissance créatrice ne saurait être proche de l'homme; elle n'en est qu'une expression, toujours lointaine, souvent pervertie. Seule la Règle du temple peut le rectifier. Souviens-toi des paroles de nos pères : le bois tordu, abandonné dans le champ, se dessèche et finit sa pauvre existence dans le feu. Si la main de l'artisan, guidée par Dieu, songe à le ramasser, elle le redresse et en fait un sceptre que maniera le sage.

– Seule une foi confiante t'orientera vers la vérité.

Un rayon de soleil se glissa entre les palmes et illumina les deux hommes.

– Accorde-nous quelques tiges, Théodore. Nous les utiliserons pour fabriquer nos derniers rouleaux et y inscrire nos rituels majeurs.

L'évêque hésita; Sabni ne le supplierait pas davantage.

– Va à l'entrepôt et remplis ta barque. Ce que tu emporteras t'appartiendra.

CHAPITRE 18

Après une inspection serrée de son corps d'élite, le général Narsès monta à cheval et galopa jusqu'à la cataracte. Chaque soir, il s'arrêtait à la hauteur du même bloc de granit au pied duquel grondaient des tourbillons; assis sur le sommet plat, parfois mouillé d'une vague, il contemplait le fleuve divin dont dépendait la prospérité de l'Égypte. C'était là, confronté au barrage minéral, qu'il affirmait sa force inépuisable. Indomptable, il charriait à son gré les boues limoneuses. Pourquoi, cette année, se montrait-il si avare? La réponse n'appartenait qu'au ciel, là où naissait le flot avant de creuser son large sillon sur la terre aimée des dieux. Narsès prenait goût au doute. Il ne supportait plus de savoir, de prévoir, d'organiser; qu'il était bon d'accepter les incertitudes du Nil et de se rendre à lui sans combattre!

Demain, sans doute, il faudrait s'engager sur des routes dangereuses et guerroyer en Nubie. Grâce à cette mauvaise crue, le grand Sud restait inaccessible. Le destin lui accordait un présent inestimable; il n'en profiterait que si la situation se figeait. Que l'évêque et le préfet se neutralisent favorisait son bonheur.

Sa demande de mutation, appuyée par Maximin, voguait vers Byzance. Il n'espérait guère en sa réussite. L'empereur croirait à un coup de tête, exigerait de nouveau l'or de Nubie puis nommerait le général chef d'un corps expéditionnaire en partance pour l'Asie. Pour la première fois de son existence, Narsès pria du fond du cœur : il implora la cataracte de former à jamais une muraille infranchissable.

***

L'homme, bien vêtu et bedonnant, se présenta au poste de police en état d'ébriété. Il criait et gesticulait. Le gradé le jeta dehors mais il revint à l'assaut, décidé à porter plainte. Ses propos, confus, en appelaient au préfet et à l'empereur. L'un des miliciens le reconnut : le forcené était le patron de la guilde des marchands de figues. A lui seul, il pouvait bloquer les livraisons de fruits. S'estimant incompétent, le gradé conduisit l'homme à la caserne où le reçut le spécialiste des cas épineux, le capitaine Mersis.

– Je m'appelle Apollon.

– Tu es ivre.

– J'ai mes raisons, capitaine.

– Contre qui veux-tu porter plainte ?

– Contre Philae.

Sans doute un chrétien exalté ; Mersis ne s'en effraya pas.

– Philae n'existe pas.

– Qu'est-ce que vous dites ?...

– Les temples sont fermés depuis longtemps.

– Pas celui-là !

– Légalement, si. Il s'agit d'un bâtiment désaffecté.

– Et la communauté qui y vit ?

– Inconnue sur nos registres.

– Elle paye des impôts, pourtant !

– La fiscalité n'entre pas dans mes attributions.

– Vous vous moquez...

– Je me conforme à la réalité administrative.

Apollon eut un sourire mauvais.

– Quand un paysan abandonne son champ et prend la fuite... c'est bien un délit ?

– Certes passible d'emprisonnement.

– Et même de travaux forcés ?

– Dans certains cas.

– L'un de mes employés s'en est rendu coupable. Vous devez l'arrêter.

– Son nom ?

– Chrestos, mon fils.

– Ton fils ?

– Ça me regarde. Il a quitté la maison pour le temple ; ce sont les adeptes d'Isis qui l'ont recueilli. Je porte plainte contre eux. Je veux qu'on me rende Chrestos et qu'on les condamne tous.

– Il faut d'abord remplir un formulaire.

– J'ai du temps.

– Tu sais lire et écrire ?

– Seulement compter.

Si Apollon disait vrai, Philae avait compromis son existence même. Mersis devait trouver immédiatement une solution.

– Quand enverras-tu les soldats sur l'île ?

– Il existe une procédure. D'autres plaignants ?

– Non, moi seul. Ça ne suffit pas ?

– A qui as-tu parlé de cette fugue ?

– A personne. J'avais trop honte. J'ai préféré boire ; maintenant, je me venge !

– As-tu la preuve que ton fils est bien caché sur l'île ?

– J'en suis certain. Il refusait d'être soldat. Depuis qu'il est bambin, il désire entrer au temple.

– Donc, pas de preuve concrète.

– Fouillez l'île.

– A quel titre Chrestos est-il employé dans ton domaine ?

Apollon s'empourpra.

– A quel titre... Je ne comprends pas.

Mersis prit une tablette de bois sur une étagère. Il y grava un court texte en caractères grecs.

– Ton fils possède-t-il le statut d'esclave ?

Le marchand de figues s'emporta.

– C'est mon fils ! Cesse d'injurier ma famille !

– S'il est travailleur libre, pourquoi ne figure-t-il pas sur la liste des personnes imposables ?

– Capitaine... Ce n'est qu'un enfant...

– Mais digne des travaux forcés. Peu importe l'âge ; c'était à toi de le déclarer au fisc.

– Ce domaine n'est pas de votre compétence, souvenez-vous...

– Je transmettrai l'information au responsable. Il me suffit d'ajouter ton nom sur cette tablette.

– Je risque...
– La prison à vie.
– Si on s'arrangeait ?
– Pourquoi pas ?
– Que désires-tu ?

Mersis fit mine de réfléchir.

– Tu abandonnes ta plainte, tu oublies Chrestos et, surtout, tu me confies quelques pièces d'argent. L'armée est pauvre.

Apollon vida la bourse attachée à sa ceinture.

– Ça suffira ?

Mersis se baissa et compta.

– Si tu me rapportais deux ou trois pièces supplémentaires, nous deviendrions d'excellents amis. J'oublierais même que tu as un fils.

Le marchand grommela. Le capitaine brisa la tablette de bois. Il remettrait au plus vite ce petit trésor à Philae, dont les ressources financières ne cessaient de décroître.

***

Le meilleur orfèvre d'Éléphantine achevait un bracelet ciselé. Lorsque le préfet Maximin entra dans son atelier, il se sentit à la fois flatté et inquiet. Que désirait le puissant personnage ? En cas de réquisition, une patrouille l'aurait accompagné.

L'artisan s'inclina.

– Je suis votre humble serviteur, seigneur.
– Tes bijoux sont incomparables, dit-on.
– On me flatte...
– Montre-moi tes chefs-d'œuvre.

Nerveux, l'artisan fouilla dans un coffre de bois. Sur un linge blanc, il étala un collier et plusieurs bracelets de poignet et de cheville.

– Admirable, jugea le préfet.

CHAPITRE 19

Chrestos progressait vite. Le matin, il travaillait le bois et la pierre en compagnie de Sabni. Après la collation de midi, Isis l'initiait à la lecture des hiéroglyphes et lui donnait des leçons d'écriture; elle guidait sa main, lui apprenait à dessiner d'un trait et sans trembler l'aile des oiseaux, la jambe humaine ou le papyrus scellé. Puis le nouvel adepte écoutait les leçons du fabricant d'onguents avant de prêter attention à celles de la ritualiste. Sa soif de connaissances semblait inextinguible et la fatigue n'avait aucune prise sur lui. A l'issue du repas du soir, il montait sur le toit du temple où Isis lui expliquait comment déchiffrer le message des étoiles.

Cette nuit-là, la supérieure ne parvint pas à cacher sa lassitude. Chrestos, conscient qu'il l'importunait, posa moins de questions. Aux côtés d'Isis, il goûta le silence de la nuit qui protégeait le sanctuaire mais ne contint pas longtemps sa langue.

– Je suis heureux, Isis.

– Le temple est la joie du cœur. Il n'en est pas de plus vaste.

– Tu sembles fatiguée.

– Te voilà bien indiscret.

– Ta force est la nôtre. Si tu t'affaiblis, que deviendrons-nous ?

– L'avenir de la communauté ne dépend pas d'un seul être.

– Aujourd'hui, si. Je ne suis pas ici depuis longtemps mais

j'ai perçu cette vérité-là. Si Sabni et toi disparaissez, nous sombrons.

– Jugement bien péremptoire, néophyte.

– J'ai des yeux pour voir et je refuse l'hypocrisie.

– Si nous reprenions l'études des étoiles ? Écoute la voix des ancêtres qui se transmet par la lumière. Que nos projets soient aussi généreux que les leurs ; leur vérité demeure le plus fabuleux des trésors puisqu'elle conduit nos pensées vers la connaissance.

***

Les frères boulanger et menuisier demandèrent audience au supérieur. Sabni les reçut dans la demeure du doyen, désormais sienne. Les deux hommes, âgés d'une soixantaine d'années, contestaient parfois les décisions de la supérieure sans proclamer leur désaccord. Lorsqu'ils effectuaient une démarche ensemble, ils l'avaient longuement mûrie. Sabni n'usa d'aucune formule de politesse.

– Parlez.

– A toi, dit le boulanger au menuisier.

– C'est un peu délicat... Si tu nous aidais ?

– Nous sommes frères. Rien ne saurait nous gêner.

Les deux quémandeurs se ressemblaient : visage arrondi, yeux malins, lèvres épaisses, double menton, buste large, jambes trapues.

– C'est vrai, reconnut le boulanger. Parfois, il est difficile...

Le regard sévère de Sabni l'intimidait. Le menuisier vola à son secours.

– Nous sommes frères et devons tout nous dire. Isis a commis de graves erreurs : la procession, la visite à la grotte... Notre prestige est terni. En tant que supérieur, il t'appartient de prendre des mesures.

Satisfait de son intervention, il haussa le ton.

– Nous acceptons de lutter contre l'évêque à condition de ne pas courir de risques inconsidérés. Tu es un ami de Théodore : débarrasse-nous d'Isis, elle est dangereuse. Deux pour gouverner, c'est un de trop ; qu'elle s'occupe des rituels.

– D'autres frères partagent-ils votre point de vue ?

– Nous sommes les plus expérimentés.

– Isis n'a-t-elle pas refusé votre initiation aux mystères du temple couvert ?

Ni le boulanger ni le menuisier ne répondirent.

– J'ai eu accès aux rapports rédigés par le doyen et la supérieure. Toi, en fabriquant un siège bancal, toi, en cuisant un pain selon une forme fantaisiste, avez cru être les auteurs du chef-d'œuvre exigé par notre Règle. Vos travaux étaient une injure à la communauté. Quant à votre connaissance des hiéroglyphes, elle reste superficielle; c'est votre indignité que vous avez mise en relief. Ne comptez pas sur mon indulgence : rien ne justifie votre paresse. Remplissez vos devoirs quotidiens et débarrassez-vous du fiel qui gâte la pensée; sinon, vous ne progresserez pas.

Les deux frères se regardèrent, interloqués.

***

Le temple ne souffrit pas de la faim. Avec les pièces d'argent du capitaine Mersis, Sabni acheta une importante quantité de blé que des bateaux acheminèrent au petit matin avant que les patrouilles n'arpentent les berges.

L'ardeur contagieuse de Chrestos revigora quelques frères qui, malgré le poids de la vieillesse, commencèrent le nettoyage de bas-reliefs rongés par les vents de sable. Cessant de se replier sur elle-même, Philae respira avec davantage d'intensité. Les sœurs réparèrent des instruments de musique, tissèrent des robes blanches avec le peu de lin qui leur restait et lavèrent les dalles de la chambre de la naissance où, dans quelques mois, naîtrait un nouvel adepte. La communauté sortit d'une léthargie que d'aucuns avaient cru mortelle; de l'aube jusqu'au couchant, le supérieur se rendit d'une chapelle à une cour, d'une salle à une crypte, encouragea, conseilla, vérifia. Dès qu'un travail s'achevait, il en proposait un autre, plus exigeant.

Isis progressa dans son étude du rituel de la déesse lointaine. Son labeur ne serait pas inutile puisque Philae tenterait bientôt de le vivre. A plusieurs reprises, elle se reprocha sa distraction, pensa à Sabni, à sa capacité de réussir. Suffirait-elle à transformer une assemblée vouée à la décrépitude en confrérie remplie de sève ? La venue de Chrestos, une naissance prochaine... Les signes se multipliaient. Après tant d'années marquées au sceau de la désespérance, Isis entrevit un paysage plus riant, eut envie de s'abandonner, de confier ses doutes et ses rêves. Quand Sabni le comprendrait-il ?

***

Chrestos déchiffra les lignes du très ancien enseignement rédigé par un pharaon à l'intention de son fils :

« *L'homme agité est la confusion d'une communauté. Introduis la vigilance dans ta vie, ne t'occupe pas de ta satisfaction car tu deviendrais un misérable. A l'heure du jugement, le tribunal de l'au-delà ne manifestera aucune indulgence. A ses yeux, ta vie sera comme une heure. Ose emprunter les chemins les plus difficiles; ce sont eux qui mènent ton esprit vers la connaissance. Dieu connaît celui qui œuvre à sa gloire. Sois un constructeur. De ton effort naîtra la joie, de la joie la sagesse.* »

Le néophyte enroula le papyrus avec soin.

– Un homme peut-il atteindre cet idéal ? demanda-t-il à Sabni.

– Nos pères ont réussi. Si ce temple existe, c'est parce qu'ils ont vécu le ciel sur la terre.

– Et toi ?

– Moi, je suis un jeune supérieur aussi inexpérimenté que le novice auquel je m'adresse. Notre rang est différent mais l'ampleur de notre tâche identique.

– Tu as passé de nombreuse années ici.

– Tu possèdes le feu ardent de l'apprenti.

– S'éteint-il, ensuite ?

– Il se transforme et s'amplifie. Moins violent, plus puissant; vient l'instant de la certitude, semblable à un soleil qui ne se couche plus. Je te le souhaite, Chrestos. Tu appartiendras à ce monde et à l'autre; Dieu est dans la lumière du temple que nous formons avec nos ancêtres et nos successeurs. Que ton intelligence interprète mes paroles et que ton cœur les mette en pratique.

– Toi, Sabni, écoutes-tu ton cœur ?
– Mon enseignement te décevrait-il ?
– Il dépasse mes souhaits les plus impérieux.
– Pourquoi ta question ?
– Je suis très jeune et n'ai pas le droit de te parler ainsi. Mais la communauté serait plus forte si...

Chrestos hésita. Il allait trop loin.

– Que me conseilles-tu donc ?
– Ne néglige pas ceux qui t'aiment plus qu'eux-mêmes.

Le nouvel adepte reprit son calme et traça des hiéroglyphes sur un éclat de poterie. Il s'appliqua à dessiner un siège pourvu d'un haut dossier, symbole de la déesse Isis.

***

Le préfet débarqua près du kiosque de Trajan et le batelier ramena la voile blanche gonflée par le vent. Aucune escorte n'avait protégé le court voyage de Maximin ; à peine eut-il posé le pied sur le sol de l'île sainte qu'il se heurta à Sabni, prévenu par le surveillant.

– Je veux parler à la supérieure.
– Elle travaille avec ses sœurs.
– Prévenez-la de ma présence.
– Promettez-moi d'abord de ne pas faire un pas de plus.

Sabni se comportait comme le chef d'une cohorte invincible qui ne redoutait rien d'un envoyé de l'empereur. Il humiliait Maximin. Au long de sa carrière, le préfet n'avait pas toléré la moindre remarque désobligeante à l'égard de sa fonction ; mais Isis ne justifiait-elle pas le plus douloureux des sacrifices ?

– Vous avez ma parole. Hâtez-vous.

Sabni se dirigea d'un pas lent vers la porte du premier pylône. Maximin le détestait davantage à chaque seconde.

Le préfet patienta plus d'une heure sous un soleil ardent auquel il ne prêta pas attention. Dès qu'il aperçut Isis, aérienne, le temple devint à nouveau un paradis.

– Voici un présent.

Maximin ouvrit le coffret. Les bijoux en or brillèrent de tout leur éclat.

– Ils sont magnifiques, reconnut-elle, et orneront à merveille les statues divines.

– Je vous les destinais.

– Autrefois, je les aurais portés lors des grandes fêtes; la supérieure devait apparaître comme la plus belle des femmes, sans oublier que sa richesse provenait du temple et y retournait.

– Nous célébrerons de nouvelles réjouissances. Ces parures vous les annoncent, si vous acceptez de devenir ma femme.

Étonné de sa propre audace, Maximin n'osa plus regarder Isis. Il redoutait un refus péremptoire; la voix de la supérieure demeura douce et calme.

– Notre Règle m'interdit un mariage profane.

– Coutume périmée. Quand vous serez mon épouse, Philae renaîtra.

Le préfet regretta aussitôt ces paroles menaçantes. N'impliquaient-elles pas un chantage qui la détournerait de lui ?

– Vous tenez à l'île sainte, Isis, je tiens à vous.

Frères et sœurs se rassemblèrent sous la colonnade et s'interrogèrent sur la raison de cette seconde visite du préfet. Ahourê proposa une intervention violente : ils étaient assez nombreux pour précipiter leurs ennemis dans le Nil. Sabni lui imposa silence; vexée, la ritualiste se retira dans sa cellule.

– Regardez ces êtres apeurés, dit Maximin en désignant la communauté. Moi seul peux leur ôter l'angoisse. Pour l'amour d'Isis, pour vous conquérir, j'assurerai la pérennité du temple.

Le visage de la supérieure restait indéchiffrable. Livrait-elle un combat contre elle-même ? Qu'elle n'écartât pas la proposition avec véhémence rassura le préfet; sans doute avait-il percé une brèche décisive.

– Je reviendrai, Isis. Surtout, ne me trahissez pas.

CHAPITRE 20

Les documents conservés à Philae ne précisaient pas le nom des sages à invoquer pour rendre efficace le rituel du retour de la déesse lointaine. Isis croyait savoir où les découvrir : dans l'une des tombes de la rive occidentale, creusées durant l'Ancien Empire afin d'honorer la mémoire des coureurs de pistes inexplorées du grand Sud. Abandonné depuis longtemps, le site était devenu la proie d'esprits errants. S'y rendre présentait des risques que la supérieure n'avait pas le droit de courir; Sabni, pourtant, ne parvint pas à la raisonner. L'avenir de Philae ne dépendait-il pas de la célébration de ce rituel qui insufflerait à l'être communautaire une indispensable énergie? Isis était convaincue que l'événement lui ouvrirait un univers insoupçonné. Vaincu, Sabni refusa de la laisser agir seule. Ils avertirent la vieille tisserande qui, en leur absence, veillerait à ce que frères et sœurs vaquent à leurs tâches habituelles.

Ils partirent au moment où le sommet des monts se teintait de rose. Sabni manœuvra une barque légère que le vent frais du petit matin fit voguer sur l'eau argentée. Comme tous les fils de la province, le supérieur avait appris très jeune à naviguer; il s'était souvent amusé à sauter d'une embarcation dans l'autre quand, au maximum de leur vitesse, elles se livraient à des courses folles. Utiliser les courants exigeait une longue pratique; Sabni progressa avec prudence, contourna l'île d'Éléphantine, passa devant les murailles de granit qui protégeaient les fortins espacés et orienta la proue vers le flanc occidental de la montagne. Après avoir dissimulé la barque parmi des roseaux et s'être frayé un chemin dans le fouillis végétal, le couple parvint au bas des longues glissières en pente raide qui avaient servi à hisser les sarcophages vers l'entrée des tombes.

Sabni avait emporté une maquette de barque en forme d'antilope pour l'offrir au dieu des morts, l'unique habitant de ces solitudes silencieuses. La montée fut longue et pénible ; le sable glissait, chaque pas réclamait un effort. Parvenu sur une plate-forme rocheuse, Sabni saisit Isis par la main. Son geste trop brusque l'attira contre lui ; corps contre corps, ils restèrent quelques instants comme enlacés. Elle perçut son trouble et s'écarta doucement.

Ils s'assirent et reprirent souffle. A leurs pieds coulait le fleuve divin ; il baignait de nombreux îlots avant de se diriger, majestueux, vers Philae et de se jeter sur les rocs de la cataracte. Le ciel immobile emplissait le regard d'un bleu ardent ; des voiles blanches sillonnaient le fleuve, un bac chargé de paysans et d'animaux quittait la rive est. Un couple de faucons pèlerins s'envola vers le soleil levant.

– Notre vie devrait ressembler à ce fleuve, Sabni, éternellement semblable à lui-même et sans cesse renouvelé.

– Nous sommes imparfaits et infirmes.

– Nous servons une déesse.

Isis, la mère de Dieu, l'ornement du ciel, le désir des champs verts, la nourriture inondant le monde de sa beauté, le parfum du temple, la maîtresse de la joie, la pluie qui verdit la campagne, la douce d'amour... Elle avait initié Sabni à sa fonction, l'emportant au-delà de lui-même. Isis ne s'incarnait-elle pas dans cette femme à la chevelure noire, plus brillante que l'éclat de la nuit, plus tendre que les raisins mûrs, aux dents plus blanches que le lait des étoiles, au visage plus sucré que les fruits du verger et plus frais que l'eau du puits, aux jambes plus effilées que les pattes des gazelles ?

– Cherchons la tombe.

Suivant un sentier empierré au sommet de la falaise, ils

pénétrèrent dans des caveaux abandonnés. Souvent, c'était la désolation : chapelles incendiées et noircies par la fumée, statues décapitées ou brisées, bas-reliefs arrachés ou blanchis à la chaux. Mais quelques demeures d'éternité avaient échappé à la fureur iconoclaste des chrétiens. Sur les murs se déployaient des scènes de chasse et de pêche, des banquets, des joutes et des jeux aux couleurs intactes. La vie joyeuse des temps anciens rappelait que les conquérants de terres inexplorées étaient revenus à Éléphantine goûter une vieillesse heureuse. Du haut de leurs tombeaux, ils contemplaient à jamais le paysage serein où avait pris fin leur errance. L'or de Nubie, ils l'offraient aux dieux; et les dieux leur donnaient gloire et fortune. De l'intérieur de la montagne d'Occident, chantait l'un des hymnes gravés sur une paroi, les pierres précieuses roulent à flots, se cachent dans les fourrés de papyrus et réapparaissent sur les vantaux de la porte du temple.

Le courage et la volonté de vaincre : voilà ce que Sabni décelait dans les inscriptions où les conquérants du grand Sud narraient leurs exploits. Sur une stèle reléguée dans un recoin obscur, Isis aperçut le fin visage de la déesse de la cataracte à la couronne de roseaux. En lisant le texte, elle fit revivre les paroles de la crue : « Je fais monter pour toi le flux de la vie, les fleurs pousseront, les moissons seront dorées, les terres jubileront et le cœur des hommes sera dilaté de bonheur. »

Isis se sentit emportée par un autre flux qui l'entraînait vers Sabni. Elle résista encore; il fallait songer au sépulcre où étaient inscrits les noms divins, mots ultimes du rituel. Au fond d'une cour à colonnes s'ouvrait une entrée rectangulaire; Sabni passa le premier. Jusqu'alors, aucune mauvaise rencontre n'avait entravé leur quête. Le supérieur demeurait néanmoins méfiant. Certains anachorètes étaient assez exaltés pour s'attaquer aux visiteurs de ces tombes qu'ils considéraient comme des bouches de l'enfer.

Il recula, effrayé. Isis vint à ses côtés, s'agrippa à son bras. Serrés l'un contre l'autre, ils eurent le sentiment d'entrer sur l'étroit chemin conduisant au royaume d'au-delà; de part et d'autre, des statues blanches au visage vert ou noir et aux yeux fixes les contemplaient en souriant.

Le couple avança, uni, entre ces ancêtres immortalisés dans la joie de la résurrection. Trois marches montaient vers une chapelle ornée d'une scène de banquet où d'inépuisables nourritures garnissaient la table de l'être reconnu comme juste par le tribunal de l'autre monde. Des colonnes de hiéroglyphes évoquaient la communion des fidèles d'Isis au moment où la déesse, après son exil dans les profondeurs de la Nubie, revenait vers Philae.

– La réponse est ici, Sabni. Présente notre offrande.

Le supérieur déposa sur le sol la barque en forme d'antilope.

– Les protecteurs de cette demeure sont des Osiris. Un et multiple, tel est son secret : mille visages pour un seul cœur. Lui invoquera la déesse lointaine, pas nous. Un dieu appellera une déesse ; elle entendra sa voix et regagnera sa demeure.

Ils prirent place sur les banquettes de pierre, convives d'un festin immobile aux saveurs immatérielles. Isis avait atteint le terme de sa quête ; Sabni pouvait enfin poser l'obsédante question.

– Que désirait le préfet ?

– Que je devienne sa femme. En échange, il protégera Philae et satisfera mes désirs. L'avenir du temple sera assuré ; ne devrais-je pas accepter ?

Sabni se leva et, avec fougue, la prit dans ses bras.

– La Règle te l'interdit.

– Elle proclame que notre principal devoir est de sauvegarder la communauté.

– Je t'aime, Isis. Je t'aime de tout mon être. C'est notre union, et elle seule, qui préservera le temple de l'anéantissement.

Il abaissa les bretelles blanches sur les épaules dorées.

– Nous n'avons pas le droit d'avoir d'enfants.

– Je m'en moque. C'est toi, et toi seule, que je désire.

La robe blanche glissa le long du corps d'Isis, dévoilant ses seins haut placés, son sexe de jais, ses longues jambes. Elle ôta la tunique de Sabni ; il caressa ses reins et embrassa son cou. Quand leurs lèvres se joignirent, il la pencha tendrement en arrière. La sève qui coulait dans le corps d'Isis avait l'ardeur d'un jeune soleil et la suavité du miel.

Elle s'étendit sur le sol de pierre, entre les rangées d'Osiris, et il épousa son désir. Dans le silence heureux de la demeure d'éternité où le couple ressuscité continuait à banqueter et où les morts communiaient avec les vivants, ils découvrirent la lumière dorée d'un amour fulgurant, telle la flamme jaillie à l'aube du monde, au cœur de l'Orient.

CHAPITRE 21

Le soir tombait. Isis et Sabni s'étaient enivrés de leur extase dans la tombe des ancêtres. Bien qu'ils ne fussent pas rassasiés de leurs corps, ils songèrent à Philae. Seul comptait l'avenir du temple. Leur vie d'adeptes ignorait l'ambition personnelle; ils avaient appris à la combattre, à y renoncer et à s'en délivrer. La passion ne balayait pas ces années d'ascèse mais exaltait leur voyage, désormais amoureux et partagé dans la chair comme dans l'esprit, vers l'invisible.

Sabni sortit le premier du tombeau. La lune brillait. Les étoiles, portes de lumière, perçaient la nuit. Le supérieur respira l'air apaisé, confia son enthousiasme à l'univers que tissaient les déesses et que le potier Khnoum façonnait sur son tour.

A peine dépassa-t-il le seuil qu'un violent coup de bâton dans le ventre le plia en deux. L'assaillant, un moine aux cheveux longs, hurla de joie. Il frappa une seconde fois. Sabni se jeta de côté, saisit l'extrémité du gourdin et désarma son adversaire. Le chrétien, en dépit de sa hargne, n'était pas de taille; il rompit le combat et prit la fuite.

Isis s'approcha de Sabni.

– Es-tu blessé?

– Rentrons.

Du bateau, ils contemplèrent la falaise d'Occident ensevelie dans une obscurité bleutée. L'entrée de la tombe avait disparu, confondue avec les ténèbres; ne subsistait que l'élan des rampes vers le sommet, emportant avec lui le secret d'un amour vécu au-delà du temps.

***

Selon la coutume, Sabni prit Isis dans ses bras et franchit le seuil de l'ancienne maison du doyen. Aux yeux de la communauté rassemblée, ils devenaient mari et femme. Nul besoin de document écrit : leur engagement prenait force de loi.

Si frères et sœurs savourèrent ce moment, Chrestos le ressentit avec une intensité particulière : n'était-il pas responsable de ce mariage que les adeptes appréciaient comme un nouveau bienfait ? Par leur union, Sabni et Isis proclamaient la liberté du temple au cœur d'un monde hostile.

Les époux dormirent sous un filet de pêcheur aux mailles fines, en guise de moustiquaire. A leur réveil, ils se réjouirent du bonheur simple de se découvrir l'un l'autre.

– Prenons garde à Maximin, recommanda Isis.

– Est-il épris à ce point ?

– S'il apprenait...

– Chacun de nous est soumis au secret. Sois confiante.

Elle se blottit contre lui, abandonnée.

***

Ahourê mit du fard sur ses yeux et se parfuma à l'oliban. Elle se reprochait parfois cette propension à la coquetterie, mais la Règle n'interdisait pas aux sœurs d'être belles; que des frères tombassent plus ou moins amoureux d'elle l'amusait sans la distraire de ses savants travaux. Ne pouvait-elle se vanter d'une excellente mémoire et d'une connaissance des rites aussi parfaite que celle d'Isis ? Certes, elle n'enviait pas la fonction de supérieure qui procurait davantage de soucis que de satisfactions, mais savait que ses solides épaules portaient une bonne part du poids de la communauté. D'ordinaire, Isis prenait des décisions qu'Ahourê estimait judicieuses. Cette fois, elle négligeait le temps de la réflexion et entraînait les adeptes sur un chemin dangereux. Critiquer la supérieure requérait un courage certain que d'aucuns qualifieraient d'impudent; mais la ritualiste, persuadée d'être lucide, ne recula pas.

Dans le verger du temple, Isis étudiait les anciens rituels de fête; des oiseaux jouaient autour d'elle. Sur l'île, personne ne les chassait au bâton de jet. L'un d'eux, à la tête argentée et au poitrail jaune, se posa sur l'épaule gauche de la supérieure, picora ses cheveux oints de myrrhe et s'envola vers un persea où nichaient des passereaux.

– Que désires-tu, Ahourê ?

– Ce mariage n'est-il pas précipité ?

– Crains-tu que Sabni et moi roucoulions en oubliant nos devoirs sacrés ?

– Bien sûr que non. Mais le préfet...

– Sa passion m'inquiète.

– Pourquoi la négliger ?

– Souhaiterais-tu que je devienne son épouse ?

– Si ce sacrifice devait sauver le temple et la communauté...

Isis leva les yeux vers le faîte du persea aux feuilles vert sombre en forme de cœur; c'était sous un arbre semblable que le premier sage d'Égypte avait recueilli l'enseignement du dieu de la connaissance.

– Que nous apportera ton union avec Sabni, sinon votre bonheur égoïste ?

– Ces reproches me surprennent car ils ne sont guère justifiés. En achetant une paix précaire à Maximin, n'aurais-je pas trahi l'esprit de notre confrérie ? L'Égypte a toujours été gouvernée par un couple au regard unique. Sabni et moi tenterons de faire revivre une tradition qui prélude peut-être à d'autres résurrections. Sois certaine, ma chère sœur, que nos actes ne sont pas inspirés par la recherche d'une jouissance passagère.

Ahourê s'éloigna; sa jalousie attrista Isis. A la supérieure de veiller à ce qu'elle ne se transformât pas en amertume, poison redoutable pour les âmes fragiles.

***

Assis au sommet de l'énorme bloc de granit, le général Narsès, comme chaque soir, admirait la cataracte. Le Nil ne tarderait plus à se retirer; les paysans cueillaient des olives et récoltaient des dattes tandis que débutaient les semailles de céréales sur des terres trop peu irriguées. La quasi-totalité du blé serait réservée à Byzance; les petites exploitations chargées de nourrir Éléphantine ne fourniraient que des épis chétifs.

Combien mourraient de faim? Personne, cependant, n'accuserait le Nil; cette terre était trop belle, trop pure pour que des souffrances humaines justifiassent le moindre reproche. Narsès quêtait un tourbillon charitable qui le clouerait au fond du fleuve.

Le général s'était procuré un rouleau de papyrus consacré aux aventures d'un célèbre explorateur de l'Afrique, l'Égyptien Hirkhouf, enterré dans la falaise d'Occident; trois millénaires après ses exploits légendaires, leur souvenir demeurait vivace. Narsès déroula le document et se plongea dans une lecture passionnante. Ouvrant des chemins dans une contrée inconnue et dirigeant d'une poigne très ferme un corps expéditionnaire organisé avec soin, le héros était revenu de la lointaine Nubie à la tête d'un cortège de trois cents ânes chargés de sacs d'or, de bois d'ébène, d'encens, de défenses d'éléphant et de peaux de panthères; le présent qu'avait surtout apprécié le jeune pharaon était un Pygmée venu du pays des habitants de l'horizon et capable d'exécuter avec entrain la danse du dieu.

Combien de fois l'explorateur avait-il quitté sa demeure pour s'élancer dans l'inconnu avant de revenir, très âgé, mourir dans sa ville? Narsès jeta le papyrus dans le fleuve. Cette existence de tumultes et d'honneurs, de conquête et de gloire, il l'exécrait. De l'espèce humaine, qu'apprendre encore? Le jeu du bonheur et du malheur ne l'amusait plus.

Une étrange apparition attira l'attention du général. Audelà des dernières roches de la cataracte, un homme à la peau noire, juché sur un animal au long cou et au pelage tacheté, s'était immobilisé sur le flanc d'une colline. Il occupait un excellent poste d'observation d'où il pouvait détailler les fortifications de la frontière. Quand le soleil déclina, l'éclaireur disparut.

***

L'évêque et le préfet écoutèrent le récit du général.

– Un Blemmie chevauchant une girafe, estima Théodore.

– Cette peuplade a disparu, objecta Maximin.

– Je le croyais aussi. J'ai rédigé des rapports en ce sens.

– Êtes-vous certain de cette identification ?

– Je le crains.

– Sans doute un survivant égaré.

– Les Blemmies avaient coutume d'envoyer un éclaireur avant d'attaquer.

– Nos fortifications sont imprenables. Une armée trois fois plus nombreuse que la nôtre courrait à l'échec.

– Et si nous nous trompions ? suggéra l'évêque, irrité par l'assurance du préfet. Bien des batailles ont été perdues à cause de la vanité d'un chef.

– Me mettriez-vous en cause ?

– Si une attaque se prépare, préservons Éléphantine.

Le général Narsès jugea bon d'intervenir.

– Nous nous inquiétons sans doute à tort. Les experts sont persuadés que les Blemmies sont incapables de former une troupe d'assaut. Néanmoins, j'inspecterai nos fortifications.

Cette décision réconforta Théodore. Il ne craignait rien plus que ces envahisseurs venus du sud ; farouches adversaires du christianisme, ils enrageaient de ne plus avoir accès à Philae, résidence de leur dieu, Mandoulis, dont ils étaient séparés depuis vingt ans.

Narsès salua ses supérieurs et sortit. Maximin toisa l'évêque.

– Ne proférez plus de critiques contre ma personne.

– Seule me guide ma mission.

– Vous croiriez-vous capable de m'ouvrir les yeux ?

– Isis ne vous épousera jamais.

– Elle n'a plus le choix.

– Détrompez-vous. Elle ne cédera à aucun chantage.

– Sacrifierait-elle sa communauté ?

Cette question, Théodore se l'était posée cent fois.

– La Règle du temple...

– Des mots ! C'est l'existence même de Philae qui est en jeu.

– Je vous empêcherai d'aller trop loin, affirma l'évêque avec gravité. Ce sanctuaire païen n'a plus d'existence légale ; si vous lui redonnez un lustre insolent, les chrétiens se dresseront contre vous.

– Êtes-vous conscient de la portée de vos propos ?

– Soyez amoureux, Maximin, mais n'offensez pas le Christ.

Le préfet garda son calme. Absent, il marcha vers les casiers remplis de papyrus et consulta un document d'un œil distrait.

– Je veux savoir ce qui se passe dans cette communauté. Il nous faut un espion là-bas.

– La loi interdit à Philae de recevoir un nouvel adepte. Si nous envoyons quelqu'un, ils se méfieront et l'expulseront.

– Sabni est un insoumis et un comploteur.

Théodore redoutait, lui aussi, les initiatives de son ami. L'idée du préfet ne manquait pas d'intérêt ; être informé de l'intérieur éviterait bien des désagréments.

– Il y a peut-être une solution...

***

Au nord de la cataracte, à quelque distance du temple, un pêcheur profitait des premières heures de la matinée pour frapper l'eau avec un long bâton et attirer quelques proies dans ses filets. Il venait de piéger une superbe perche lorsqu'un clapotement signala l'approche d'un nageur. Mersis reconnut Sabni qui, pour se reposer, s'agrippa à la proue de la barque et maintint la tête hors de l'eau. Le capitaine continua à pêcher sans regarder dans la direction de son ami.

– Une nouvelle inquiétante. On aurait repéré un Blemmie près de la cataracte.

– C'est sérieux ?

– Narsès procède à une inspection approfondie des fortifications. Un autre danger : Maximin fait courir le bruit de son prochain mariage avec Isis. L'évêque est assailli de protestations. Méfie-toi, Sabni : tu es le seul véritable obstacle entre le préfet et la supérieure.

– Plus encore que tu ne l'imagines.

*
* *

Chrestos ne laissait personne en paix. Les plus âgés devaient subir ses questions et tenter d'y répondre. Il arrachait les plus paresseux à leur engourdissement et les obligeait à se remettre au travail. Peu à peu, l'émulation s'installait; chacun tenait à prouver qu'il occupait une place importante dans la communauté. Frères et sœurs échangeaient à nouveau des propos, s'interrogeaient sur la signification des symboles, scrutaient les parois du temple où les anciens avaient gravé les principes de sagesse. Au sommet des chapiteaux, le sourire de la déesse Hathor s'épanouissait.

Novembre, où débutèrent les hersages, fut un enchantement. La faible crue s'était retirée; la vie, au goût de dattes fondantes, s'écoula avec douceur. La grossesse de la bibliothécaire évolua de manière favorable; Isis pria chaque soir les divinités de l'accouchement.

Philae reprenait confiance en sa propre foi. Les adeptes s'étaient endormis sur un trésor dont ils reconnaissaient l'inappréciable valeur. La grande déesse ne les protégeait-elle pas d'un environnement haineux qui, après avoir fait figure de vainqueur, perdait de sa virulence?

Sabni refusa de s'abandonner à l'optimisme. Isis, louant sa lucidité, insista néanmoins sur le renouveau visible de la communauté. Le supérieur ne devait-il pas fraterniser, plus que tout autre, avec l'avenir du temple?

CHAPITRE 22

Le pigeon voyageur se posa au sommet du môle oriental du premier pylône; Chrestos fut chargé de le récupérer. L'oiseau apportait un message de l'évêque : la mère du frère menuisier agonisait. Si ce dernier le désirait, il bénéficierait de l'autorisation exceptionnelle de quitter l'île et de se rendre au chevet de la mourante. Des soldats l'attendraient sur la berge et l'escorteraient. Il lui serait interdit de converser avec la population.

Ni Isis ni Sabni ne s'opposèrent à cette procédure. Très ébranlé, le menuisier partit sur-le-champ; le pigeon lui servirait de sauf-conduit.

Les miliciens l'obligèrent à revêtir une tunique brune et à porter une calotte de laine cachant son crâne chauve. Ils ne le conduisirent pas chez sa mère, dans les quartiers pauvres, mais l'emmenèrent jusqu'à la demeure de l'évêque où il fut introduit par une porte basse. Grâce à la promptitude de l'opération, personne n'identifia le visiteur.

En présence du prélat et du préfet, le menuisier céda à l'affolement. N'avait-il pas été attiré dans un piège ? Théodore le rassura sur l'état de santé de sa mère qui, à quatre-vingts ans, gérait elle-même sa ferme. Il contraignit l'adepte, qu'impressionnait le regard froid de Maximin, à s'asseoir sur un siège pliant.

– Nous ne te voulons aucun mal, garantit le préfet, et nous avons besoin de ton aide.

Ce préambule stupéfia le frère.

– J'ai beaucoup entendu parler de toi. Tu es un excellent menuisier, paraît-il, et tu rends au temple les services les plus remarquables, bien qu'ils ne soient pas appréciés à leur juste valeur.

L'adepte approuva.

– Pourquoi restes-tu dans cette communauté ?

– C'est ma vraie famille. Elle m'a éduqué.

– As-tu franchi la porte des grands mystères ?

– Isis m'en a empêché; Sabni l'a approuvée.

Le frère regretta de se confier à des profanes. Mais le supérieur et sa compagne portaient la responsabilité de sa rancœur.

– Si tu ne célébrais pas un culte impie, je t'aurais volontiers engagé; tu serais devenu riche.

– La fortune ne m'intéresse pas. J'aime Philae.

– N'aimes-tu pas davantage la vie ? interrogea le préfet.

L'adepte pâlit.

– S'il en est ainsi, montre-toi bavard. Sinon, mes soldats seront obligés d'abattre un fuyard qui aura troublé l'ordre public.

– Qu'attendez-vous de moi ?

– Des renseignements sur ta communauté.

– Philae ressuscite. Les plus abattus reprennent espoir.

– A quelles activités vous livrez-vous ?

– Nous entretenons le temple, présentons les offrandes, célébrons la grande déesse...

– Complotez-vous contre l'empereur ?

– Non... bien sûr que non !

– Qui vous encourage ainsi ?

– Sabni, Isis et aussi...

Ses frères reprochaient au menuisier d'avoir la langue trop bien pendue. Une fois de plus, il avait parlé sans réfléchir. Le préfet s'approcha et posa les mains sur les épaules de l'adepte, qui eut la sensation d'être agrippé par les serres d'un rapace.

– Et aussi ?

Le menuisier avait juré de garder le silence. En trahissant son serment, il condamnait la communauté à disparaître. Mais comment résister à la torture ? Son supplice ne sauverait pas le temple. D'autres avoueraient; se sacrifier serait inutile.

– Un paysan a été admis parmi nous. Son enthousiasme est un gage d'avenir.

– Son nom ?

– Je l'ignore.

L'évêque se promit d'identifier le fuyard. Philae, en l'accueillant, avait commis une faute dont il saurait tirer profit.

Maximin n'accorda aucune importance à ce détail. Il désirait obtenir des informations d'un autre ordre.

– Sabni prépare-t-il une action subversive ?

– Le supérieur ne se préoccupe que du temple. C'est un homme dur et intransigeant.

– Les frères sont-ils prêts à se révolter contre lui ?

– Ils n'oseront pas. Nul ne conteste son autorité.

– Et Isis ?

– Isis... Elle ne le désavoue pas.

Maximin perçut la gêne du frère : il ne disait pas la vérité et tentait de cacher un fait majeur. Ses doigts crochetèrent violemment ses épaules; le menuisier poussa un cri étouffé.

– Ce n'est qu'une douleur infime en regard des souffrances que je te réserve si tu continues à mentir. Isis et Sabni se détestent, n'est-ce pas ? Elle veut m'épouser et il s'y oppose !

– Oui... il refuse.

Au cœur de sa passion, le préfet gardait un œil lucide. L'adepte confessait ce qu'il avait envie d'entendre. Il le gifla. Le menuisier pleura, l'évêque se détourna.

– Emmenez cet homme hors de ma vue.

– Ce ne sera plus très long... S'il ne parle pas, je l'étrangle.

Le prisonnier sut que la fureur du préfet n'était pas feinte. Se taire plus longtemps serait suicidaire.

– Sabni et Isis se sont épousés selon la coutume. En franchissant unis le seuil de leur demeure, ils sont devenus mari et femme.

Maximin lâcha prise. Un instant, il eut envie d'écraser à coups de poing le visage mou de l'adepte.

– Retourne sur l'île. Tu y seras notre espion.

Le menuisier sortit à reculons et s'inclina. Survivre lui parut la plus merveilleuse des récompenses.

– Ce mariage n'a aucune valeur légale, déclara le préfet, mais Isis m'a trompé. Philae et Sabni seront châtiés. Les chrétiens auront satisfaction, l'évêque. Vous jouirez de votre victoire et moi, je soumettrai à ma loi la femme que j'aime.

***

Ahourê remplit le vase en argent d'eau du Nil et la versa sur les mains des adeptes. Le précieux liquide provenait du Noun, l'océan d'énergie dans lequel baignait l'univers entier. La terre n'était qu'une butte émergée lors du premier matin quand le créateur, né de lui-même, avait prononcé la première parole. Chaque temple d'Égypte rappelait cette origine réactualisée par le rite de l'aube.

Ahourê présenta le vase à la supérieure, évoqua le moment décisif où le cœur du Principe fut rendu conscient par son fils, Vie, qui réunit ses membres et les rendit mobiles. Lui, l'unique, amena son corps à l'existence grâce à la magie du verbe et plaça dans l'âme de chaque être le désir de partager, grâce à l'initiation aux mystères, l'éternité de cet instant.

Alors que la communauté saluait le soleil en élevant vers lui des mains pures, Chrestos interpella Sabni.

– Pourquoi la ritualiste m'a-t-elle oublié ?

Ahourê se tourna vivement vers le jeune homme.

– Tais-toi, néophyte.

– Ai-je commis une faute grave pour être ainsi négligé ? En ce cas, qu'on me l'indique !

– Que cet impudent soit corrigé comme il le mérite. Je demande au supérieur l'autorisation de le punir sévèrement.

Chrestos ne baissa pas la voix.

– Je suis un frère semblable aux autres et demande ce qui m'est dû. Si l'injustice règne dans ce temple comme dans le monde profane, qu'elle en soit chassée sur l'heure.

Excédée, Ahourê s'empara du bâton que lui tendait le menuisier.

– Flaire le sol, rebelle! Quand ton dos aura goûté de ce maître-là, ta vanité sera moins arrogante.

Chrestos implora du regard Sabni et Isis. Ni l'un ni l'autre n'interrompirent le geste de la ritualiste. Lèvres et poings serrés, le jeune homme s'allongea sur le sol et reçut cinq coups de bâton qui ne lui arrachèrent aucun cri.

***

L'onguent apaisa la douleur. Sabni massa de nouveau l'épaule gauche de Chrestos, encore enflée.

– Mon corps m'importe peu. Pourquoi le supérieur ne m'a-t-il pas défendu contre l'iniquité?

– L'impulsif est semblable à un arbre qui grandit trop vite et dont on jette au feu la pousse des rameaux avant de le couper. Le silencieux verdoie, ses fruits sont doux; agréable est l'ombre qu'il dispense dans le jardin.

– On ne peut pas toujours se taire!

– Il est pénible de rester silencieux face aux paroles injustes mais vain de répondre à l'ignorant. Répliquer à ses propos entraîne la discorde car son cœur ne supporte pas la vérité.

Les yeux du jeune homme flamboyèrent.

– Tu admets donc que la ritualiste a bien commis une erreur! Elle néglige sa tâche... cette sœur est une ignorante. Jamais plus je ne lui adresserai la parole.

– Ne sois pas prétentieux à cause de ton savoir, Chrestos. Consulte l'ignorant comme le savant car personne n'atteint une totale maîtrise. La parole excellente est plus cachée que la pierre verte; tu la découvriras pourtant chez les plus humbles, auprès des serviteurs du temple qui se donnent à lui sans rien attendre en retour.

– Ce n'est pas le cas d'Ahourê!

– Ne juge pas de manière aussi péremptoire.

– Tu ne peux pas être aveugle... pas toi!

– Me mépriserais-tu?

Gêné, le jeune homme baissa la tête.

– Non, mais cette sœur...

– L'adepte qui désire atteindre les grands mystères doit affronter d'un cœur égal les épreuves les plus rudes. C'est à l'intérieur de la communauté que tu les subiras, non dans le monde extérieur. Oublie critique, rancœur et révolte pour te préparer à les vivre.

CHAPITRE 23

Du haut de la plus élevée des tourelles, le guetteur aperçut deux Noirs vêtus d'une peau de félin. Ils avancèrent dans les méandres de la cataracte avec une incroyable agilité, sautèrent de roche en roche jusqu'au point où ils furent stoppés par un bloc de granit autour duquel les eaux tourbillonnaient. Alerté, le capitaine Mersis identifia les éclaireurs qui observaient sa ligne de défense.

– Des Blemmies!

Ils se tenaient à bonne distance, hors de portée des flèches. Inutile d'envoyer un détachement; en longeant les berges, il aurait fait déguerpir l'ennemi sans pouvoir l'intercepter.

Pendant plus de deux heures, les Noirs scrutèrent la palissade et les fortins interdisant l'accès de la province d'Éléphantine. Puis, vifs comme le vent, ils disparurent.

Mersis rédigea aussitôt un rapport en double exemplaire qu'il porta à son supérieur direct, l'évêque Théodore. Ce dernier se rendit chez le préfet, dont le bureau était encombré d'une énorme quantité de tablettes comptables.

– Tout est au point, l'évêque. Cette fois, Philae ne sortira pas indemne de l'épreuve. Je lui promets de rudes souffrances.

– Il y a plus urgent.

– Qui le prétend?

– Lisez.

Le rapport de Mersis était clair et concis.

– Hier un seul, aujourd'hui deux, demain une armée... les Blemmies se préparent à nous attaquer.

– Les fortifications les en dissuaderont. Qu'ils continuent à les observer : si ces sauvages sont dotés de raison, ils renonceront.

– La nouvelle se propagera vite et la population s'affolera. Vous devriez procéder à une inspection des troupes et organiser des défilés.

Bien qu'elle fût insolente, la suggestion de l'évêque possédait quelque valeur. Irrité de ce contretemps, Maximin délaissa les comptes de la province et remplit sa fonction de chef militaire. Il visita les casernements, se montra sur les remparts, parla aux soldats, présida une parade et marcha à la tête d'un détachement dans les rues d'Éléphantine. Cette démonstration de force et de confiance rassura le peuple.

Si les Blemmies commettaient la folie d'assaillir la cité, ils seraient exterminés.

***

Sabni porta au menuisier un chevet fendu en deux. Depuis son retour, l'artisan gardait une mine attristée.

– Pourras-tu le réparer ?

– Je l'ignore.

– Ta mère souffre-t-elle beaucoup ?

– Elle s'éteint et me reconnaît à peine ; sans doute retournerai-je la voir. Montre-moi l'objet.

Le menuisier semblait craintif.

– As-tu rencontré l'évêque ?

– Moi ? Pourquoi donc ?

– Théodore sait que les adeptes ont quitté leur famille de chair pour connaître celle de l'esprit. D'ordinaire, ils ne reviennent pas en arrière. Pourquoi cette curieuse démarche, sinon afin de t'interroger sur les secrets du temple ?

Furieux, le menuisier jeta le chevet sur le sol.

– Oserais-tu m'accuser de parjure ? J'ai promis de garder le silence, mais il reste des sentiments humains ; je ne te ressemble pas. A force de te soumettre à cette fameuse Règle, tu perds toute bonté. Tu es devenu sec, implacable. Personne ne t'aime, Sabni. Quand tu le comprendras, il sera trop tard. Moi, je suis exempt de reproches.

– La parole d'un frère est sacrée; aucune autre justification ne sera nécessaire.

Le menuisier se promit d'obéir au préfet. Sinon, Maximin n'hésiterait pas à le supprimer. Sabni, lui, ne porterait jamais la main sur un adepte.

Mal à l'aise, le supérieur se retira. S'il soupçonnait de trahison l'un des membres de la communauté, ne se révélait-il pas indigne de sa fonction? Mais Philae était en guerre et le supérieur n'avait pas le droit à la naïveté. L'ennemi ne se contenterait plus d'attaquer de l'extérieur.

Si lourde devenait la charge... Comment ne pas accorder une confiance totale aux êtres qu'il côtoyait depuis tant d'années?

***

L'évêque demanda à ses secrétaires de mener une enquête administrative sur les récentes fuites de paysans. Les résultats furent décevants; les rapports de police ne signalèrent que de petits larcins, le bris volontaire d'outils agricoles, le vol d'un âne et la plainte avortée du marchand Apollon. Aucune mention d'un fuyard. Consultés, les gradés chargés de la sécurité interne ne fournirent pas davantage de détails. Leur coordinateur, le capitaine Mersis, ne détenait dans sa geôle qu'un fermier accusé de déprédations dans le verger de son voisin. Il reconnut avoir interrogé Apollon; ivre mort, le suspect n'avait prononcé que des mots incompréhensibles.

Théodore jugea étrange le comportement de ce personnage important. Aussi le convoqua-t-il.

Bourru, tendu, le marchand s'immobilisa sur le seuil du bureau.

– Quel type de plainte désirais-tu porter?

– J'avais bu.

– Pourquoi?

– Par plaisir... tout le monde n'est pas ascète.

– As-tu des enfants?

– Quatre. Deux garçons et deux filles.

– En âge de travailler ?
– Ils aident, de temps en temps.
– Aucun d'eux ne s'est enfui ?
– Dieu m'épargne un tel malheur ! Ma famille est unie.
– Dieu protège les justes. Continue à nous fournir d'excellentes figues.

Apollon fut heureux de s'en tirer à bon compte. En le voyant détaler, l'évêque fut persuadé qu'il était mêlé à une affaire trouble. Peut-être n'avait-elle aucun rapport avec le fuyard. Il serait bon, néanmoins, de s'en assurer.

***

Ahourê réunit près du puits principal une dizaine de sœurs qui, sans être hostiles à la supérieure, étaient sensibles à la faconde de la ritualiste. Tout en remplissant les cruches d'eau fraîche, elles se plaignirent de conditions de vie de plus en plus difficiles. L'une d'elles clama sa peur de l'avenir : comment combattre un préfet dont la toute-puissance ne s'accommoderait pas longtemps de l'existence d'insurgés, surtout si l'évêque lui prêtait main-forte ? Ahourê recommanda de garder confiance en la volonté inflexible d'Isis.

– L'intransigeance de Sabni nous menace. Il est trop jeune pour diriger une communauté comme la nôtre ; c'est pourquoi le pouvoir l'enivre et le dépouille de ses qualités. Bientôt, il deviendra un tyran, oubliera jusqu'aux rituels et nous soumettra à ses exigences. Que chacune le sache : le supérieur livre un duel à l'évêque. Le sort de Philae ne lui importe que dans la mesure où le temple joue le rôle de forteresse et la confrérie celui d'une armée.

– Une si petite troupe contre des centaines de soldats ? Invraisemblable !

– Sabni n'en a cure, affirma Ahourê. Défier Théodore est déjà une victoire : que nous soyons réduits en esclavage ou déportés l'indiffère. Il nous sacrifiera à sa folle passion et, le moment venu, nous abandonnera à la vindicte de l'évêque en échange de sa propre liberté.

Les terribles paroles de la ritualiste troublèrent les sœurs. Les plus réticentes proclamèrent l'intégrité du supérieur, son sens du devoir, sa rectitude que ne souillait aucune faute.

– Je ne l'accuse pas de duplicité, protesta Ahourê, mais de vanité et de folie.

– Que proposes-tu ?

– Entretenons-nous discrètement avec les frères les plus expérimentés. Si certains d'entre eux partagent nos angoisses, consultons-les plus avant et réfléchissons ensemble.

Le soir même, après le repas, le menuisier et la ritualiste conversèrent à l'abri du kiosque de Trajan. Insensibles au coucher du soleil rosissant les pentes grises des falaises, ils se méfièrent l'un de l'autre. Jusqu'à cet instant, nul adepte n'avait fomenté de complot. Ils eurent conscience d'entamer un processus qui entraînerait un conflit ouvert avec le supérieur; le visage froid et le regard haineux de son frère effrayèrent Ahourê. Elle regretta sa démarche mais il était trop tard pour battre en retraite.

– Sabni est un hâbleur, déclara le menuisier. Il croit que nous sommes du bétail soumis et que personne ne se mettra en travers de sa route. Si nous lui résistons, il quittera l'île et se convertira avec l'appui de son ami Théodore. La supérieure n'aura d'autre choix que d'épouser le préfet et Philae sera sauvée.

Ahourê jugea le plan excellent. Les frères et les sœurs que les deux conjurés s'engagèrent à réunir formeraient une cohorte capable de renverser Sabni et d'éclairer l'avenir du temple.

***

Chrestos calfata une barque en suivant les directives de Sabni. Puis ils dressèrent un nouveau mât taillé dans le dernier billot de cèdre que possédait le temple.

– Le soleil pointe à peine à l'horizon... Est-il nécessaire de travailler si tôt ?

– Le sage se lève de bon matin pour créer, disaient nos pères, l'imbécile pour s'agiter. Ce dernier ne veut rien écouter et vit de ce qui fait mourir. Dès que le rite de l'aube est célébré, un monde nouveau renaît. Qu'importe la fatigue puisque nous avons la chance de le contempler ?

– Je ne veux pas devenir un imbécile et suis bien décidé à demeurer indemne de mains, de bouche et de cœur, comme le réclame la Règle; mais je désire tout connaître, posséder tes qualités, celles d'Isis et de la communauté entière!

– Garde-toi de l'avidité, Chrestos. C'est un mal incurable; elle avilit les êtres, rend aigre la plus belle amitié, éloigne le disciple du maître. L'avide n'a plus de demeure et perd l'éternité.

Dépité de la remontrance, le garçon observa l'œuvre à laquelle il collaborait.

– Est-elle prête à voguer?

– Pas encore. Il faudra vérifier son équilibre et adapter un gouvernail correct.

– Le gouvernail... Ne porte-t-il pas le même nom que Maât, la Règle de l'univers?

Sabni ressentit une joie intense, qu'il prit soin de masquer. Chrestos percevait la nécessité de rapprocher les hiéroglyphes entre eux afin d'en dégager la signification profonde. Peu d'initiés s'engageaient aussi vite sur ce chemin; la vanité le guettait et lui décerner un satisfecit risquait de le rejeter en arrière.

– Tu as raison : la barque est d'origine céleste et sert aux puissances divines à voyager dans les espaces invisibles. Personne ne la conduit, sinon un gouvernail pourvu d'yeux qui décèlent le chemin juste. Comme des navigateurs, nous traversons ce monde; Philae, immobile en apparence, se meut sur le flot. En toi, Chrestos, le gouvernail se compose du cœur et de la langue. Qu'ils soient en accord; sinon, tu feras naufrage.

– Je te prouverai que la barque du temple est ma chair et mon sang.

– Serais-tu présomptueux?

– Le destin me sourit. Je saisis cette chance à pleines mains et souhaite percer les grands mystères cachés derrière les portes du sanctuaire.

– Ils ne se dissimulent pas; tes yeux ne supporteraient pas leur éclat. C'est pourquoi la vie communautaire éduque ton regard et l'amplifie.

– Ce sera long?

– La durée dépend de toi.

– Plusieurs années?

– Pour certains, jamais.

– Jamais ? Moi, je me révolterais !

– Ce serait inutile. Les passions ne franchissent pas le seuil du temple couvert.

– Si j'étais ton fils, serais-tu plus indulgent ?

– Beaucoup plus sévère.

– Quelle injustice ! Te méfierais-tu de moi ?

– Comme des autres.

– Ce sont nos frères et nos sœurs !

– On te louera à cause de ta bonté, on te châtiera à cause de ta faiblesse. La communauté ne me pardonnera aucune erreur et elle aura raison.

– Pourquoi tant de sévérité avec toi-même ? La fraternité n'est-elle pas le lien qui nous permet de résister aux assauts du monde profane ?

– Une chose est d'être adepte, une autre supérieur.

– Je ne comprends pas...

– C'est normal, Chrestos. Ma fonction implique la solitude.

– Oublierais-tu Isis ?

Sabni monta dans la barque et vérifia l'attache du mât.

– Tenterais-tu de sonder le cœur du supérieur ?

– Je suis ton disciple et j'ai le droit de savoir tout ce qui te concerne. Si tu n'aimes pas vraiment Isis, pourquoi l'avoir épousée ?

Sabni sourit.

– Rassure-toi, mon frère.

CHAPITRE 24

Les hersages s'achevèrent et les villageois ramassèrent les dernières olives. L'évêque célébra Noël dans une église trop petite qu'assaillit une population enthousiaste; affluait-elle afin d'acclamer la naissance du Christ ou avec l'intention de s'arracher les cadeaux de l'épiscopat? Évitant de pousser trop loin des investigations, Théodore, indifférent à l'émoi du préfet, se contenta d'observer ce déploiement de forces pacifique. De chaque maison sortirent femmes, enfants, vieillards, malades et infirmes; ils envahirent Éléphantine où les hommes valides chantaient des cantiques à gorge déployée. On frisa l'esclandre quand l'armée distribua des sacs de blé; des musiciens ambulants apaisèrent les esprits. De la bruyante pagaille humaine, Dieu sortit vainqueur.

Maximin, enrhumé, avait la tête enveloppée dans un linge parfumé et les pieds posés sur un coussin. Derrière lui, un brasero entretenait une agréable chaleur, très appréciable en cette période de froid qui accablait la grande cité du Sud, balayée de rafales de vent glacé. Les bateliers renonçaient à naviguer sur le Nil en proie à de violentes convulsions.

Malgré ces désagréments, le préfet était content de lui. Il n'avait pas travaillé en vain : grâce à une série de mesures contraignantes, il améliorerait le système d'imposition de la province. Désormais, plus personne n'échapperait aux impôts directs et indirects. Taxes et surtaxes seraient prélevées sur les individus, les terres, les activités professionnelles, les ventes, les héritages, les déplacements, les propriétés foncières et mobilières. La collectivité payerait pour l'insolvable. En échange, l'État assurerait le bon fonctionnement de la poste, l'entretien des édifices publics, le maintien de la solde de la garnison permanente et des employés de l'évêque. Certes, cette remise en ordre de l'économie se traduisait par une liste d'une centaine d'impôts; mais leur précision satisferait l'empereur. Avec son appui, Maximin aurait les mains libres et bâillonnerait Théodore.

Le préfet l'invita à dîner. Le prélat mangea peu et refusa le vin.

– Vous avez tort, l'évêque. C'est le meilleur remède contre le froid.

– Votre santé s'est-elle améliorée ?

– L'air frais me redonne de la vigueur.

– J'ai examiné votre plan fiscal : il est écrasant.

– Guère plus que le vôtre. L'empereur exige des résultats.

– Vous rappellerai-je que la crue fut très insuffisante ?

– Les terres, qu'elles soient ou non cultivables, doivent être taxées. Une seule échappe à la loi : Philae.

Théodore redoutait ce constat. En classant le temple dans la catégorie des terrains stériles, il lui avait évité de lourds prélèvements.

– J'ai fixé la somme que nous doit la communauté en tenant compte des arriérés et des amendes.

– Elle ne pourra pas payer.

– Elle quittera donc les lieux et le supérieur sera emprisonné pour fraude fiscale. J'examinerai le cas de la supérieure. Délivrée du poids de ce clan païen, elle reviendra à la raison.

– Vous vous égarez, ils résisteront.

– De quelle manière ? L'agent du fisc se montrera impitoyable. Et cet agent, ce sera vous.

***

L'évêque dut patienter une semaine avant que le vent ne se calmât. A l'impatience du préfet, il répondit par le souci de ne pas risquer la vie d'un équipage. Début janvier, un bateau atteignit l'île sainte et en ramena Sabni. Le supérieur avait revêtu un épais manteau de lin et s'était chaussé de sandales en écorce de papyrus. Des rideaux de laine obstruaient les fenêtres du bureau du prélat, qui se chauffait les mains à la flamme d'une lampe.

– L'île est déclarée champ cultivable par Maximin. Tu me dois une grosse somme, Sabni.

– Tu avais écarté cette menace, voilà cinq ans.

– Cette fois, le préfet est sur place. Je suis obligé de lui obéir. Si je refuse, il expédie les fonds ecclésiastiques à Byzance et la province est ruinée.

– Ne peux-tu te débarrasser de ce Maximin ?

– C'est toi l'insoumis, pas lui.

– Le temple dispose d'un faible revenu.

– Il vous faudra partir et abandonner l'île aux laboureurs.

– Le préfet osera-t-il envoyer la troupe ?

– Je le crains.

– Pourquoi cet acharnement ?

– Il veut épouser Isis. La communauté que tu diriges est un obstacle entre elle et lui.

– Cet homme est fou.

– Follement épris. Il utilisera d'abord la loi, ensuite la ruse et enfin la force.

– Nous défendras-tu contre lui ?

– Je souhaite la ruine de Philae, Sabni, et ne te l'ai jamais caché. Si la stratégie du préfet revient à anéantir les restes du paganisme, je serai son allié.

– Ce sont paroles d'évêque. Que conseille l'ami ?

– Convertis-toi et travaille à mes côtés. Maximin est l'instrument de Dieu. Son action signifie que ton aventure insensée est terminée.

Sabni médita devant les casiers remplis de papyrus. Lui revinrent en mémoire de longues conversations avec le jeune Théodore ; passionné de droit, il partageait volontiers son savoir.

– Si Philae appartient à la catégorie des terres cultivables, ne suis-je pas considéré comme un fermier ?

– Exact.

– En conséquence, je récupère les anciennes possessions du temple qui composaient naguère son domaine exploitable : champs, vignes et jardins.

– Si l'on applique la lettre de la loi, tu as raison. Cet aspect-là échappe heureusement au préfet. Sinon, les taxes seraient triplées.

– Eh bien, triple-les.

– Dans quel combat absurde désires-tu encore t'engager ?

– Maximin souhaite une épreuve de force : il l'aura. Un préfet est passager, le temple éternel.

***

Lorsqu'il posa à nouveau le pied sur le sol de l'île sainte, Sabni se sentit à la fois soulagé et anxieux. Soulagé, parce que seul l'univers du temple lui offrait la sérénité que les humains s'acharnaient à détruire; anxieux parce qu'il lançait un défi en aveugle. Dans un mois, ce serait l'expulsion. Frères et sœurs s'agripperaient aux colonnes, résisteraient en vain à des soldats prompts à les jeter dans des bateaux en partance pour le néant.

Isis l'accueillit au débarcadère. Le soleil glissait le long de sa robe moulante; il la prit dans ses bras et ferma les yeux, espérant que le contact d'un corps à la douceur d'une nuit d'été écarterait les démons.

– Est-ce si grave, mon amour ?

– Le préfet nous impose le statut de domaine cultivable. Nous devons impôts, taxes et surtaxes à la fois pour l'île et ses dépendances anciennes. La somme est considérable; quand notre insolvabilité aura été proclamée, nous serons dépouillés de nos biens et contraints d'abandonner le sanctuaire.

– Ne pourrions-nous obtenir un prêt ?

– Les riches sont chrétiens et obéissent à Théodore. Il nous reste à préparer frères et sœurs au plus cruel des destins.

Isis et Sabni longèrent le temple et passèrent devant la représentation de la grande déesse, coiffée de la dépouille de vautour, symbole de la mère universelle, que surmontait le disque solaire naissant entre deux cornes. Dans la main droite, elle tenait le sceptre qui faisait fleurir la terre et, dans la gauche, la clé de vie ouvrant aux adeptes le monde des dieux. Les murs puissants se reflétaient dans les eaux bleues.

La supérieure s'arrêta devant un bas-relief : Pharaon, de son bâton, frappait une balle, image du mauvais œil. Dans son poing, le roi serrait une corde et liait quatre figurines d'ennemis, incarnations des puissances maléfiques prêtes à surgir des quatre points cardinaux.

– Tant que le ciel sera établi sur ses quatre supports et la terre stable sur ses fondements, la lumière divine apparaîtra sous l'aspect du soleil ; tant que l'inondation viendra en son temps et que le sol offrira ses plantes, tant que le vent du nord soufflera à son heure, que les décans accompliront leur service et que les étoiles brilleront à leur place, il restera un peu de joie, le feu ultime, l'interdition de renoncer.

– Si tu décides de te donner à Maximin pour sauver le temple, je le tuerai.

Elle lui caressa le front.

– Ote ce souci de ta pensée. Jamais je ne lui appartiendrai. L'amour que je te donne, nul ne le reprendra ; il existe un autre chemin : nous payerons l'impôt.

CHAPITRE 25

Une soirée entière fut nécessaire pour convaincre Sabni. Le supérieur refusait obstinément d'entamer le patrimoine légué par les ancêtres. Isis parvint à lui démontrer que le préfet, en croyant ruiner le temple, lui offrait une nouvelle prospérité. Puisque la loi plaçait Philae au centre d'un domaine exploitable, pourquoi ne pas en tirer avantage ? De nombreux paysans seraient heureux de travailler au profit de l'île sainte; en utilisant ses propres ressources, elle ne dépendrait ni de l'évêque ni des bonnes volontés vite épuisées. Restait à payer les taxes; ensuite, il faudrait prier le Nil afin qu'il accordât une excellente crue qui fertiliserait champs et jardins.

Le supérieur céda; il se cramponnait au passé, Isis ouvrait l'avenir.

Après le rite de l'aube, ils réunirent les adeptes devant le premier pylône.

– Par décision du préfet, le temple est à nouveau considéré comme propriétaire terrien. Philae redeviendra riche si elle s'acquitte de ses dettes envers l'empereur. La communauté ne possède plus une seule pièce d'argent, mais est riche d'objets et de meubles anciens; je vous propose de les vendre à l'antiquaire.

Le menuisier s'insurgea.

– As-tu l'accord de la supérieure ?

– Lorsque l'un de nous deux s'exprime devant la communauté, répondit Isis, il traduit la pensée de l'autre.

– Faudra-t-il nous séparer des papyrus anciens ? s'enquit la bibliothécaire.

– Non, ils sont l'âme du temple.

– Le mobilier aussi, protesta un frère.

– Vous pouvez refuser notre proposition, admit Sabni. En ce cas, l'armée nous dépouillera et nous expulsera. Mieux vaudrait avoir commis dix assassinats que frauder le fisc.

– Nous n'avons rien volé !

– Le préfet estime que nous ne sommes pas en règle avec l'État.

– Assez de discussions, intervint Chrestos. Si la communauté a placé Isis et Sabni à sa tête, c'est pour la diriger. Qu'ils décident et nous obéirons.

Ces paroles éteignirent l'ardeur des protestataires. Le préposé au débarcadère se rendit jusqu'à sa demeure, d'où il sortit une jarre à vin à col droit et aux anses galbées, objet favori d'un des échansons de Ramsès II. Le cuisinier vida les coffres remplis de vaisselle précieuse, dont les plus belles pièces étaient des gobelets d'or rehaussés de pétales de lotus bleu et des coupelles du même métal ornées de figures féminines respirant un lotus. Bassins d'argent, lampes en bronze, brûle-parfum en cuivre façonnés par des artisans de génie s'accumulèrent sur le parvis. Isis y ajouta le trésor légué de supérieure en supérieure : miroirs en or et en cuivre, vases à onguent taillés dans du lapis-lazuli et de l'obsidienne, fioles à parfum en fritte glaçurée de couleur bleu-vert, peignes décorés de girafes et un bol en porphyre datant du règne de Kheops.

Une sœur pleura, Isis la réconforta.

– Quand nous serons riches, nous rachèterons nos biens.

***

Lorsque Sabni débarqua, au début de l'après-midi, les soldats l'encerclèrent puis le conduisirent auprès du capitaine Mersis, qui alerta aussitôt l'évêque.

Le supérieur demanda l'autorisation d'aller et de venir librement entre l'île et le territoire de la province ; sa condition de propriétaire terrien lui offrait les mêmes droits qu'à n'importe quel habitant d'Éléphantine. Théodore n'opposa aucun argument à cet administré, d'autant plus qu'il renonçait à toute provocation en quittant la robe blanche des prêtres pour une tunique brune cousue sur deux bords et serrée à la taille par une ceinture.

– Quelles sont tes intentions, Sabni ?

– Payer mes impôts. N'est-ce pas le premier et le principal devoir d'un fidèle sujet de l'empereur ?

– Qui a trouvé la parade... toi ou Isis ?

– Son génie surpasse mon talent.

Théodore sourit.

– Oserais-tu ruser avec ton plus vieil ami ?

– La Règle m'impose de dire la vérité, même à un ennemi.

– Quand comprendras-tu...

– J'ai compris et je souffre autant que toi.

– Où te mènera cette nouvelle dérive ?

– A la respectabilité, Monseigneur.

***

Sabni se rendit chez l'antiquaire, un Libanais installé dans la capitale du Sud depuis deux ans. Ses boutiques d'Alexandrie et de Byzance étaient réputées ; il y accumulait les richesses du passé pharaonique offertes en pâture à quelques hauts personnages friands d'exotisme.

Petit, basané, l'œil vif, le commerçant reçut l'Égyptien avec suspicion.

– Qui vous envoie ?

– Mon nom est Sabni.

– Seriez-vous...

– Le supérieur de Philae, en effet.

– Je n'ai rien à vendre.

– Moi, si.

Le Libanais crut rêver. De riches clients espéraient la chute de Philae, persuadés que le temple regorgeait de chefs-d'œuvre et de raretés. Ils proposaient des sommes considérables à l'antiquaire pour être les premiers sur l'affaire ; mais la dernière communauté païenne dressait une frontière si infranchissable entre le sanctuaire et le monde que le plus habile des négociateurs renonçait. Aussi, converser avec le chef spirituel des hors-la-loi ici, dans sa boutique, paraissait-il extravagant.

– Auriez-vous apporté... une pièce de choix ?

– Venez avec moi.

– Où ?

– A Philae.

– Je dois prévenir mes assistants...

– Seul.

– Ma sécurité...

– Je vous la garantis.

– Moi, seul face à la confrérie, sur un territoire interdit et peuplé de démons...

– Des dizaines d'objets inestimables vous y attendent.

Le Libanais ne balança pas longtemps. Si Sabni ne mentait pas, il vivrait les heures les plus exaltantes de sa carrière.

– Quand ?

– Sur l'heure.

– Hélas, personne n'a l'autorisation de fouler le sol de l'île ! Si l'évêque...

– Vous êtes mal informé. Pourquoi une simple exploitation agricole serait-elle coupée de la province ?

Tout au long du parcours, l'antiquaire demeura tendu. La peur lui noua les entrailles lors de la traversée en barque ; les soldats ne l'intercepteraient-ils pas pour le jeter en prison ?

Aucun incident ne se produisit. Émerveillé, le cœur battant, il toucha les pierres du débarcadère ; ce qu'il contempla combla ses espérances les plus folles. Sur des nattes en fibres de palmier étaient exposés quantité d'objets anciens qui, sans nul doute, provenaient du trésor du temple.

La supérieure, dont on vantait la beauté, impressionna le Libanais. Aucune femme d'Orient ne pouvait rivaliser avec elle. A la délicatesse du visage et à la splendeur des formes s'ajoutait la vivacité d'une intelligence perceptible dans le moindre des regards. Il fallut à l'antiquaire beaucoup de sang-froid pour ne pas tomber aux genoux d'Isis et la vénérer comme une déesse ; le sens du négoce lui permit de s'arracher à l'extase naissante et de poser les yeux sur les merveilles étincelantes.

– Vous... vous les vendez ?

– Au plus offrant, répondit le supérieur. Si le prix que

vous proposez nous paraît insuffisant, nous chercherons un autre acquéreur.

– Ce sera inutile ! Entre honnêtes gens, nous nous entendrons.

Par expérience, l'antiquaire savait que, lors d'une transaction de cette importance, le premier à donner un chiffre était vaincu ; l'occasion semblait si exceptionnelle qu'il se départit de sa prudence habituelle : les passionnés se précipiteraient sur ces pièces extraordinaires et les surenchères seraient nombreuses. Aussi indiqua-t-il une somme s'élevant à la moitié de la valeur marchande. Isis la releva d'un quart. L'antiquaire entama une discussion objet par objet, critiqua la qualité des bois, le fini des peintures ou le style archaïque de l'ensemble que détesterait la cour de Byzance. La supérieure connaissait le goût des collectionneurs : n'exploraient-ils pas les régions de l'Empire à la recherche de chefs-d'œuvre antiques afin de les entasser dans des caves ou des villas de province ?

A la fin d'une lente journée de palabres, un compromis fut obtenu. L'antiquaire faisait fortune, le temple obtenait une somme inespérée, qui lui procurait, pour une année au moins, l'indépendance économique.

Sabni ramena le commerçant à Éléphantine et interrompit le flot de congratulations dont il fut assailli. La difficile mission du supérieur ne s'acheva pas là ; préoccupé, il prit la direction du centre des impôts où régnait un despote, le second diacre Philamon, nommé percepteur principal en raison d'une longue carrière de fonctionnaire zélé ; parvenu depuis peu au sommet de la hiérarchie, il avait écarté ses rivaux en les impliquant dans des affaires de corruption. Croyant convaincu, Philamon était un petit homme sec, nerveux, presque chauve. Il aimait Dieu et les chiffres, détestait tout le reste. Le Seigneur s'exprimait par le code des impôts, les chiffres rendaient la meilleure des justices ; qui ne s'y pliait pas méritait la prison, les galères ou la mort. Les riches ne jouaient qu'un seul rôle : payer. Lorsque l'évêque, sur sommation du préfet, lui avait remis une dizaine de tablettes et autant de rouleaux de papyrus concernant la nouvelle base d'imposition de Philae en tant qu'exploitation agricole, son cœur avait bondi de satisfaction. Il n'aurait su dire qui, du chrétien ou du percepteur, se réjouissait le plus. Sur un éclat de calcaire, il avait disposé trois colonnes : dans la première, les noms d'un frère et d'une sœur si âgés que la plus rude condamnation serait l'exil ; dans la seconde, ceux de la quasi-totalité des adeptes, soumis à des peines de travaux forcés ; dans la troisième, celui de Sabni. Le supérieur n'échapperait pas à la torture et serait jugé pour injure à l'empereur, refus de paiement, insoumission et fraude.

Isis était absente de la liste. Future convertie, elle serait placée sous la protection de Maximin.

Philamon tenait à la rigueur de la procédure. Chaque adepte bénéficierait d'une inculpation rédigée en bonne et due forme avant d'être transmise au capitaine Mersis, chargé de procéder aux arrestations.

Le percepteur dégustait les figues de son ami Apollon. Comment refuser les cadeaux offerts par des citoyens affables, heureux d'être correctement administrés ? L'argent n'intéressait guère Philamon. Il ne possédait qu'une maison modeste et un champ de blé ; seul comptait le service de l'État. Si Dieu pouvait se montrer clément envers un pécheur, lui n'avait pas le droit de ménager un fraudeur.

Quand le soldat en faction devant son bureau, réduit malodorant dans les entrailles de la vieille ville, lui annonça la visite de Sabni, le percepteur fit répéter le nom. Sans doute un homonyme désireux de protester contre le poids des taxes. Il serait renvoyé avec une pénalité supplémentaire.

L'homme entra. Sa stature impressionna Philamon : grand, solidement charpenté, le contribuable ne semblait pas inquiet. D'ordinaire, ceux qui franchissaient cette porte dissimulaient mal leur angoisse.

– Qui es-tu ?

– Sabni.

– Ton métier ?

– Propriétaire terrien.

– Localisation de l'exploitation ?

– Philae et ses dépendances.

Ainsi, c'était bien lui ! Le païen osait défier l'administration dans ses locaux mêmes. Coup de folie ou provocation ultime ? La sanction ne varierait pas. Puisque le supérieur s'était déplacé, Philamon s'accorda une satisfaction supplémentaire : lui indiquer oralement l'énorme somme à payer et préciser qu'il disposait d'un délai d'un mois non renouvelable.

– Ce ne sera pas nécessaire, dit Sabni en posant sur le sol un sac de pièces d'argent. Voici ce que je dois à l'Empire : impôts de l'année, taxes, surtaxes et amendes. Suis-je bien en règle ?

A genoux, incrédule, le percepteur compta les pièces une à une.

CHAPITRE 26

Lors de l'inspection hebdomadaire des troupes, le général Narsès s'ennuyait. La discipline à laquelle il avait voué son existence ressemblait à une maîtresse fanée. En ce mois de février où commençaient les préparatifs de la moisson, Éléphantine sombrait dans une torpeur rassurante. Les Blemmies n'étaient pas réapparus. Un pâle soleil réchauffait à peine la demeure du préfet, ligoté par sa propre loi. Contraint de rédiger un rapport sur la situation financière de la province, il expliquait à l'empereur que la demande de mutation de Narsès interdisait toute tentative d'expédition en Nubie, bien que le franchissement de la cataracte fût envisageable. Depuis plusieurs jours, l'évêque battait froid le préfet; par son erreur de stratégie, ne redonnait-il pas une existence légale à Philae ? Alors qu'Isis demeurait au temple, Sabni se rendait fréquemment sur ses terres afin de rémunérer des paysans heureux de travailler dans l'intérêt de l'île sainte.

Maximin venait de ruiner des années d'effort. Les païens sortaient de l'ombre; déjà, des chrétiens étaient ébranlés par la forte personnalité de Sabni. Ne cherchant ni à convaincre ni à convertir, le supérieur s'attirait de nombreuses sympathies. Quelques jeunes gens manifestaient leur désir de connaître la Règle du temple. Ce qu'avait tant redouté Théodore jaillissait comme un cauchemar : Sabni, l'adversaire de Dieu, devenait son ennemi le plus redoutable. Semblable à une mauvaise herbe, le paganisme renaissait avec une vigueur d'autant plus grande qu'il avait cru mourir. Le couple régnant à Philae disposait de l'autorité et de la puissance de conviction nécessaires pour retourner progressivement la situation en sa faveur. D'opprimée, Philae devenait conquérante.

Le préfet rêvait d'Isis. L'évêque préparait sa riposte. Narsès jetait un œil négligent à ses soldats, songeant à l'instant privilégié où il serait seul, sur son rocher, face à la cataracte. Pourtant, une anomalie le frappa ; aussi interrogea-t-il le capitaine Mersis.

– Ne manque-t-il pas des hommes ?

– Une vingtaine.

– Motif ?

– Fièvre et maux d'intestins.

– Épidémie ?

– On ne sait pas encore. Les médecins examinent les malades.

L'information troubla le général. Il se remémora des campagne africaines pendant lesquelles la dysenterie avait décimé des régiments entiers. Les hommes mouraient dans d'atroces souffrances après avoir perdu le liquide que contenait leur corps.

– Votre avis, capitaine ?

– Je suis inquiet.

– Si de nouveaux cas se déclarent, tenez-moi immédiatement au courant.

Narsès regagna son poste de commandement. Ce soir, il ne contemplerait pas la cataracte.

***

Premiers levés, Isis et Sabni parcouraient les salles du temple après avoir célébré le rituel de l'aube. Chaque jour, l'île sainte était plus belle, plus radieuse.

Leur bonheur et l'intensité de leur communion naissaient de ces pierres à l'âme souriante. La voix des ancêtres habitait les couloirs où le couple s'arrêtait souvent, attentif au silence façonné par des siècles d'offrande. L'amour qui les liait au ciel comme sur la terre grandissait avec la vigueur des matins et la tendresse des soirs.

Dans la cour, entre les deux pylônes, le menuisier avait réuni une vingtaine de frères et de sœurs. Serrés les uns contre les autres, ils formaient un groupe compact et hostile. Ahourê, avec l'accord du meneur, n'apparaîtrait pas; elle recopiait un rituel et se tenait ainsi à l'écart du conflit de manière à conserver, en cas d'échec, la confiance de la supérieure.

Isis et Sabni s'immobilisèrent au sommet des marches conduisant à l'entrée de la salle à colonnes.

– Que souhaitez-vous ? demanda le supérieur.

– Nous sommes en désaccord avec toi. Vendre nos biens est une infamie! Nous désirions rester dans l'ombre; se battre contre le préfet et l'évêque est une entreprise trop dangereuse.

– Nous n'avions pas le choix, rappela Isis. Le temple sort de son isolement.

– Voilà ce qu'il fallait éviter, estima la parfumeuse. Nous voulions vieillir en paix, loin de la foule haineuse des chrétiens. Toi et Sabni nous contraignez à nous dresser contre eux et à leur livrer une bataille perdue d'avance.

– Ce n'est pas la vérité, objecta Sabni. En tentant d'étrangler le temple, le préfet lui offre un moyen de survivre. Se recroqueviller sur nous-mêmes serait lâcheté.

– Que sais-tu du courage ? s'emporta une musicienne aux mains déformées par les rhumatismes. Tu es un supérieur trop jeune! Nous, nous avons enduré assez de souffrances.

Isis s'assit sur les marches. Rien, dans son attitude, ne traduisait une quelconque irritation. Sabni l'imita; d'un geste, il invita frères et sœurs à venir près d'eux. Certains restèrent debout.

– Que proposez-vous ?

– Revenons à notre ancien statut, exigea le menuisier. Qu'on nous rende nos biens et qu'on nous oublie.

– Tu sais que c'est utopique.

– Pas si tu le désires vraiment.

– Pourquoi ces regrets inutiles ? interrogea Isis. Se masquer la réalité est une faute contre notre Règle. Le destin que les dieux nous envoient, utilisons-le à bon escient.

– Il ne s'agit pas des dieux mais du préfet! Ne nous entraînez pas sur une route sans issue. Notre communauté doit se taire.

– Nous avons subsisté ainsi pendant plusieurs années, admit le supérieur. Cette période est révolue. Qui refuserait la renaissance de Philae ?

– Nous, répondirent les alliés du menuisier.

– Si vous persistez dans vos intentions néfastes, promit-il, nous quitterons la communauté.

Restés seuls, Isis et Sabni unirent leurs mains. Cette attaque venue de l'intérieur les meurtrissait. Comment condamner des hommes et des femmes avec lesquels ils avaient partagé tant d'épreuves, comment les juger ? Libres de leur choix, ils pouvaient regagner le monde extérieur à tout moment.

– Aucun d'entre eux n'a franchi la porte des grands mystères, constata Sabni. Le frère menuisier ne tente-t-il pas de fomenter une révolte afin de connaître les formules de puissance ?

– Ce serait l'échec assuré. Je crains un mal plus grave : notre frère oublie que nous ne sommes pas seulement une assemblée humaine préoccupée de sa postérité mais une communauté au service du divin. Si nous reculons devant l'aventure de l'esprit, nous nous condamnons à mort.

– Le menuisier le sait. C'est l'un des adeptes les plus perspicaces.

– En ce cas, le poison de la trahison envahit son âme.

Sabni pâlit. Isis portait les accusations qu'il redoutait d'entendre.

– Tu as raison, admit-il. Ce n'est plus au temple qu'il obéit mais au préfet et à l'évêque.

– Possèdes-tu une preuve ?

– Aucune. C'est pourquoi je te propose de réunir à nouveau la chambre de la Règle.

– Qui souhaites-tu comme assesseur ?

– La bibliothécaire. Laissons la ritualiste à l'écart; en raison de l'insolence du menuisier, elle se montrerait impitoyable. Nous devons obtenir la vérité et, s'il est égaré, tenter de le ramener parmi nous.

– Je ne convoquerai donc pas Ahourê. S'il ne s'agit que d'un mouvement d'humeur et d'une révolte passagère, l'amour fraternel apaisera notre frère.

***

Un menuisier arrogant, mal rasé, en habit profane, se présenta devant ses juges : Isis, Sabni et la bibliothécaire enceinte. Isis pria Maât, la Règle universelle, d'enseigner à ses fidèles la voie droite où le cœur s'élargissait. L'accusé n'éprouva aucune émotion à l'écoute de mots qui, naguère, faisaient vibrer son âme. Sa position, devenue insupportable, lui dictait une conduite : se montrer odieux afin d'être rejeté et d'accréditer la naissance d'une sédition interne, justification de son départ aux yeux du préfet. Ce dernier ne pourrait le lui reprocher et choisirait un autre espion.

– T'estimes-tu coupable ou innocent ? interrogea Sabni. Es-tu conscient d'avoir violé la Règle ?

– Je m'en moque. Toi et ta compagne menez la communauté au désastre.

– Ta voix ne s'est pourtant pas opposée à notre nomination.

– C'était hier ; le pouvoir vous tourne la tête. Vous croyez à la résurrection de Philae. Folie ! Je refuse votre autorité. Je suis décidé à quitter l'île et ne m'en irai pas seul. Beaucoup d'autres partagent mon avis et préfèrent la raison à votre démence.

La bibliothécaire, outrée, voulut protester. Isis lui imposa silence.

– Ma désignation comme supérieur est à l'origine de cette révolte, estima Sabni. Sous le sage gouvernement d'Isis, nulle protestation ne s'est élevée. Il existe une solution simple, mon frère : je me démets de ma charge et tu la supportes à ma place.

Le menuisier recula d'un pas.

– Je n'ai pas émis ce vœu.

– Tu remplis ton devoir en critiquant ma manière d'agir. A présent, tu es dans l'obligation de rectifier mes erreurs et de rendre la communauté plus harmonieuse.

– Je refuse cette fonction.

– Je suis prête à te la confier, déclara Isis. Construis l'œuvre que nous espérons et nous t'obéirons.

– Qu'on me laisse en paix !

– Tu te mens à toi-même, mon frère. De quel démon es-tu l'esclave ?

– Je piétine votre Règle... chassez-moi !

– Oublies-tu ta vocation au point de détester tes frères ?

Sans y avoir été invité, le menuisier quitta la petite pièce où, sur le sol, étincelait la coudée d'or de Maât d'où naissaient les mesures du temple.

CHAPITRE 27

Isis et Sabni s'entretinrent avec chacun des adeptes séduits par les arguments du menuisier. Mal à l'aise, hésitants, ils s'entêtèrent. La déception du supérieur fut immense. Comment des êtres qui avaient voué leur existence au temple pouvaient-ils si brutalement se renier et trahir leur vocation ? Les mêmes excuses revenaient : peur de lutter contre un adversaire trop puissant, volonté de demeurer dans l'ombre, désir d'une vieillesse paisible loin des conflits. Pour eux, Philae n'existait déjà plus; ils ne rêvaient que du retour à Éléphantine, des retrouvailles familiales et de l'anonymat.

Ni la douceur d'Isis ni la fermeté de Sabni ne convainquirent les séditieux de revenir sur leur décision. Affolé, le menuisier se rendit à la bibliothèque où travaillait Ahourê.

– L'affaire prend mauvaise tournure.

De rage, la ritualiste brisa son calame.

– Sabni refuse donc de céder!

L'homme baissa les yeux.

– Il m'a proposé de prendre sa place.

– Tu refuses?

– Trop risqué.

– Tu t'en sens incapable, n'est-ce pas?

– Et quand bien même! Des ennuis, un labeur écrasant, voilà ce que procure cette position indéfendable. Nous devons fuir cette île, Ahourê. Notre complot a trop bien réussi; plusieurs adeptes nous accompagneront et retourneront à une existence normale.

– Toi aussi ?

Le menuisier hésita.

– J'aime Philae, sans doute davantage qu'Isis et que Sabni, mais vient le jour où il faut renoncer à des traditions moribondes. Nous sommes enfermés dans un rêve ; acceptons les réalités de notre époque et oublions ce temple. Ne tarde plus.

Elle gardait les yeux fixés sur son papyrus.

– Je ne peux pas.

– Ne sois pas obstinée. Les uns après les autres, frères et sœurs abandonneront le couple qui les gouverne. Bientôt, Isis et Sabni s'entre-déchireront. Crois-tu nécessaire d'assister à ce triste spectacle ?

– Sors d'ici.

– Ahourê...

– Tu es un incapable et un lâche. Je me suis trompée en te choisissant comme allié. Sois loué ; je ne commettrai pas deux fois la même erreur.

Penaud, le menuisier rejoignit ses compagnons.

***

Lorsque les bateaux s'éloignèrent, emportant ceux qui avaient repris la parole donnée, Chrestos brandit le poing.

– Parjures, soyez maudits !

– Comprends-les, recommanda le supérieur.

– Ce sont les plus misérables des créatures ! La grande déesse les avait accueillis en leur donnant tout son amour. Je pardonne aux chrétiens et à mes ennemis, pas à ces traîtres.

– Peu d'êtres suivent le chemin jusqu'aux portes des grands mystères, indiqua Isis. Ne vénère pas le passé de manière naïve ; aux époques les plus glorieuses, la voie de la sagesse était aussi étroite que de nos jours.

– Nous sommes en guerre. Un déserteur ne mérite que la mort.

– Notre rôle est de donner la vie, Chrestos, en prolongeant l'œuvre de la divinité.

– Qu'ils soient quand même damnés, marmonna l'adolescent.

***

Les adeptes se jetèrent dans les bras des soldats qui avaient observé leur traversée. Certains annoncèrent leur conversion immédiate; d'autres, incapables de profaner leur serment, se contentèrent d'affirmer qu'ils regagneraient leur famille et que l'on n'entendrait plus parler d'eux. Occultant son rôle de meneur, le menuisier se fondit dans le rang.

Les miliciens, d'abord surpris par ces démonstrations d'amitié, réagirent ensuite avec brutalité. A coups de lance, ils repoussèrent les adeptes. Une sœur s'écroula, blessée au ventre. Plusieurs frères eurent bras et jambes lacérés. Le menuisier tenta de s'interposer, mais un frère frappa un soldat. Cette agression caractérisée fut réprimée avec la dernière vigueur; les révoltés, enchaînés, furent conduits à la forteresse principale. Trois moururent en route. On jeta leurs cadavres dans des canaux d'irrigation abandonnés, remplis de vase puante où se décomposaient des dépouilles d'ânes et de bœufs.

Quand le capitaine Mersis vit entrer le triste cortège dans la cour sablée, il perçut aussitôt l'étendue du désastre. La moitié de la communauté s'était offerte, victime consentante, aux coups d'un ennemi dont elle ne soupçonnait pas la violence. Les soldats affirmèrent qu'une bande organisée les avait attaqués. Mersis se plia aux consignes et jeta les factieux dans un cul-de-basse-fosse où ils séjourneraient une quinzaine de jours avant de partir pour un camp de travaux forcés, en Asie, avec le prochain convoi de déportés. Si certains survivaient au voyage, ils mourraient dans les mines. Incapable de bouger, traîné par deux vieux adeptes, le frère menuisier ne cessait de pleurer.

***

Théodore pria le Christ, le supplia d'éclairer son esprit et de lui montrer le chemin. Après une telle catastrophe, comment sauver Sabni? L'évêque savait que son ami portait en lui une vérité qui méritait d'être préservée. Extraite de la gangue d'erreur et d'illusion, elle serait une foi triomphante.

Dieu confiait à Théodore la tâche d'amener un prêtre païen dans la lumière de la vraie croyance : existait-il vocation plus noble, plus exaltante ? Sabni avait la stature d'un grand prélat et possédait le don de commander. Côte à côte, les deux hommes seraient complémentaires comme les Gémeaux du zodiaque ; aucune épreuve ne les effrayerait. Mais il fallait arracher Sabni à la prison où il s'était enfermé lui-même, donc briser l'ultime communauté qui l'attachait encore aux cultes maudits. La folie du préfet devenait une arme décisive pour servir la cause du Seigneur.

***

Maximin écrivit une dixième lettre à Isis, où il implorait son pardon. Il la déchira, comme les neuf précédentes, faisant peu de cas du coûteux papyrus. Comment expliquer à la supérieure que la stupidité d'un menuisier était la cause de tant de malheur ? En utilisant les services d'un informateur, le préfet ne souhaitait pas mettre en péril une communauté qu'il voulait pourtant détruire afin de délivrer Isis des liens magiques qui l'entravaient.

Maximin s'égarait dans ses propres pensées. Ne supportant plus l'atmosphère de son bureau, il pria l'évêque de le recevoir. Théodore l'accueillit avec froideur.

– Vous me détestez.

– Êtes-vous satisfait de votre initiative ?

– Comment prévoir que ce menuisier prendrait la tête d'une faction ?

– Une révolte armée de vieillards et d'infirmes... Qui croira à cette fable ? Votre espion a pris peur et tenté de fuir en compagnie des faibles qu'il a su convaincre.

– Me considérez-vous comme responsable de quelques cadavres sans importance ?

– Je suis prêt à vous entendre en confession.

Maximin, ébranlé par le regard de l'évêque, comprit pourquoi cet homme gouvernait une province et, demain, régnerait sur l'Égypte entière. Il ne haussait pas le ton pour donner un ordre et être obéi.

Le préfet s'agenouilla. En cet instant, il crut en Dieu. Sa présence rayonnait à travers celle de son serviteur. Les lèvres du préfet frémirent et murmurèrent ses fautes.

***

Isis et Sabni franchirent le portique d'Hadrien et descendirent jusqu'au Nil. Les froidures de l'hiver s'éloignaient, perçait le printemps, s'épanouissaient les premières fleurs qui pareraient bientôt l'île sainte de rouge, de bleu et de jaune. Les deux jeunes gens se promenèrent sur la berge humide de rosée. Pas après pas, ils s'assuraient de la réalité de cette terre sacrée abandonnée par la moitié de la communauté.

La veille, Isis n'avait pas eu le courage de poursuivre la rédaction du rituel destiné à favoriser le retour de la déesse lointaine. Sabni redistribua le travail, mais plusieurs tâches ne seraient pas assurées. Le temple manquerait d'artisans qualifiés; sans menuisier, comment entretenir le mobilier rituel, réparer les lits et les coffres à vêtements? Sabni se perfectionnerait dans ces techniques, dont il connaissait les rudiments, et les transmettrait à Chrestos qui saurait faire fructifier l'enseignement reçu.

– Je n'ai cessé de penser au départ de nos frères et de nos sœurs, confia Isis. Je revois sans cesse leurs visages, me remémore leurs joies, leurs peines, les épreuves vécues avec eux, leur découverte progressive de la sagesse. Je ressens encore leur sincérité, la force de leur engagement. Ils ont cédé à un moment d'égarement. Ils reviendront.

– Perds cet espoir.

– Pourquoi?

– Mersis a envoyé un message. Je souhaiterais t'éviter...

– Parle.

– Désires-tu souffrir davantage?

– Je déteste la souffrance; notre peuple a vécu pour le bonheur. Je refuse de me terrer.

– Ceux qui nous ont quittés sont morts ou emprisonnés. Motif officiel : révolte contre l'armée. Même Mersis ne peut améliorer leur sort.

Isis pleura doucement, serrée contre Sabni. Le soleil réchauffa le couple, assis au pied d'un tamaris; le vent du désert se leva, maître de la danse des acacias dont les branches s'inclinèrent en cadence. Régna sur Philae une paix profonde, héritière d'un âge d'or où chaque être saluait la lumière naissante avant de songer à lui-même.

– Tu dois partir, Sabni.

– Me chasserais-tu ?

– Le préfet te poursuivra de sa haine, l'évêque exigera ta soumission. Ici, tu es en danger. Va vers le nord, réunis les fidèles dispersés, redonne-leur espoir. Seul le supérieur de Philae peut s'acquitter de cette tâche urgente.

– Ma place est auprès de toi, à la tête de la communauté qui nous a désignés pour la guider. Le corps ne vit qu'en fonction du cœur ; aujourd'hui, le cœur de l'Égypte, celui de notre tradition, c'est Philae.

– Puisqu'il en est ainsi, je serai le rempart le plus solide et une digue infranchissable. Les derniers adeptes décupleront leur énergie et seront plus indomptables que les fauves. Profitons de notre petit nombre pour accroître notre cohérence, respirer d'un seul souffle et nous nourrir d'une seule puissance.

– Ce temple est la demeure de la déesse dont tu portes le nom. Lui obéir me comble d'une joie qui ne m'appartient pas et dont toi seule détiens le secret.

Isis inclina sa tête sur l'épaule de Sabni.

– Qui saurait chanter l'amour que j'éprouve pour toi ? Il est plus vaste que le ciel, plus fertile que la terre noire, plus rayonnant que les étoiles.

Leurs lèvres se trouvèrent, leurs corps s'embrassèrent et l'amour les unit à l'ombre rose du tamaris.

CHAPITRE 28

A l'extrémité du parvis étaient disposés des paniers remplis de poissons, de petits pois, de melons d'eau, de figues et de dattes. Sur des nattes, une dizaine de jarres de vin rouge. Au centre des victuailles trônait le jeune Chrestos, porteur d'un plateau en terre cuite chargé de pains ronds.

– Que se passe-t-il ? s'enquit Sabni.

– Les nourritures qui proviennent de nos domaines! Deux paysans et un pêcheur les ont apportées. Dès que tu le décideras, nous serons prêts à banqueter.

– Que souhaites-tu fêter ?

– Le départ des traîtres! Jamais ils n'auraient dû entrer au temple. En les chassant, la déesse purifie la communauté et lui ouvre un nouveau chemin. Qu'importe notre petit nombre... A présent, nous sommes un seul être. Notre rectitude était à ce prix.

Ni Isis ni Sabni ne répliquèrent. Avec la fougue du néophyte, Chrestos anéantissait le passé. Entier, dévastateur, méprisant les nuances, il courait à la réalité la plus crue sans se soucier des regrets.

– C'est donc la naissance d'une communauté nouvelle que nous saluerons en versant la lumière dans nos coupes.

***

Le général Narsès termina son rapport oral par une conclusion pessimiste : l'épidémie s'étendait. Ni les médecins militaires ni les praticiens d'Éléphantine ne parvenaient à l'enrayer. On comptait déjà une vingtaine de décès à la caserne principale. De nouveaux cas se déclaraient chaque jour; la maladie toucherait bientôt la population. Si l'on ne stoppait pas son expansion, les armées de Narsès et de l'évêque seraient décimées. Qui assurerait la défense de la ville ? Certes, les Blemmies n'étaient pas réapparus, mais le danger ne demeurait-il pas latent, tapi derrière les blocs de la cataracte ?

– Je célébrerai une messe et implorerai publiquement l'aide du Seigneur, promit Théodore.

– Je vous le déconseille, objecta Maximin. N'engagez pas votre autorité. Que chaque chrétien prie le Christ compatissant sans impliquer l'État à travers votre personne; Dieu pourrait être sourd...

– La rue propose une autre solution, indiqua Narsès : faire appel à une guérisseuse.

Le préfet s'indigna.

– Ne retombons pas dans des pratiques de magie noire !

– Le peuple prétend que la supérieure de Philae détient des pouvoirs que lui a confiés la déesse. Elle aurait réussi à détourner un mal similaire, voilà quelques années. Est-ce exact, Monseigneur ?

A contrecœur, Théodore reconnut les faits. Mais il s'éleva avec véhémence contre un recours à Philae qui remettrait en vigueur des superstitions dont le peuple restait friand. Le préfet n'en disconvint pas; mais comment refuser l'occasion de revoir Isis ? Il donna l'ordre à Narsès de quérir la supérieure sans utiliser la contrainte. Si elle refusait, qu'il se contentât d'en prendre acte.

L'évêque se sentait rassuré : Isis n'accepterait pas de quitter l'île sainte pour venir en aide à l'ennemi.

***

– Votre barque est prête, mon général. Quatre rameurs suffiront.

– Qu'ils restent à terre.

– Seul, comment... ?

– Je sais manier l'aviron.

A la surprise de l'officier et des soldats, Narsès s'élança sur le fleuve en direction de Philae. Il désirait errer sur ces eaux sacrées que survolaient aigrettes blanches et ibis aux ailes immenses, et navigua nonchalamment vers le temple, forteresse du divin bâtie sur le roc émergé de l'océan d'énergie, père et mère de l'univers. Au fur et à mesure de son approche, Narsès fut de plus en plus subjugué. Quel architecte inspiré avait osé concevoir cette splendeur à la fois austère et attirante, ces pierres lumineuses aussi puissantes qu'aériennes, ce sanctuaire disposé comme un vaisseau en partance pour le ciel ? Comment pouvait-on vivre ailleurs qu'en ce lieu sacralisé par le rayonnement du soleil et le souffle du vent ?

Le surveillant du débarcadère courut prévenir Sabni de l'approche d'une embarcation qu'occupait un seul homme. A l'évidence, il ne s'agissait pas d'une invasion ; aussi le supérieur n'alerta-t-il pas l'ensemble de la communauté. Le rameur s'immobilisa à une vingtaine de coudées du rivage et se mit debout.

– Je suis le général Narsès, annonça-t-il d'une voix forte.

– Et moi, le supérieur de Philae. Que désires-tu ?

– Prier la supérieure de venir à Éléphantine et de lutter contre l'épidémie qui frappe la garnison.

Sabni songea aussitôt au capitaine Mersis, l'homme dévoué à Philae au péril de son existence. A lui seul, il justifiait l'intervention d'Isis. Le comportement de Narsès intrigua le supérieur ; son expression, d'une gravité prenante, trahissait la lassitude. Qui aurait reconnu, dans ce navigateur paisible, le soldat responsable de tant de carnages ? Il n'osait pas aborder le territoire de la déesse et contemplait fixement l'esplanade que couronnait la façade du premier pylône, comme si son regard l'entraînait là où ses jambes refusaient de le porter.

– A la supérieure de décider, déclara Sabni.

– Puisses-tu la fléchir. La situation est désespérée. J'attends sa réponse.

Isis dictait à Ahourê une phrase sur l'œil du soleil assimilé au serpent uræus dont le feu écartait les forces ténébreuses. Sabni l'interrompit.

– Pardonne-moi cette intrusion : le général Narsès te supplie d'utiliser notre thérapeutique pour sauver son armée en grand péril. La dysenterie, sans doute. La Terrifiante, sortie de son mutisme, accable nos ennemis de son souffle pestilentiel.

– Une aide céleste... Mais nous ne pouvons abandonner Mersis ! Un être d'exception ne mérite-t-il pas tous les sacrifices ?

Isis se rendit sur le côté nord du pylône et médita devant le mur occidental où était inscrit le rituel pour apaiser Sekhmet, la déesse terrifiante que la communauté des puissances cosmiques chargeait de propager les maladies et de châtier l'humanité coupable de profaner le monde en omettant de célébrer les rites. La supérieure lut les textes à mi-voix et se remémora les formules de guérison.

***

Narsès n'avait pas bougé. Du haut du débarcadère, Isis s'adressa à lui.

– Dites-vous la vérité, général ?

– J'ignore le mensonge et me porte garant de votre sécurité sur le territoire d'Éléphantine.

– Vous êtes mon adversaire et celui du temple.

– Je le croyais, avant de découvrir la cataracte.

– Auriez-vous changé d'opinion ?

– De regard.

– Isis vous a illuminé de sa grâce.

– Je suis un solitaire ; ma voie est celle du silence, non d'une religion ou d'une communauté. Mon bras est las de détruire. Mes hommes souffrent ; seule votre science peut atténuer leur détresse et contrecarrer les démons aux dents acérées.

– Si je les guéris, ils redeviendront des soldats.

– Placés sous mon commandement.

– Si vous recevez l'ordre d'attaquer l'île sainte, obéirez-vous ?

– Comprendriez-vous que je trahisse ma parole d'officier ?

Isis retourna vers le premier pylône. Elle s'assit au côté de Sabni, qui lui déconseilla l'aventure ; en prêtant assistance à l'adversaire, n'apparaîtrait-elle pas comme traîtresse aux yeux des adeptes ? La supérieure réfuta l'argument. Si elle réussissait, les fruits de la victoire reviendraient à la grande déesse. Haines et jalousies battues en brèche, la confrérie jouirait de nouveau de l'estime du peuple, comme aux temps heureux où chacun savait qu'un médecin du temple se rendait au chevet des plus démunis et ne leur réclamait aucune rémunération.

Du laboratoire, Sabni sortit une statue en granit noir ; elle représentait un prêtre tenant des serpents dans les mains, piétinant des scorpions, et dont le corps était couvert de hiéroglyphes. Avec l'aide du frère le plus robuste, le supérieur porta l'étrange personnage jusqu'à la barque où il descendit en compagnie d'Isis.

A l'issue de la traversée, les soldats refusèrent de toucher au diable de pierre. Narsès dut lui-même prêter main-forte au supérieur pour le déposer sur un chariot ; puis le cortège chemina jusqu'à la caserne principale, où régnait un silence inhabituel. Au petit matin, quatre fantassins avaient succombé. On enterrait les cadavres à la hâte, hors du camp.

La statue fut installée au centre de la cour, où la parade prévue n'aurait pas lieu. Le supérieur ne s'en éloigna pas tandis que Narsès emmenait Isis à l'intérieur du bâtiment réservé aux officiers. Elle recula, agressée par une puanteur insupportable. Le regard douloureux du général lui donna le courage nécessaire. Les malades étaient allongés sur des lits de paille, la plupart souillés ; des infirmiers tentaient de les faire boire. La supérieure examina les malades un à un, posant la main droite sur leur front et la gauche sur leur ventre. Deux fois, elle prononça le terrible diagnostic : « un mal que je connais mais que je ne peux vaincre ». Dans tous les autres cas, elle tenterait de guérir. Elle ne put prononcer la plus rassurante des phrases : un mal que je connais et que je vaincrai.

– Transportez-les dehors, près de la statue.

– Le soleil va les tuer.

– Au contraire. Obéissez-moi, général, ou je regagne l'île. Que chacun de ces hommes soit lavé et qu'on brûle leurs vêtements. Montrez-moi la pharmacie du camp.

Isis y trouva les ingrédients indispensables pour fabriquer

un remède contre la fièvre quarte et l'infection intestinale : jus de silphium, myrrhe, jusquiame, ciguë, hellébore et opium. Elle mélangea les substances dans un flacon et obtint une solution qu'elle versa sur la statue. Le liquide s'imprégna des textes magiques proclamant la victoire de la lumière sur les démons porteurs de souffrance. Sabni recueillit le précieux breuvage dans une coupe. Pendant qu'il administrait la potion aux patients, Isis prononça les versets d'une très ancienne incantation :

– Qu'ils soient identifiés à Horus, le fils divin, préservé de toute affection; que la grande déesse les délivre de la mort mâle qui assaille par la droite et de la femelle par la gauche; que les vaisseaux reliés au cœur diffusent l'énergie dans chaque membre en expulsant les flux nocifs.

La supérieure exigea qu'on lui amenât aussi les simples soldats, auxquels elle prodigua des soins identiques, puis fit transporter l'ensemble des malades dans des bâtiments en pierre où les fenêtres furent voilées de sorte que l'air circulât dans une obscurité reposante.

– Qu'il n'y ait plus aucun bruit. Ces hommes doivent dormir.

Narsès donna des consignes; la caserne se tut. Isis magnétisa chaque malheureux jusqu'à ce qu'il sombre dans un profond sommeil, palpa main et nuque afin de chasser les forces mauvaises qui s'étaient emparées des corps; certaines s'échappèrent comme des ombres, d'autres résistèrent.

Quand le soleil se coucha, la supérieure était épuisée. Le général Narsès lui offrit sa chambre. Sabni passa la nuit adossé à la statue que les soldats observaient avec inquiétude. Leur salut serait-il dû à cette figure inquiétante, à ce médecin de pierre surgi d'un autre monde et recouvert de signes incompréhensibles ?

Dès l'aube, la supérieure prépara une nouvelle potion. Tout au long de la journée, elle s'occupa des malades. Deux d'entre eux succombèrent, trois réussirent à se lever. Chez les autres, la fièvre tomba. Isis dut traiter de nouveaux cas; les bien portants burent un remède préventif.

Au soir, plus aucun soldat ne présentait de symptômes aigus. Déjà, à Éléphantine, se répandait une rumeur qui gagnerait bientôt toute la province : la déesse de Philae avait vaincu l'épidémie.

Le sourire furtif du capitaine Mersis, soucieux de garder une attitude lointaine, presque indifférente, fut la plus douce récompense d'Isis. Le général Narsès persuada Sabni d'accepter, en guise de remerciement, une centaine de jarres de vin. Des fantassins convoyèrent la statue guérisseuse que touchèrent au passage des dizaines de badauds; plusieurs scandèrent le nom d'Isis et acclamèrent la supérieure.

Devant l'embarcadère se tenaient le préfet et l'évêque. Maximin s'avança vers Isis. Il avait préparé un discours mais fut incapable de s'exprimer.

– Pourquoi avoir sauvé vos ennemis? demanda Théodore.

– Les soldats assurent la sécurité des propriétaires terriens. Nous leur en sommes reconnaissants.

– Vous avez utilisé des rites païens formellement interdits par la loi.

– Mes remèdes sont efficaces; quant à cette statue, elle ne constitue qu'un aide-mémoire. Pourquoi voir le diable partout? La nature est œuvre de Dieu; grâce aux plantes, nous guérissons les maladies les plus redoutables. Quand la magie des hiéroglyphes s'ajoute à leur vertu, la médication n'en devient que plus efficace.

Outré, Théodore se détourna, non sans remarquer, dans les yeux de la supérieure, une lueur qu'il jugea ironique. Encore un succès de cette ampleur et elle rirait du Christ.

CHAPITRE 29

Le printemps triomphait. Dès que le soleil brillait, la fraîcheur matinale cédait la place à une douceur qui pénétrait dans la peau comme un baume. Chaque matin, Isis se promenait en compagnie de la bibliothécaire, dont la grossesse parviendrait bientôt à son terme. Philae vivait des moments de bonheur inespérés. Sabni s'occupait des terres du temple où les paysans travaillaient avec un enthousiasme croissant; les spectres de la faim et de la pauvreté s'éloignaient. Le supérieur souffrait de consacrer trop de temps et d'efforts à des tâches matérielles peu propices à la méditation, mais se réjouissait de la sérénité dont s'emplissait à nouveau le cœur des adeptes. Après tant d'années d'incertitude et d'anxiété, le temple, inscrit à nouveau dans un cadre légal, jouait son rôle de château de l'âme que nul ne songeait à assiéger.

Le préfet passait par des phases d'exaltation et de neurasthénie. Il se détestait, décidait de se rendre sur l'île toutes affaires cessantes, hésitait, retombait dans la torpeur. Il avait abandonné à l'évêque la gestion des affaires publiques. Sans Isis, le quotidien se vidait de ses saveurs. La savoir si proche, se montrer incapable de la rejoindre... était-il supplice plus infernal ?

L'empereur se taisait. Pas un seul message de Byzance depuis l'arrivée de l'armée de conquête à Éléphantine. Ou bien les intrigues de la cour l'occupaient davantage, ou bien il avait prononcé la disgrâce de Maximin, qui se traduirait par la venue d'un administrateur doté des pleins pouvoirs.

L'or de Nubie... le préfet l'avait oublié. L'amour d'une femme inaccessible le conduisait à gâcher une brillante carrière; ne se comportait-il pas comme un jeune homme stupide, en proie à l'illusion ?

***

Maximin convoqua Narsès.

– Préparez un corps expéditionnaire.

– Combien d'hommes ?

– Une trentaine, avec un éclaireur. L'évêque vous le fournira.

– Mission ?

– Franchissement de la première cataracte et progression vers le sud par la piste caravanière. Interrogatoire des indigènes et localisation des mines d'or. Dès leur retour, nous prendrons la tête de l'armée.

– Vous viendrez donc...

– En doutiez-vous ? Je serai à vos côtés et nous rapporterons des monceaux d'or.

***

Trois jours après le départ du corps expéditionnaire, revint l'éclaireur. Grièvement blessé à l'épaule, un fer de lance encore fiché dans la chair, il décéda une heure après avoir relaté au général Narsès l'extermination de l'avant-garde.

Grâce à des bateliers expérimentés, les soldats franchirent la cataracte sans subir de pertes. Pendant une matinée de marche sur la piste, ils ne rencontrèrent âme qui vive. Lors de leur première halte, au pied d'une dune, ils se heurtèrent à des dizaines de guerriers noirs armés de lances et de gourdins. Malgré leur vaillance, les fantassins ne résistèrent pas longtemps. Bien que chacun d'eux massacrât plusieurs adversaires, la horde des assaillants grossissait sans cesse. Sur ordre de son supérieur, l'éclaireur s'était enfui afin de prévenir le quartier général. En vue des fortifications, il s'était cru sauvé; certes, les flèches lancées du haut des remparts dispersèrent ses poursuivants, mais l'un d'eux, aussi puissant que précis, ne manqua pas sa cible.

– Des Blemmies, dit l'éclaireur en mourant, des centaines de Blemmies...

Maximin était atterré. L'or de Nubie devenait, lui aussi, inaccessible. Son armée ne parviendrait pas à exterminer un ennemi nombreux, mobile et féroce.

– Renforçons nos défenses, proposa l'évêque. Que vos hommes, unis aux miens, rendent la frontière plus infranchissable encore. Je suis persuadé que les Blemmies attaqueront tôt ou tard.

– Ce n'est pas certain, objecta Narsès. Ils sont maîtres chez eux et nous le prouvent de la manière la plus barbare. L'empereur ne mobilisera pas des régiments dans la seule perspective de pacifier cette région perdue. Les Blemmies ont atteint leur but.

– Dieu vous entende.

Théodore attendit d'être seul avec le préfet pour souligner un fait plus inquiétant que la victoire blemmie : le diable s'insinuait dans l'âme d'Éléphantine.

– L'intervention d'Isis s'est révélée désastreuse.

– Elle a sauvé beaucoup de vies.

– Elle a troublé beaucoup d'esprits fragiles. Plusieurs notables suggèrent que le système de donations au temple devrait être remis en vigueur. En échange, la supérieure prendrait la tête de la corporation des médecins et enseignerait l'ancienne thérapeuthique. Une dizaine de jeunes gens et de jeunes filles ont demandé leur entrée dans la communauté. Je les ai fait arrêter et déporter vers le nord, mais d'autres vocations s'éveilleront.

Le visage du préfet s'illumina. Si Isis acceptait de remplir cette nouvelle fonction, elle serait contrainte d'habiter à Éléphantine. Il la verrait chaque jour, s'inventerait cent maladies, se plaindrait de mille maux inguérissables et insupportables, exigeant des soins constants. Le sort lui souriait à nouveau; aussi appuya-t-il avec force le projet des notables.

– Vous percevez mal la situation, estima l'évêque. La vraie foi, dans nombre de consciences, est une lueur tremblante que le vent du paganisme pourrait éteindre. Les puissances des ténèbres utilisent cette femme pour détruire le message du Christ.

– Isis est amour; en elle, il n'y a rien d'obscur.

– Elle sert la cause du diable. Vous aussi.

La gravité de Théodore fit tressaillir Maximin.

– Cela signifie...

– Cela signifie que je vous menace d'excommunication. L'empereur vous avait confié deux missions : lui rapporter l'or de Nubie et fermer le dernier des temples païens. Non seulement vous échouez, mais encore vous vous dressez contre l'Église et contre le Christ.

Le préfet ne prit pas l'avertissement à la légère ; une telle mesure le condamnerait à la perte de ses titres et à l'exil. Pourtant, il résista.

– Isis est ma raison d'être.

– En ce cas, laissez-moi agir.

***

Escorté de soldats et de diacres, l'évêque se rendit à la pointe sud d'Éléphantine où étaient casernés des mercenaires juifs et araméens. Ils célébraient le culte de Yaho bien que leur sanctuaire eût été rasé lors de lointaines persécutions ; le triomphe du christianisme leur redonnait un discret droit de cité quoique l'évêque maintînt l'interdiction d'une coutume qui scandalisait les habitants de la province.

Cette visite surprit les mercenaires. Théodore, d'ordinaire, les écrasait de son mépris ; ils n'étaient que des laissés-pour-compte, accablés des plus basses besognes, et ils craignirent d'avoir commis une faute, prétexte à des corvées supplémentaires. L'évêque se contenta d'ordonner à leurs chefs de le suivre jusqu'à un enclos où sommeillaient des béliers.

***

Sabni reprenait le chemin du temple quand un paysan l'avertit que d'horribles événements venaient de se produire. Les Juifs avaient brisé les palissades de l'enclos aux béliers, propriété de Philae depuis la fondation du temple, et s'étaient emparés de ces animaux demeurés sacrés dans la mémoire du peuple. A Éléphantine, on ne tuait pas un seul mouton par respect pour Khnoum, gardien du secret des sources du Nil.

Le supérieur constata le vol; sans tarder il se rendit chez l'évêque, mais dut patienter plus d'une heure dans l'antichambre.

Théodore le reçut avec affabilité.

– Ne vitupère pas, Sabni. On m'a déjà informé.

– C'est donc toi qui as favorisé ce sacrilège!

– Tuer un bélier n'offense pas Dieu.

– En autorisant ce massacre, tu blesses l'âme de tous les Égyptiens.

– Les Égyptiens sont chrétiens. La colonie juive se nourrira de la chair de ces animaux lors de la pâque. Ils seront égorgés à la gloire de Yaho.

– Autrefois, la population a rasé leur sanctuaire pour leur faire expier une faute similaire.

– C'était autrefois, ami. Aujourd'hui, Philae ne gouverne plus la province et la puissance de Khnoum s'est éteinte. Elle n'habite plus le corps de son animal sacré; de la viande à consommer, rien de plus.

– Il y a eu vol et bris de clôture : délits graves.

– S'ils avaient été commis, tu pourrais porter plainte. Mais je dispose d'un rapport établi par la police militaire. Deux cultivateurs dignes de confiance ont vu les béliers défoncer leur enclos.

– Le hasard les a menés jusqu'au cantonnement des mercenaires juifs...

– La main de Dieu, Sabni. C'est elle qui dirige nos destinées.

– Que comptes-tu entreprendre contre le temple?

– Philae a tort de sortir de l'ombre. Convertis-toi et viens à mes côtés. Je t'attends. Je t'attends avec impatience.

L'évêque crut que le supérieur hésitait. Son regard sembla vaciller. Les lèvres serrées, il sortit du bureau.

***

– La roue ne fonctionne plus, constata le paysan. Les pièces de fer ont été endommagées. Il faudrait les remplacer; sinon, impossible d'irriguer.

L'homme ne noircissait pas la réalité. Les bœufs, habitués à tourner en actionnant la grande roue de bois à laquelle ils étaient attelés, s'étonnaient de prendre du repos. L'engrenage de la sakieh commandant la chaîne sans fin de seaux qui se remplissaient en plongeant dans l'eau et se vidaient au sommet de leur course avait cessé de grincer.

– Utilisons davantage les chadoufs, recommanda Sabni.

Le paysan hocha négativement la tête. Il conduisit le supérieur au bord d'un canal d'irrigation où étaient plantés des poteaux fixés sur des fourches leur permettant de basculer d'avant en arrière. A l'une des extrémités, un récipient en terre cuite pour puiser l'eau ; à l'autre, le contrepoids nécessaire pour redresser le poteau lorsque le récipient était plein.

Fourches sciées, poteaux brisés, récipients cassés... les vandales n'avaient rien épargné.

– Sait-on qui est coupable ?

– Ça s'est passé pendant la nuit. Personne n'a rien vu.

Chaque paysan devait surveiller son chadouf. La roue d'irrigation, en revanche, appartenait à l'État. Aussi Sabni fit-il à nouveau le siège du bureau de Théodore. En son absence, un secrétaire le reçut, nota la supplique et adressa le supérieur à un collègue chargé du cadastre. Ce dernier vérifia que le champ existait bien et exigea une description précise de la part du propriétaire. La réparation de la roue n'étant pas de son ressort, il présenta Sabni au fonctionnaire responsable de l'irrigation. Ce dernier posa de nombreuses questions techniques et nota les réponses. La roue avait, elle aussi, une existence légale, qu'il reconnut sans détour. La fourniture des pièces de rechange relevait d'un autre service, dont les bureaux étaient installés au nord de la ville. Le supérieur y fut reçu par un vieux Grec particulièrement tatillon ; au terme d'un long entretien, il précisa qu'il ne s'occupait que des pièces en bois. S'il s'agissait de celles en fer, comme Sabni l'avait indiqué, il fallait se rendre à l'arsenal et s'adresser à un gradé. Le supérieur ne renonça pas et usa la patience des soldats qui refusaient de l'entendre ; enfin introduit dans le bureau de l'intendant militaire, il n'eut pas le loisir d'exposer son cas. Toute fourniture de métal, fût-ce à usage civil, était interdite jusqu'à nouvel ordre en raison de l'état d'alerte. Irrecevable, la demande ne serait même pas enregistrée.

En hissant la voile du bateau qui le ramenait au temple, Sabni enragea. Ainsi l'évêque choisissait-il de détruire Philae à petit feu en la privant des moyens d'existence qu'accordait le préfet. Sans fureur, sans violence, la plus impitoyable des guerres commençait. Quelques mois plus tôt, il aurait peut-être cédé au désespoir ; l'amour d'Isis le transformait. Il goûtait au bonheur et ne voulait pas le perdre.

CHAPITRE 30

Le boulanger pila le grain dans un mortier et le tamisa en implorant les dieux de veiller sur Philae. Quand il découvrit Isis, immobile près du four, il lâcha le moule conique destiné à recevoir la pâte du premier pain du jour.

Les lèvres épaisses de l'artisan se contractèrent. Incapable de cacher sa gêne, il recula.

– Pourquoi as-tu si peur de la supérieure ?

– L'étonnement... vous ne venez jamais ici.

– Invente une meilleure explication, mon frère. Il n'est point de semaine où je ne hume l'odeur délicieuse de tes pains et de tes gâteaux. Tes yeux brillent d'une lueur floue : ils mentent.

Le boulanger tressaillit.

– L'inquiétude, comme chaque adepte...

– Ton meilleur ami n'était-il pas le frère menuisier ?

– Sa disparition est cruelle.

– Vous n'agissiez pas l'un sans l'autre. Pourquoi ne l'as-tu pas suivi ?

L'artisan baissa la tête.

– Était-ce la crainte d'un monde hostile, interrogea Isis, ou le refus de trahir ? Je désire connaître la nature de ton âme. Communie-t-elle avec le temple ou s'égare-t-elle dans les lacs ténébreux de la rancune ?

Le boulanger ramassa le moule et le nettoya.

– J'ai détesté Sabni car il exigeait trop de nous. Lui, un

homme jeune, traite ses frères âgés comme des enfants et ne sollicite pas leurs conseils.

– Quels seraient-ils ?

– Renoncer et rentrer dans le rang. A Éléphantine, nous simulerions une conversion et nous tiendrions des réunions secrètes afin de vénérer Isis. La grande déesse se satisferait bien de cette dévotion-là. Ne sommes-nous pas incapables d'entretenir un aussi vaste temple dont la seule existence attire sur nous les foudres de l'évêque ?

– Je t'ai connu plus pugnace. Toi et le menuisier repoussiez la moindre concession à l'Église et vous déclariez prêts à vous battre.

– Nous étions jeunes.

– N'existe-t-il pas une autre cause : le refus de vous admettre aux grands mystères ?

Le regard du boulanger se releva.

– Notre ancienneté nous donnait le droit de les connaître.

– C'est faux, et tu le sais. Seules la perfection de ton travail et la connaissance de la langue sacrée ouvrent l'ultime porte.

– Il est vrai... Mais comment admettre de s'arrêter en chemin ?

– Tu es le seul maître de ce destin-là. Par tes actes, tu te situes dans la hiérarchie du temple et choisis tes nourritures.

Le frère tamisa à nouveau la farine afin d'obtenir la finesse voulue.

– J'ai accepté mes limites ; à présent, ma haine s'est éteinte. Accorde-moi la joie de demeurer dans la communauté jusqu'à mon dernier souffle et de participer à l'œuvre selon mes capacités.

– Si tel est ton bonheur, façonne-le comme un pain chaud et croquant.

Le visage de l'artisan se modifia. Sous la mollesse apparente se devinait une conviction renaissante.

– Je dois t'informer, supérieure.

Isis redouta une nouvelle félonie.

– Ni toi ni Sabni n'êtes assez conscients que la communauté vous aime et vous vénère d'un seul cœur. Les épreuves l'ont mûrie et confortée ; croyez en elle comme elle croit en vous.

***

L'évêque consulta la liste des personnes disparues : une dizaine d'agriculteurs en fuite, incapables de payer leurs impôts et trois fils de bateliers battus par un père ivrogne. Ils avaient été retrouvés et incarcérés ; le préfet les jugerait quand bon lui semblerait. Indifférent aux affaires publiques, il s'enfermait dans sa demeure, rêvait, méditait et composait des poèmes sur la beauté d'Isis. Le soir, il buvait jusqu'à l'ivresse.

Le prélat ne doutait plus que Maximin fût la proie de la folie. Comment l'amour d'une femme pouvait-il dégrader un homme à ce point ? Le peuple, à l'imagination aussi fertile que naïve, parlait d'envoûtement. Théodore remerciait Dieu ; par l'intermédiaire d'Isis, le Très-Haut favorisait ses desseins. En restant le maître absolu de la province, le prélat ruinerait Philae, contraindrait la supérieure à l'exil et sauverait Sabni.

L'évêque avait coutume de lire tous les documents qui lui étaient adressés : listes interminables de contribuables grands ou petits, comptes rendus des délibérations des patrons d'associations commerciales, rapports de gestion des banques, courts messages rédigés par ses espions mêlés aux discussions des rues ; il ne négligeait rien, mémorisait chaque détail, redécouvrait jour après jour les secrets de ses sujets. Le Seigneur ne lui dictait-il pas sa conduite, Lui qui sondait le cœur des créatures ?

La description d'une fête célébrée chez Apollon l'intrigua. Le diacre, auteur du rapport, notait l'absence d'un des fils du marchand de figues qui, très fier de sa fortune croissante, avait pourtant invité de nombreux amis et leurs enfants. Plusieurs camarades de Chrestos s'étaient étonnés. Apollon avait répondu que son fils était parti pour Lycopolis, où résidait son grand-père. Théodore vérifia ce dernier point. Il lui restait à s'assurer que le dénommé Chrestos s'était bien présenté aux octrois qui jalonnaient la route entre Éléphantine et Lycopolis.

*
* *

Pendant la première semaine de mars, la vingtaine d'adeptes résidant sur l'île sainte préparèrent magiquement la moisson. Après avoir célébré le rite du soulèvement du cosmos, grâce auquel le souffle de vie circulait entre ciel et terre, ils implorèrent les puissances du sol cachées dans le corps des serpents. Ceux-ci, en glissant sur les champs et en se faufilant entre les cultures pour rejoindre des trous obscurs où s'abriter, fécondaient les épis. La déesse cobra, celle-qui-aime-le-silence, écouta les prières secrètes des moissonneurs. Grâce à la multiplication des chadoufs, réparés avec des moyens de fortune, l'eau ne manqua pas.

Partout, des chants s'élevèrent. Les vieux airs et les ritournelles contenaient maintes allusions aux divinités disparues et aux esprits bienfaisants cachés dans les blés mûrs. Ces temps d'espérance étaient aussi heures de crainte : peur d'une mauvaise récolte, de rapines commises par les nombreux journaliers venus du nord. La nuit, les paysans armés de fourches gardaient leurs biens. Sabni veilla auprès d'eux. Après le sabotage de la grande roue, il redoutait d'autres malveillances.

Philae s'abandonnait à l'euphorie. Dans quelques jours naîtrait l'enfant de la bibliothécaire ; Chrestos progressait à grands pas dans l'étude de la langue sacrée ; Isis percevait une merveilleuse ferveur dans la démarche spirituelle des adeptes qui, en formant une communauté plus cohérente, délivrée des paresses et des lenteurs, marchaient sur le chemin d'un dieu unique célébré depuis les origines de l'Égypte.

Comme Sabni aurait aimé être parmi eux, à l'ombre protectrice des colonnes du temple ! Mais les devoirs de sa charge passaient avant ses désirs. En assurant la protection du champ, il préservait l'existence même du sanctuaire. Il se prenait à rêver du jour où Chrestos serait apte à le remplacer et où il redeviendrait un frère uniquement préoccupé de l'offrande et de la pureté du rituel.

De nombreuses gerbes aux couleurs d'or furent rassemblées et chargées sur des ânes qui les transportèrent jusqu'à la grande aire du village. L'État y prendrait sa part et calculerait l'impôt sur les quantités attribuées à Philae. Avant d'occuper la tête du cortège, Sabni donna l'ordre d'entasser la balle avec soin; pendant l'hiver, cet excellent combustible permettrait de chauffer les canalisations et d'obtenir une température agréable dans les salles d'eau.

Une foule bruyante de propriétaires et de paysans se pressa autour de l'aire; le percepteur Philamon ordonna de dresser de petits édicules en bois où, à l'abri du soleil, les fonctionnaires procédèrent à l'enregistrement des gerbes et calculèrent les taxes. Neuf aller et retour furent nécessaires pour acheminer la totalité de la récolte. Non seulement Philae serait bien nourrie, mais encore elle vendrait une partie de son blé. Alors que beaucoup d'agriculteurs, victimes de l'insuffisance de la crue, arboraient une mine défaite, Sabni se réjouit de la générosité de ses terres.

Comme chaque année, les inspecteurs du fisc furent d'une lenteur exaspérante : pas un grain ne devait échapper à leur vigilance. Libérées les unes après les autres, les gerbes revinrent sur le dos des grisons qui prirent tantôt la direction des greniers publics, tantôt celle des granges privées. Grignotant des oignons et des galettes, Sabni patienta en compagnie des autres propriétaires. Alors que le soleil déclinait, le produit de son champ demeura bloqué sur l'aire. Les scribes devraient se hâter s'ils voulaient en terminer avant la nuit. Bientôt, près des bureaux provisoires désertés, ne restèrent plus que Sabni et un fermier possédant de maigres terrains. Inquiet, le supérieur s'adressa au percepteur qui commençait à plier bagage.

– J'aimerais connaître le montant de mes taxes et reprendre mon dû.

– Dénomination du propriétaire?

– Vous le savez bien : Philae.

– Je vérifie.

Philamon s'entretint quelques instants avec le scribe pressé de partir.

– Vos taxes sont nulles. Vous ne paierez que la location des ânes.

– C'est invraisemblable... Ma récolte est abondante!

– En effet; mais elle est en totalité réservée à l'armée.

– Vous vous trompez.

– En vingt ans de carrière, je n'ai pas commis une seule erreur.

– Philae est un domaine privé. Interrogez le préfet.

– Si vous avez une plainte à déposer, présentez-vous demain à mon bureau.

***

Les locaux de l'administration fiscale ouvrirent à l'aube. Une queue s'était déjà formée; de nombreuses contestations seraient formulées, peu d'entre elles retenues. Quand vint le tour de Sabni, l'inspecteur consentit à consulter son collègue qui avait donné la consigne d'expédier à la caserne la récolte du temple. Peu aimable, il relut le texte, sembla gêné. Sans fournir d'explication, il disparut et revint quelques minutes plus tard en compagnie de Philamon.

– Mon subordonné a commis un impair, reconnut le percepteur.

Sabni respira mieux.

– Désirez-vous porter plainte contre l'administration?

– Quand obtiendrai-je le blé?

Le petit homme se mordilla l'index.

– Ce détail pose problème... Ce sera extrêmement difficile.

– Pourquoi donc?

– Votre récolte est déjà entreposée dans les greniers militaires. De ce fait, elle appartient à l'armée. Il faudrait un décret épiscopal, contresigné par le préfet, pour opérer un transfert.

***

– Tu signeras ce décret, Théodore. Toi, un homme de Dieu, ne peux accepter une injustice.

– Ne t'emporte pas, Sabni. Ne prétend-on pas qu'un adepte d'Isis conserve son calme en toutes circonstances?

– Tu veux affamer le temple et nous obliger à le quitter, même au prix de l'illégalité que tu as tant combattue.

L'évêque soutint le regard de son ami.

– Dieu se situe au-dessus des lois humaines.

– Au temps des pharaons, il en formait le socle. Ton dieu justifie trop aisément les malversations de ses serviteurs.

– Ta vue est bien courte ; les murs du temple la limitent. Le temps vient de les abattre pour ton propre salut mais j'ai signé le décret qui te restitue ton bien. Si tu n'as plus confiance en moi, porte-le toi-même à Maximin.

– Il me chassera comme un chien galeux.

– Tu es un citoyen respectable puisque tu payes tes impôts. Sans doute as-tu raison de te méfier de Maximin ; c'est un homme imprévisible. Reviens ce soir.

L'après-midi durant, Sabni erra dans les ruelles d'Éléphantine, se désaltéra dans une taverne, marcha le long des quais. Il se mêla à des conversations où revenait souvent le nom d'Isis la guérisseuse, dont le savoir serait seul capable de faire monter les eaux de la prochaine crue. On parlait aussi du massacre d'une escouade envoyée vers le sud pour repérer les gisements d'or et mise en pièces par des milliers de Blemmies ; d'où la proclamation de l'état d'urgence et la consolidation des fortifications.

Le jour se mourait quand Théodore fit rentrer Sabni dans son bureau. Sur la table de travail, le décret portant le sceau de l'évêque.

– Maximin refuse de signer. Le blé de Philae reste propriété de l'armée. Tu seras indemnisé.

– Dans combien de temps ?

– Dès que le budget de la province sera arrêté.

– A quelle date ?

– Peut-être au début de l'an prochain, peut-être plus tard. Le travail des services comptables s'annonce lent et délicat ; ils ne doivent commettre aucune erreur, sous peine de sanctions. De plus, seul le préfet accorde des dommages et intérêts. Procédure délicate, Sabni, au moment où le financement de l'armée est prioritaire.

CHAPITRE 31

Harassé, déçu, le supérieur progressa avec peine sur les eaux argentées. Caché dans le disque de la pleine lune, le lièvre d'Osiris favoriserait les naissances et renouvellerait les énergies; Sabni lui demanda la force de ramer et de tenir la cadence jusqu'à l'île sainte.

Plus puissant et plus déterminé que jamais, Théodore ne lâcherait pas sa proie; en spoliant le temple, il le condamnait à crier famine. Le préfet n'était plus qu'un pantin entre les mains d'un prélat conscient que la religion d'Isis, malgré un petit nombre d'adeptes, gagnait du terrain. Peu à peu, elle séduisait les esprits les plus rétifs et rendait Philae dangereuse.

Le débarcadère, enfin.

Le corps brisé, l'esprit las, le supérieur amarra la barque et s'affala sur le rebord de pierre. Déjà, Isis l'aidait à se relever.

– Viens vite, notre sœur accouche.

Ils franchirent la porte du premier pylône et empruntèrent le passage conduisant au temple de la naissance. Sept sœurs, symbolisant les sept Hathor penchées sur le berceau du nouveau-né afin de lui accorder leurs faveurs, formaient un cercle autour de la parturiente. Elles frappaient en cadence sur un tambour et psalmodiaient un hymne au roi nouveau-né, fils d'Isis et d'Osiris, auquel s'identifiait le nouvel adepte.

– Au supérieur d'apporter le tour du potier.

Sabni sortit le précieux objet de la salle du trésor. C'était avec lui que Khnoum façonnait le monde chaque jour et créait les êtres. Oubliant l'épuisement, il suivit Isis qui, en manipulant un bloc monté sur un roulement engagé dans une mortaise, libéra l'accès à une petite pièce où les sœurs conduisirent la bibliothécaire. D'une pression latérale, la supérieure fit rentrer la pierre dans un évidement du mur et masqua l'entrée.

Deux sœurs maintinrent debout la future mère au-dessus d'un lit de pierres chaudes d'où montait une fumée odorante. Isis versa de l'eau aromatisée avec des substances calmantes. Une douce lumière régnait dans ce lieu clos où, à l'origine du temps, était apparue la grande déesse sous la forme d'une femme noire et rose.

L'accouchement fut lent et douloureux. Quand Isis dut admettre que l'enfant était mort-né, elle perdit connaissance.

***

La bibliothécaire décéda une semaine plus tard, accablée de chagrin. Le père perdit la raison. Sabni resta au chevet de son épouse, qui refusa longtemps d'admettre la réalité.

Le destin se révélait trop cruel ; l'annonce de cette naissance n'aurait-elle pas enthousiasmé Éléphantine, la province, l'Égypte entière ?

La tendresse de Sabni guérit la supérieure du désespoir. Refusant de crouler sous le poids du malheur, il lui transmit sa détermination. Si elle sombrait, la communauté se disperserait. Isis surmonta sa peine ; quand elle réunit ses sœurs, elle réussit à leur insuffler une joie nouvelle. Philae avait perdu un enfant mais gardait Chrestos. La jeunesse ne fuyait pas le temple.

***

Bien que le soleil disparût au royaume des ombres, sa chaleur demeurait. La douceur des soirées que les adeptes passaient dans les jardins entourant le temple était rythmée de lectures de contes et de poèmes. Isis et Sabni se couchaient les derniers, après avoir contemplé la lune et les étoiles.

– Nous manquerons bientôt de blé. Pourquoi notre entrepôt demeure-t-il vide alors que la récolte fut excellente ?

– L'évêque et le préfet ont réquisitionné nos biens. Il ne nous reste pas un épi. Nous devrions être indemnisés mais notre plainte se perdra dans les dédales de l'administration.

– Serons-nous privés de nourriture ?

– Dès demain je retourne sur nos terres. L'irrigation nous offrira une seconde récolte avant la crue ; aucun fonctionnaire ne la détournera.

***

Des soldats gardaient l'accès du champ. Aucun paysan n'y travaillait ; pourtant, il aurait fallu labourer la terre et la drainer.

– Réquisition ? demanda Sabni à une sentinelle.

– L'accès à votre terre est libre.

– Où sont les cultivateurs ?

– Je l'ignore.

– Pourquoi ce déploiement de forces ?

– Je l'ignore aussi. Nous avons reçu l'ordre de monter la garde. Le reste ne nous concerne pas.

– Votre officier ?

– Retourné à la caserne.

C'est à Éléphantine, dans les bureaux de l'évêque, que Sabni obtint la réponse. En vue de la crue, Théodore se préoccupait de désengorger les canaux principaux et de réparer les digues afin que les eaux fussent dirigées vers des bassins de retenue. Aussi soumettait-il un personnel nombreux à une corvée qui durerait au moins deux mois ; colmater les brèches, curer jusqu'aux équerres exigeraient un labeur intensif.

Parmi les ouvriers agricoles contraints d'abandonner leur travail habituel figuraient ceux qui dépendaient de Philae.

– L'évêque accepte de vous recevoir, annonça le planton.

Il conduisit Sabni dans un petit jardin intérieur où Théodore cultivait des plantes médicinales. Agenouillé, il arrosait de la sauge.

– Tu m'as pris tous mes employés.

– Nécessité fait loi.

– Les autres propriétaires ont-ils subi le même sort ?

– Quelle importance ?

– Mes protestations ont-elles quelque chance d'aboutir ?

– Aucune. La réquisition est un acte légal, le service de l'État un devoir impérieux.

– Tu m'empêches d'obtenir une seconde récolte.

– Je me préoccupe de l'intérêt général en améliorant le système d'irrigation de la province. Me le reprocherais-tu ?

– Tu sers ton dieu, Théodore.

L'évêque arracha une mauvaise herbe.

– Je veux le bonheur d'Éléphantine. Ses habitants doivent collaborer ; les adeptes d'Isis comme les autres.

– Que veux-tu dire ?

– Pour élever les anciennes digues à bonne hauteur, j'ai besoin de beaucoup d'hommes. Les inactifs ne paresseront plus : à commencer par les habitants de Philae.

– Comment toi, un prêtre, oses-tu t'exprimer ainsi ? Aucun religieux ne sortira de l'île. Ignores-tu que nous travaillons à faire circuler l'énergie divine et à la rendre perceptible sur cette terre ?

– Il n'y a plus de prêtres à Philae, seulement des désœuvrés. S'ils désirent manger, qu'ils participent à la corvée.

– Tu es impitoyable.

– Je n'ai pas le choix, Sabni. Interromps ce calvaire en renonçant à tes erreurs et en suivant le Christ. Tu connaîtras la plus grande des béatitudes.

– Un lâche et un parjure... L'accepterais-tu comme ami ?

– La miséricorde de Dieu est infinie. Ton passé ne comptera plus.

Théodore se releva et prit Sabni par les épaules.

– Ne m'oblige pas à adopter des mesures plus contraignantes encore.

– Moi non plus, je n'ai pas le choix.

***

Sabni ne cacha rien à la communauté réunie dans la cour située entre les deux pylônes. Philae ne conservait que des vignes et une terre aride productrice d'un peu d'épeautre. Grâce à la vente des objets anciens, le temple disposait de pièces d'argent qui lui permettraient d'acheter du blé, du poisson séché et des fruits. Le supérieur se rendrait en ville et négocierait.

– Ton visage est trop connu, intervint le spécialiste des onguents, un vieillard bourru dont personne n'avait entendu la voix hors des liturgies. Les mouchards refuseront de te vendre des denrées. L'évêque a dû leur promettre les pires pénalités financières s'ils commerçaient avec le temple. Moi, j'irai. Voilà quarante ans que je n'ai pas quitté cette île. Mes anciens amis sont riches et respectés, possèdent terres et troupeaux; j'obtiendrai les meilleurs prix et louerai ânes et bateaux.

– Les soldats t'interpelleront.

– Ils comprendront trop tard. J'embarquerai du côté du désert et atteindrai Philae par le nord. Personne n'emprunte ce chemin-là.

Isis s'interposa.

– Il y a trop de risques.

– Et quand bien même? J'ai coutume d'obéir et de me taire. Cette fois, j'imposerai ma volonté parce qu'elle est conforme à la Règle.

– Est-ce à toi d'en juger?

– Le supérieur doit sauvegarder la communauté tant à l'intérieur qu'à l'extérieur. Qu'il me délègue sa fonction pour affronter le monde profane. Dans trois jours, je reviendrai avec les nourritures.

Isis interrogea Sabni du regard. Il inclina la tête. Le spécialiste des onguents le salua et, d'un pas décidé, se dirigea vers l'embarcadère.

Une sœur très maigre, au visage en lame de couteau, se plaça au premier rang.

– Je pars avec lui.

– Mieux vaut que notre frère agisse seul; ta santé est fragile.

– Tu ne comprends pas, Isis. Je profite du voyage pour quitter la communauté; entre ces murs, l'existence devient trop implacable. L'évêque, le préfet, les chrétiens nous haïssent. Ils nous contraindront à mourir de faim et à leur abandonner l'île.

– Par serment, tu avais offert ta vie à la grande déesse.

– Elle ne nous protège plus de la vindicte de nos ennemis.

– Te souviens-tu du sort réservé à ceux qui se sont enfuis ?

– Je ne m'enfuis pas. Je veux survivre. Ils ont eu le tort de partir en groupe. Seule, je passerai inaperçue.

Sabni prit le poignet de Chrestos, dont la colère montait. La sœur se tourna vers le pylône où Pharaon, représenté comme un géant, terrassait l'adversaire.

– Tout ceci n'est qu'une légende. Bientôt, une ruine. Dans moins d'un siècle, l'humanité aura oublié qu'un temple se dressait ici. Notre héroïsme est ridicule et vain; vous devriez me suivre.

Elle courut jusqu'au bateau où le spécialiste des onguents venait de descendre. Isis ferma les yeux et se serra contre Sabni.

Quand elle les rouvrit, une joie très douce tempéra sa déception; personne n'avait suivi la sœur au visage en lame de couteau.

CHAPITRE 32

Depuis le parvis précédant le premier pylône, Sabni admira le portique d'Occident dont les chapiteaux chantaient la gloire d'une nature sacralisée. Ébloui par le soleil, il se réfugia à l'ombre des colonnes et, au travers de l'une des fenêtres de la pacifique forteresse, s'abîma dans la contemplation des eaux au bleu violent. Le temple paraissait de plus en plus immense aux adeptes qui avaient choisi d'y ancrer leur vie. La grande esplanade, les cours, le temple de la naissance, le kiosque de Trajan, le sanctuaire d'Hathor, le portique d'Hadrien, la salle à colonnes, le Siège vénérable, la bibliothèque, le laboratoire, le trésor, les cryptes et les habitations des prêtres étaient destinés à une communauté nombreuse.

La main d'Isis se posa sur la poitrine de Sabni.

– Rien ne sert de te torturer. Notre destin est dans la main de la déesse. Nous ne sommes qu'argile et paille avec lesquelles elle construit l'œuvre de son cœur.

– Comment ne pas songer au passé ? Il y a tant de force en nous, tant de désir de faire vivre l'esprit... pourquoi cette déchéance ? Pourquoi ce monde court-il vers sa perte ?

– Ce n'est peut-être qu'illusion.

– Oublierais-tu la prédiction du *Livre de sortir au jour* : « *Je détruirai ce que j'ai créé*, annonce le Principe. *Ce pays reviendra à son état premier, celui de l'océan primordial. Il reprendra la forme du flot. Je suis ce qui demeurera, en compagnie d'Osiris, quand je me serai à nouveau transformé en serpent que les hommes ne peuvent pas connaître et que les dieux ne peuvent pas voir.* »

– Tu ne t'attaches qu'à l'aspect le plus sombre de la prophétie. Pour qui ressuscite en Osiris se dévoile la vie éternelle. C'est notre rôle, Sabni : préparer de notre vivant la résurrection. Tant que la sagesse des grands mystères sera transmise, l'esprit rayonnera. Notre tradition est l'avenir de l'humanité.

– Théodore nous affame.

– Il nous oblige à éveiller nos énergies les plus secrètes.

Il l'enlaça.

– Es-tu indestructible, Isis ?

Leurs corps s'harmonisaient à merveille. Unis l'un à l'autre, ils formaient un seul être. Un rayon de soleil éclaira une scène d'offrande et les baigna de sa chaleur.

Un appel au secours les arracha à leur extase. En se penchant par l'un des créneaux ouverts dans la muraille, Sabni aperçut un nageur qui se débattait en s'accrochant aux débris d'un radeau de fortune. Le supérieur courut jusqu'au débarcadère et plongea. En quelques brasses, il rejoignit le naufragé et l'amena jusqu'à la berge. La communauté fut vite rassemblée autour de l'arrivant ; les poumons vidés, il reprit son souffle.

– Qui es-tu ?

– Je m'appelle Khonsou et je travaillais dans l'une des fermes de l'évêque ; je me suis enfui car je ne peux plus payer l'impôt. Si les soldats me rattrapent, ils m'enverront au bagne. Accordez-moi l'hospitalité, cachez-moi !

– T'ont-ils suivi ?

Le son d'une trompe donna la réponse. Deux barques chargées d'hommes armés se dirigèrent vers l'île sainte ; les rameurs hâtèrent la manœuvre.

– Qui t'a dénoncé ?

– Mon neveu. J'ai eu tort de me confier à lui ; l'évêque lui consentira une bonne prime.

Théodore ne tolérait pas le délit de fuite car il condamnait quantité de terres à l'abandon ; trop de gouverneurs de province faisaient preuve de laxisme.

– Protégez-moi, implora Khonsou.

– Ils fouilleront l'île.

– Pas le temple ! L'armée craint Isis.

– Nous sommes soumis à une Règle, rappela Sabni. Si tu veux que nous mourions pour toi, donne-nous ta vie. Deviens un adepte et nous verserons jusqu'à la dernière goutte de notre sang pour te défendre.

Affolé, le paysan observa l'accostage des barques. De l'une d'elles jaillit le capitaine Mersis ; l'officier intima à ses soldats l'ordre de ne pas bouger.

Sabni vint à sa rencontre. Ils devisèrent au milieu de la grande esplanade.

– Comme je suis heureux de revoir Philae.

– Comme je suis heureux de te revoir, Mersis ; nous n'avons pas le droit de nous donner l'accolade.

– L'affaire est sérieuse : tu connais la loi. Je dois revenir avec le fugitif.

– Je dois sauvegarder l'existence d'un frère.

Mersis gratta la cicatrice qui lui barrait la joue droite.

– Je craignais d'entendre ces paroles. Je suis contraint de vous arrêter tous et de décréter l'occupation de l'île.

– Nous refuserons de te suivre.

– Je ne tirerai pas l'épée contre toi.

– Il le faudra bien.

– Je préfère la tourner contre moi-même.

– Dieu te l'interdit. Lui seul peut reprendre notre existence.

Le vieux soldat contint ses larmes. Il tuerait ce maudit fuyard et ramènerait sa dépouille.

– Je veux parler à ce Khonsou.

Comme si le supérieur avait lu dans la pensée du capitaine, il se plaça devant le paysan au côté duquel se tenait Isis. Mersis ne pourrait rien tenter sans risquer de blesser ceux qu'il chérissait.

– Es-tu un adepte ?

Khonsou tremblait.

– Non...

– As-tu pris l'engagement de le devenir et d'offrir ta vie à la grande déesse ?

Le paysan dévisagea tour à tour la supérieure, Sabni et le capitaine Mersis.

– Non ! Je suis chrétien et crois dans le vrai dieu !

Mersis l'agrippa brusquement par l'avant-bras et le tira vers lui.

– En ce cas, mon gaillard, viens avec moi! Il faudra te confesser longuement pour avoir osé fouler le sol de ce temple païen. C'est l'enfer, ici, l'ignorais-tu?

D'une poigne de fer, Mersis entraîna le fuyard vers une barque où il fut aussitôt enchaîné.

Le capitaine, dont le front ruisselait de sueur, revint vers Sabni.

– Isis nous protège. Ce criminel sera remis à la justice.

– S'il avait consenti...

– Une révolte a éclaté à Memphis. Si les insurgés savaient que Philae continue à célébrer les rites, leur ardeur serait renforcée. Il faut unir le Nord et le Sud, comme autrefois. Envoie un message, Sabni; deviens le chef spirituel que l'Égypte attend.

***

Théodore écarta les rapports que lui avaient adressés les préposés à l'octroi entre Éléphantine et Lycopolis. Aucun ne mentionnait le passage d'un jeune homme nommé Chrestos. Son père, Apollon, avait donc menti.

L'évêque creuserait cette affaire plus tard, car un événement grave requérait son intervention: à Memphis, l'ancienne et prestigieuse capitale des bâtisseurs de pyramides, un clan de fanatiques annonçait l'apocalypse. A cause des péchés et de l'impiété des chrétiens, la fin du monde approchait. La police byzantine éprouvait quelque difficulté à contrôler les émeutiers, qui, par bonheur, agissaient en ordre dispersé. Parmi leurs revendications absurdes figurait la libération des cultes. S'ils apprenaient que le temple de Philae n'était pas définitivement fermé, le mouvement prendrait de l'ampleur.

Pourquoi Dieu soumettait-il ses serviteurs à de telles épreuves? Sans cesse renaissait le paganisme, sans cesse resurgissaient des démons que l'on croyait anéantis.

Un tiède aurait accusé le Très-Haut d'indécision; mais un évêque voyait dans ces avatars une façon détournée de renforcer la foi répandue sur la terre entière.

A Théodore d'agir pour que le diable ne s'emparât pas de l'âme de Sabni.

***

Chrestos s'enivrait de la nuit du temple. Lorsque les adeptes dormaient, y compris le vieux veilleur assoupi sur son bâton, le garçon allait s'asseoir sur la berge, face à l'îlot de Biggeh, domaine du silence éternel d'Osiris. A Éléphantine, les anciens parlaient encore avec une crainte respectueuse des mystères marquant l'union du dieu et de la déesse. Depuis l'origine de l'Égypte et la montée sur le trône du premier pharaon, les lèvres des initiés demeuraient closes. Nul n'avait levé le voile posé sur le rituel dont les phases marquaient la résurrection d'Osiris, juge des humains et modèle de leur survie. A présent, Chrestos connaissait le plus grand des secrets : l'amour infini d'Isis, capable d'introduire la vie au cœur de la mort. Pour découvrir le dieu, il fallait passer par la déesse.

Sur sa gauche, une lueur intrigua le jeune adepte. Étoile filante, reflet dans l'eau ? Quand elle se reproduisit, à hauteur du kiosque de Nectanebo, il ne douta plus que quelqu'un manipulait une lampe.

Se déplaçant sans bruit, il identifia bientôt la sœur occupée à cette étrange besogne : Ahourê, la ritualiste. Elle envoyait des signaux et les répétait à intervalles réguliers. Chrestos, après avoir observé la rive opposée d'où ne provenait aucune réponse, intervint.

– Avec qui tentes-tu de communiquer ?

Surprise, Ahourê laissa tomber sa lampe, qui disparut dans les eaux sombres.

– Tu m'espionnais, garnement ! Sur les ordres de Sabni, je parie !

– Ne m'insulte pas, ma sœur, et réponds-moi.

– Rien ne m'y oblige.

Chrestos avança, Ahourê eut peur.

– Oserais-tu porter la main sur moi ?

– J'éprouve une aversion sans bornes envers les traîtres. Parle sans délai.

La fureur du jeune homme était perceptible. La ritualiste ne prit pas la menace à la légère.

– Je... je ne parvenais pas à dormir.

– La lampe ?

– Sans elle, je me romprais le cou.

– Tu connais ces rochers mieux que moi.

Des sanglots ébranlèrent la voix d'Ahourê.

– Tu ne peux comprendre.

– Donne-m'en les moyens : ta sincérité m'ouvrira l'esprit.

– Chaque nuit, je tente de joindre ceux qui sont partis. Leur absence m'est insupportable.

– Ignores-tu qu'ils sont emprisonnés ou déportés ?

– Je refuse d'y croire. Si l'un d'eux s'est échappé, il tentera de nous avertir et je verrai son signal.

– Ne dissiperas-tu pas ce mirage ?

Ahourê semblait très émue.

– Les sœurs disparues étaient mes meilleures amies. Sans elle, le temple me paraît vide. La Règle exige que je surmonte ma peine, mais je n'y parviens pas. Ta jeunesse saura-t-elle l'admettre ?

– Tu as toi-même précisé ton devoir.

CHAPITRE 33

La poste byzantine fonctionnait de mal en pis. Lettres égarées, retards, erreurs de destination se multipliaient. Les fonctionnaires chargés d'acheminer le courrier refusaient souvent de travailler; certains payaient chichement des mendiants qui voyageaient à leur place et perdaient les missives en route.

Le frère blanchisseur, volontaire pour porter à Memphis le message de Sabni, comptait tirer parti de la situation. Le supérieur, en proclamant la souveraineté spirituelle de Philae, rallumerait le feu de l'ancienne foi; il rallierait Memphis, les villes du Delta, ranimerait la volonté d'indépendance cachée dans le cœur de chaque Égyptien. A la communauté rassemblée, Sabni avait lu le texte destiné aux révoltés de Basse-Égypte :

> « *Vous n'êtes pas isolés, la grande déesse vous inspirera. Sur l'île sainte perdure une communauté vouée au respect de la règle ancestrale et nourrie de la tradition impérissable.* »

Sabni proposait de rencontrer le chef des insurgés dans un petit village du Fayoum.

Le blanchisseur serra contre sa poitrine le précieux papyrus que fermait le sceau du temple où l'on distinguait le visage d'Isis entre le soleil et la lune. L'inquiétude le gagna quand, à la sortie nord d'Éléphantine, il vit un nombre inhabituel de soldats autour de la cabane et de l'octroi. Chaque voyageur était fouillé avec minutie et devait répondre à de multiples questions. Le frère interrogea un ânier.

– Que se passe-t-il ?

– L'évêque a interdit tout échange de courrier entre la province et l'extérieur. L'armée intercepte les lettres et arrête les auteurs jugés subversifs.

Le blanchisseur sortit de la file d'attente et rebroussa chemin. Nerveux, il bouscula un fonctionnaire des greniers qui l'apostropha avec véhémence. L'incident attira l'attention d'un soldat.

– Toi, là-bas ! Approche-toi.

Affolé, le frère prit ses jambes à son cou. Heureux d'avoir identifié un suspect, deux fantassins se lancèrent à sa poursuite. Bientôt, ils furent sur ses talons. A bout de souffle, il déchira le papyrus et piétina le sceau. Il achevait de détruire le message quand un violent coup sur la tête lui fit perdre connaissance.

***

Avec la patience d'un homme habitué à manipuler d'innombrables documents, Théodore rassembla les morceaux épars du papyrus. Il identifia sans peine le sceau du temple et la belle écriture de Sabni, proche de celle des meilleurs scribes de l'Ancien Empire. Sa cursive, fruit d'un entraînement rigoureux, respectait la forme primitive des hiéroglyphes. L'évêque fut heureux de relire cette langue à la fois abstraite et charnelle où les symboles devenaient des mots. Ne l'appelait-on pas la « parole des dieux » ?

« Fantasmagorie », protesta le prélat, furieux contre lui-même. Le frère blanchisseur était mort, la nuque brisée. Personne ne pouvait reprocher au fantassin d'obéir aux ordres, d'autant plus qu'il étouffait dans l'œuf un complot contre la sécurité de l'État. Le supérieur de Philae, d'après les fragments de sa lettre, lançait un véritable appel à la sédition. Théodore possédait contre lui une preuve d'une exceptionnelle gravité, susceptible de le condamner à une fin infamante ; sa vigilance n'évitait-elle pas des troubles graves, voire une guerre civile ? Elle lui vaudrait récompenses et promotion : l'empereur confierait au prélat le gouvernement de la Haute-Égypte avant de l'appeler à de plus hautes fonctions. Byzance, portant au plus subtil degré de raffinement l'art du complot, appréciait les stratèges capables de le déjouer.

Théodore combattit contre lui-même une nuit durant; tantôt l'homme de Dieu l'emportait, tantôt l'ami. En prônant la révolte, Sabni piétinait sa confiance; en clamant sa légitimité spirituelle, il agissait avec la même détermination qu'un martyr. Comprendre, se révolter, pardonner, signer l'ordre d'arrestation... Théodore hésita, décida, se reprit. Nulle inspiration céleste ne lui dicta sa conduite.

Au matin, il convoqua ses secrétaires.

– J'ai examiné ces fragments : ils ne contiennent rien d'intéressant. L'ensemble est incompréhensible; des comptes privés, semble-t-il. Vous noterez que le décès de cet individu fut accidentel. Inutile de poursuivre une enquête.

L'évêque brûla les restes du papyrus. Sabni n'avait plus rien à craindre. Dieu le protégeait.

***

Le spécialiste des onguents buvait de la bière fraîche au fond de la taverne sise près de l'entrée du marché. La fatigue lui paraissait légère bien qu'il n'eût pas dormi depuis deux jours; partout, il avait trouvé le meilleur accueil. Sa qualité de prêtre d'Isis ne gênait pas ses anciens amis; en eux s'éveillait un intérêt bienveillant. Puisque l'adepte payait bien, pourquoi ne pas lui vendre ce qu'il demandait ? Que le temple païen prospérât était une conséquence inappréciable, au-delà des limites du commerce. Aussi parvint-il à rassembler denrées, bêtes de somme et embarcations légères. Un paysan et deux bateliers, grassement rémunérés, l'aideraient à gagner les abords de l'île.

Quand l'escouade pénétra dans l'estaminet, renversant une table sur son passage, la gorge de l'adepte se serra. C'était vers lui qu'elle se dirigeait. Jamais il n'avait connu la peur. Il ne baissa pas les yeux lorsque le policier l'invectiva.

– Es-tu un prêtre d'Isis ?

– Tu parles vrai.

– Ton rôle consiste-t-il à fabriquer des onguents ?

– J'ai cet honneur.
– Te trouves-tu à Éléphantine depuis deux jours?
– Pourquoi le nierais-je?
– Alors, suis-moi.
– De quoi suis-je accusé?
Le rictus du policier traduisit une satisfaction égrillarde.
– D'avoir séduit une chrétienne et de l'avoir violentée.
– A mon âge... c'est absurde!
– Il n'y a pas d'âge pour le plaisir. Lève-toi et ne tente pas de fuir.
Le frère obéit.
– Qui est cette femme?
– Tu te moques de moi?
– Son nom?
– Pour sauvegarder son honneur, il ne doit pas être mentionné.
– L'avez-vous vue?
– Elle a déposé plainte chez l'évêque et t'a décrit avec minutie... Plus toute jeune, mais attirante avec son curieux visage en lame de couteau.

***

L'île sainte était coupée du reste de l'Égypte. Un message de Mersis avait appris à Sabni la mort tragique du frère blanchisseur et la suppression des échanges postaux. Les insurgés de Memphis ignoreraient l'existence de la communauté de Philae et verraient leur révolte se dissoudre dans leurs dissensions internes. Le rêve d'une grande révolte embrasant l'Égypte se brisait.

Une seconde nouvelle désastreuse désola les adeptes. Arrêté pour viol d'une chrétienne, le spécialiste des onguents était condamné à la lapidation. Puisqu'il s'agissait d'un païen qui refusait de renier sa foi, le vieux supplice serait remis en vigueur.

– Je verrai l'évêque et obtiendrai son pardon, affirma Isis.
– Il t'humiliera, objecta Sabni.
– Je baiserai ses mains s'il le faut. La vie d'un frère est en jeu.

***

Théodore accueillit avec déférence la supérieure vêtue d'une tunique de lin vert clair. Peu maquillée, les pieds nus dans des sandales décorées de perles, elle témoignait avec fierté de son illustre lignée; en elle continuaient à vivre reines et grandes prêtresses.

– J'étais persuadé que vous effectueriez cette démarche.

– Vous en connaissez donc la teneur.

– La plainte est déclarée recevable par le bureau du préfet. C'est un tribunal d'exception qui a condamné votre frère. Dans ce domaine, je ne dispose d'aucun pouvoir. La loi est la loi; une faute aussi grave doit être impitoyablement sanctionnée. Les pharaons ne témoignaient d'aucune indulgence à l'égard des violeurs, me semble-t-il?

– Qui croira qu'un vieux prêtre est tombé dans de tels errements?

– De trop longues années passées sur l'île lui auront tourné l'esprit. Les reclus cèdent souvent à leurs sens exacerbés par un jeûne mal supporté.

– Vous êtes le maître de la province. Nos anciennes lois interdisaient à une créature de Dieu de porter la main sur une autre créature de Dieu.

– Un païen est une créature du diable. Cet acte ignoble le démontre.

Isis comprit qu'aucun chemin ne mènerait au cœur du juge. Elle feignit donc de se soumettre à son emprise.

– Que désirez-vous obtenir?

– Que vous quittiez l'île et vous sépariez de Sabni.

– La vie de notre frère sera-t-elle épargnée?

L'évêque ne répondit pas. Il laissa le soin à Isis d'interpréter son silence.

– Puis-je le voir?

– Sa cellule n'est pas des plus confortables. Je doute qu'une femme de votre rang...

– C'est indispensable.

*
* *

Tassé dans un coin de la fosse humide où on l'avait enfermé, le spécialiste des onguents fredonnait le chant du bouvier qui, lors de la traversée du gué, contraignait à l'immobilité le crocodile et les esprits malins tapis sous la surface de l'eau. Dès qu'il vit Isis, il se leva et s'agenouilla devant elle.

– Ne restez pas ici ; vous devez garder un meilleur souvenir de votre frère.

– Permets-moi de te sauver.

– Quel est le prix de mon existence ?

La supérieure le lui révéla.

– Trop élevé. Je suis un vieil homme et aspire au repos suprême ; bien sûr, j'aurais préféré mourir sur l'île. Le plus grand sage choisit-il son destin ? Ne me déshonorez pas en cédant aux exigences de l'évêque.

– Sais-tu... ?

– La lapidation ? Je redoute la souffrance, mais elle sera brève : ma tête ne résistera pas longtemps aux pierres. Voir triompher Théodore serait une blessure plus cruelle que le trépas. Je ne crois pas avoir rien exigé de la communauté depuis mon admission ; hélas, j'ai dilapidé sa fortune en échouant dans ma mission ! Qu'importe le supplice ; de vous, je requiers la sauvegarde de Philae.

– La vie d'un frère...

– ... est moins précieuse que celle du temple. Ainsi s'exprime notre Règle. Votre rôle consiste à en préserver l'esprit et à le transmettre. Durant toute mon existence, je l'ai servie avec fidélité ; pourquoi la trahirais-je au moment de ma mort ? Nous nous reverrons dans l'au-delà.

Isis embrassa son frère au visage maculé de poussière.

CHAPITRE 34

Sans nul doute, Ahourê mentait; elle essayait d'entrer en contact avec l'ennemi et de renseigner les soldats de l'évêque sur l'évolution de la communauté. Mais pourquoi la rive opposée demeurait-elle obscure ? Personne ne répondait à la traîtresse, comme si elle s'adresssait au néant. Soudain, il comprit : l'autre lumière ne brillerait que la veille de l'assaut !

Chrestos aurait dû se précipiter chez Sabni et lui révéler toute l'affaire; mais un remords refréna son envie. Se rendre coupable de délation lui déplaisait; s'il se trompait, il salirait une sœur. Dès leur première rencontre, Ahourê lui avait paru antipathique et, depuis, ils n'avaient cessé de se heurter; à lui de se défier de ses inimitiés, de taire ses sentiments profanes et de recueillir la bienveillance de la ritualiste.

Cette conversion déclencha un formidable éclat de rire : que de vanité ! Chrestos croyait découvrir un complot, alors que Sabni n'était pas naïf au point d'ignorer les menées d'une sœur; s'il tolérait son comportement, c'était en raison de son innocuité. Folle de douleur, égarée, Ahourê ne quêtait plus que l'image évanouie de son passé.

***

La ritualiste se méfiait. Désormais, elle n'éclairerait plus son chemin à la flamme d'une lampe; certaine de n'être pas épiée par ce maudit Chrestos, elle n'allumait la mèche qu'au bord de l'eau. Le garçon était capable de se dissimuler derrière un bloc de granit ou une colonne; aussi prenait-elle de multiples précautions avant de signaler sa présence à la sœur au visage en lame de couteau qui, tôt ou tard, viendrait au rendez-vous et lui annoncerait que la voie se libérait. Ahourê ne connaissait plus personne à Éléphantine; son alliée lui procurerait logement et travail, lui indiquerait aussi la manière la plus rapide de se convertir et de ne pas se heurter à la population.

La solide ritualiste mourait de peur. Quitter Philae l'épouvantait; de l'île, elle percevait la moindre pulsation. Hors de cet univers, une myriade de dangers la guettait; seule, elle se sentait incapable de les affronter. Des sentiments contradictoires l'agitaient; d'un côté, elle désirait regagner la terre profane; de l'autre, elle s'agrippait au temple. L'absence de son amie l'angoissait, mais elle redoutait son apparition. A l'approche de l'exil définitif, elle se souvenait des heures merveilleuses passées en compagnie de la jeune Isis, encore insouciante de sa destinée; auprès de la future supérieure, les jours étaient transparents et légers. Sans ce mariage avec Sabni, le sanctuaire se serait réfugié dans une paix obscure, à l'écart des passions et des guerres.

Demeurer sur l'île serait déraison. Aussi, chaque nuit, Ahourê agitait-elle sa lampe à l'intention de sa sœur libérée.

***

La sœur au visage en lame de couteau sortit du lit d'Apollon. D'ordinaire, le marchand de figues préférait les femmes plus jeunes; mais celle-là s'était accrochée à lui comme une sangsue, usant de toutes les armes de la séduction, des œillades aux postures lascives. Un commerçant consciencieux ne négligeait pas une bonne occasion; Apollon se reprocha pourtant de ne pas avoir discuté le prix avant de consommer. Son caractère impulsif l'égarait parfois.

– Combien désires-tu?

– Je ne veux pas d'argent.

Apollon fronça les sourcils. La femme n'était pas une courtisane.

– Je... je ne tiens pas à te revoir, ma belle.

– Aide-moi à quitter la ville.

– Ce n'est pas facile. Des soldats gardent les routes et vérifient l'identité des voyageurs.

– Donne-moi n'importe quel nom et fais-moi partir avec un convoi de marchandises. Je ne te demande rien d'autre.

– Qui es-tu ?

– Une personne sans importance. Et toi, un riche négociant au cœur accueillant.

– Si tu m'attirais des ennuis...

– Mon silence t'est acquis et tu n'entendras plus parler de moi, je te le jure.

– Par le Christ ?

La sœur hésita.

– Par le Christ.

***

Que cette femme clamât qu'ils avaient partagé la même couche ne ruinerait pas la renommée commerciale d'Apollon ; à Éléphantine, chacun savait que le marchand de figues possédait un tempérament vigoureux et ne méprisait pas les passantes, fussent-elles nubiennes. Mais ses manières et sa distinction le mettaient mal à l'aise. Incapable d'éprouver du plaisir, elle jouait une comédie aussi sordide que malhabile.

Apollon jugea préférable de la dénoncer à Mersis. Augmenter son crédit auprès du capitaine présentait un avantage certain ; un jour ou l'autre, le rugueux soldat monterait en grade et se souviendrait des services rendus. Lors de la prochaine livraison de fruits à la caserne, le marchand lui proposerait de partager l'un des bénéfices occultes qui faisaient le charme de la profession.

Mersis arrêta la sœur le soir même. Affolée, elle grimpa sur le rebord de la terrasse et tenta de se précipiter dans le vide ; un soldat lui agrippa la jambe et l'obligea à s'agenouiller, tremblante, devant le capitaine.

– Ton nom.

Elle cacha son visage dans ses mains ; Mersis lui saisit les poignets et découvrit ses traits.

– Une sœur de Philae, murmura-t-il, dépité. Que fais-tu dans ce bordel ?

– Je... je cherchais un homme riche.

– Avec quelle intention ?
– M'aider à sortir de la ville.
– Seule ?
– Bien sûr.
– Je ne te crois pas.

La sœur redressa la tête et son visage devint plus pointu.

– Imagines-tu que j'ai organisé une filière d'évasion ? La communauté, je m'en moque ! Elle m'a volé ma jeunesse. Personne n'a reconnu mes talents. J'aurais pu être médecin, ritualiste, supérieure... Au lieu de cela, Isis m'a cantonnée dans des tâches subalternes. Et cette imbécile d'Ahourê qui compte sur mon aide ! Je m'enfuis seule, tu m'entends, seule !

Horrifié, le capitaine la confia à ses hommes. Elle tendit les bras vers lui.

– Ne m'abandonne pas ! Je suis belle et tendre... Jouis de mon corps à ta guise et libère-moi !

Mersis se boucha les oreilles.

Deux jours plus tard, la sœur au visage en lame de couteau franchit la frontière de la province enchaînée au chariot de l'officier en route pour l'Asie. Quelques instants avant la première halte, elle se jeta sous les roues qui lui broyèrent les os.

A l'heure où elle mourut, Ahourê agitait sa lampe en scrutant les ténèbres.

***

Mersis vérifia les rames et l'état de la coque. Étrange mission, en vérité ! Des officiers subalternes auraient pu s'en acquitter mais les ordres de Narsès ne se discutaient pas.

Quand le général le dévisagea, le capitaine se troubla. Les yeux accusateurs du grand soldat, dont l'infirmité n'altérait pas la puissance, présageaient une catastrophe.

Mersis avait été dénoncé.

– Rassure-toi, capitaine. Personne ne sait ; personne, sauf moi.

– Général...

– Ne mens pas, tu me peinerais. Ainsi, tu es l'allié de Philae et tu risques ta vie pour sauver un temple que tout condamne. Es-tu donc resté païen ?

– Non, je suis chrétien. Je crois en un seul Dieu tout-puissant, à la résurrection des corps et au paradis; mais mon Dieu est amour, tolérance et bonté. Pourquoi exigerait-il la destruction d'une communauté vouée au sacré, d'un sanctuaire où l'on vénère le principe créateur et de rites qui perpétuent notre tradition?

– *Notre* tradition... tu es un étrange chrétien. Je te comprends, Mersis. Moi aussi, je l'ai vue. Ce n'est pas une femme, mais la supérieure de Philae. Par elle s'expriment l'Égypte et ses mystères. Elle charme, non comme une diablesse, mais à la manière d'une lumière chaude de fin d'été; elle met l'âme en repos, éveille des sens inconnus, un désir d'universel, une soif de ciel et de soleil. Toi, le disciple du Christ, demeures amoureux de la grande déesse.

Narsès descendit dans la barque.

– Je t'envie, Mersis. Chaque parcelle de ton être ressent la grandeur de cette terre où tu es né. Moi, je commence à la découvrir. C'est pourquoi je contemple sa naissance : la cataracte. Dans quelques siècles, nous pourrons dialoguer.

– Général, comment...

– Comment je t'ai percé à jour? Tu n'as commis aucune faute. La pratique du commandement, capitaine! Mon œil traîne partout. J'observe chaque homme sans le vouloir. Une attitude bizarre, un comportement insolite... voilà ce qui me frappe et trahit souvent un malaise que je dois dissiper afin de maintenir le moral des troupes, naguère mon unique souci. Toi, je t'ai remarqué lorsqu'elle a guéri les malades. Tu ne la contemplais pas comme un soldat mais avec la déférence d'un adepte. Prends garde, Mersis, et que les dieux te protègent.

Le général plongea les rames et s'éloigna du rivage. Le cœur du capitaine palpita longtemps.

CHAPITRE 35

A l'intérieur du sanctuaire, Sabni contemplait le relief montrant Isis qui, de ses ailes immenses, enveloppait le corps d'Osiris arraché au trépas. Encore prisonnier d'un linceul, le dieu se redressait; de la gaine mortuaire sortaient ses mains agrippées à un sceptre dont l'extrémité représentait la tête de l'animal du dieu Seth, son frère et son meurtrier. Grâce au souffle de la femme céleste et à sa puissance magique, la lumière triomphait des ténèbres.

Le sculpteur avait donné à l'épouse d'Osiris des traits délicats et un visage apaisé, semblables à ceux d'Isis. La supérieure, incarnation symbolique de la déesse dont elle portait le nom, ne ressuscitait-elle pas la communauté ?

A l'amour de l'époux se joignait l'admiration du supérieur. Où Isis puisait-elle le courage de faire face à l'adversité, sinon dans la connaissance du divin ? Elle s'oubliait elle-même pour préserver la communauté de la désespérance. La supérieure était animée d'une joie communicative; en sa présence, le monde souriait. Frères et sœurs vaquaient à leurs occupations comme si les événements s'échouaient au pied de la forteresse de l'âme, comme si nul malheur ne franchissait la porte du temple.

Chrestos se multipliait, cuisait le pain, lavait les robes rituelles, fabriquait des onguents. Il travaillait trop vite, brûlait, déchirait, mais les cérémonies du culte se déroulaient avec noblesse sans que la présence divine manquât des offrandes quotidiennes.

Sabni emprunta l'escalier qui donnait accès au sommet du premier pylône ; Isis, bras croisés, les cheveux soulevés par le vent du nord, regardait l'îlot rocheux de Biggeh, le territoire sacré où reposait Osiris.

Il enlaça son épouse. Le contact de la peau parfumée lui procura une indicible sensation de bonheur. A son désir se mêlait une vénération pour l'être radieux animant ce corps de femme que les divinités modelaient à la perfection. La lumière de midi, écrasant l'eau et les berges de sa violence, isolait le temple et le rendait inaccessible. A cause d'elle, pendant des siècles, aucune armée n'avait osé abattre ces murs que nul guerrier ne défendait. L'éternel maître d'œuvre, Imhotep, avait entouré l'île d'un cercle magique. Honoré dans un petit sanctuaire, au sud de la porte d'Évergète, il était le créateur de la première œuvre monumentale de la civilisation égyptienne, la pyramide à degrés de Saqqarah, et de la dernière, le temple de Philae. Pendant quatre millénaires, un seul architecte, réincarné de génération en génération, avait bâti les demeures d'éternité.

Aux pieds du couple se déployait le domaine d'Isis. A la grande cour, accueillante aux rayons du soleil, succédait la salle à colonnes, faiblement éclairée par des lucarnes ; au-delà, le Siège vénérable s'illuminait de la seule clarté du dedans. Les pierres parlantes appelaient l'esprit vers l'ultime connaissance et lui faisaient franchir les portes séparant l'apparence du réel.

Sabni ne bénéficiait-il pas d'une chance insolente ? Aimé d'une femme exceptionnelle, élevé à la plus haute fonction religieuse, il œuvrait sur l'île des origines, près de la grande déesse, à l'ombre douce de la sagesse. Loin d'un temps de guerre et de haine, il célébrait les rituels dans un espace préservé, répétait les gestes de ses prédécesseurs avec la certitude du cœur que procure un travail achevé, porteur du lendemain.

Joue contre joue, il ressentait la force d'Isis. La plus vive des souffrances ne détruirait pas sa volonté de transmettre, sertie comme la plus pure des émeraudes.

– Que nous reste-t-il, Sabni ?

– Une mauvaise terre, sur la colline. Jusqu'à présent, je l'avais négligée. Un paysan âgé y travaille ; j'en engagerai un autre.

– L'évêque les réquisitionnera tous.

– Je m'occuperai moi-même de la moisson.

– Ton statut de supérieur...

– La supérieure m'autorisera-t-elle à nourrir la communauté ?

– Pardonne-moi ; parfois, j'oublie les contraintes.

– Nous sommes aussi propriétaires d'une vigne ; chacun sait que les raisins contiennent le sang d'Osiris et personne n'osera y toucher.

– Luttons, Sabni. Théodore est un adversaire implacable qui s'est doté de pouvoirs considérables ; il veut nous séparer car son triomphe est à ce prix.

– En ce cas, il échouera.

***

Apollon se gavait de purée de fèves et de bière tiède. Quand les affaires s'annonçaient excellentes, son appétit redoublait. Il avait engagé quantité de journaliers à bas prix. Au terme de la belle saison, il achèterait une nouvelle ferme et, dans cinq ou six ans, compterait au nombre des notables d'Éléphantine. Superbe carrière, en vérité, pour un fils de bon à rien. Apollon utilisait les clés du succès : mentir, truquer et voler sans se faire prendre. La religion nouvelle lui convenait à merveille. Dieu ne remettait-il pas les péchés à qui avouait en avoir commis ? Chaque soir, Apollon s'accusait de ses fautes et implorait le pardon du Christ. Une fois par an, il offrait à un diacre une confession complète et plusieurs kilos de figues. En paix avec sa conscience, il avait le sentiment d'être un parfait citoyen et un excellent chrétien.

Son intendant osa interrompre le repas.

– Quand je mange, j'exige d'être tranquille.

– L'évêque...

– Quoi, l'évêque ?

– Il est ici.

– Où ça ?

– Il inspecte une cabane, à l'extrémité du verger.

Apollon repoussa l'écuelle.

– Tu te trompes.

– C'est bien lui.

Incrédule, le marchand consentit à se déplacer. Quand il aperçut Théodore qui fouillait la masure, assisté de plusieurs soldats, il retint son souffle.

– Monseigneur, vous... dans ma modeste maison...

– Je cherche ton fils.

– Mon fils... lequel ?

– Chrestos.

– Il est parti pour Lycopolis.

– Tu mens, Apollon. Chrestos n'a pas quitté la province.

– Je vous promets...

– Ne blasphème pas. Où se cache-t-il ?

– Je l'ignore. Il est parti. Je voulais en faire un soldat, il a refusé et s'est rebellé. Je ne suis pas responsable.

– Chrestos ne se serait-il pas réfugié à Philae ?

Apollon se renfrogna.

– L'as-tu encouragé à adopter la religion des païens ?

– Au contraire ! Je suis un bon chrétien, moi ! Ai-je manqué une seule messe du dimanche ?

L'évêque prit Apollon par le bras et l'entraîna au cœur du verger, loin des oreilles indiscrètes.

– Ton fils a oublié sa famille pour entrer dans une confrérie satanique. En omettant de le dénoncer, tu as commis une lourde faute.

– Mais je l'ai dénoncé !

– A qui ?

– Au capitaine Mersis... Mais j'ai été victime d'un chantage.

Théodore ne manifesta aucune émotion. L'information était pourtant surprenante : ainsi, l'allié de Philae était le plus intègre des vieux soldats. L'arrêter sans délai ? Mieux valait éviter la précipitation et réfléchir au meilleur moyen d'utiliser la nouvelle arme que la Providence déposait entre ses mains.

– Il faut partir, Apollon.

– Moi, partir ? Pourquoi ?

– Parce que tu es complice d'un crime : se taire sur la destination d'un fuyard te condamnerait à la perte de tes biens.

– C'est Mersis qui...

– Oublie ce nom. Ne le prononce plus jamais. Avec une recommandation signée de moi, tu iras t'établir dans le Fayoum. Je m'occuperai de la vente de tes terres et t'en enverrai le produit.

– Je suis né ici et...

– Si tu refuses ma proposition, je serai contraint de t'inculper.

Vaincu, Apollon baissa la tête.

– Aie confiance en moi. Si tu gardes ta langue, tu jouiras d'une vieillesse heureuse.

– Et Chrestos ?

– Oublie-le, lui aussi. A partir d'aujourd'hui, il n'existe plus.

***

A l'heure où Apollon, les larmes aux yeux, quittait Éléphantine avec armes et bagages, le préfet adressa une supplique à l'évêque. A moitié ivre, Maximin pria Théodore de proclamer *urbi et orbi* qu'Isis s'était convertie au christianisme. La jeune femme, quoi qu'il arrivât, échapperait aux foudres de l'Église. Sa réputation ruinée, la communauté païenne s'effondrerait.

Théodore écouta avec patience la péroraison du préfet, mais se montra inflexible. La foi ne tolérait aucune complaisance. Maximin continua à plaider sa cause. Isis n'était pas une femme ordinaire ; l'Église devait lui accorder une faveur. Se heurtant à un nouveau refus, il offrit au prélat une partie de sa fortune, mais Théodore ne céda pas.

De retour chez lui, le préfet but du vin et s'allongea sur son lit ; au plafond se dessina le visage d'Isis. Ses lèvres s'animèrent, elle lui parla, il ne l'entendit pas. Le préfet se leva, tendit les bras, tenta de toucher la femme aimée ; à l'instant où il l'atteignait, elle disparut.

– Isis, hurla-t-il, ne repousse pas mon amour !

CHAPITRE 36

Décharné, crasseux, vêtu d'une peau de mouton malodorante, l'ermite sortit du tombeau païen où il avait élu domicile. Du haut de la rive d'Occident, il contempla l'île d'Éléphantine, le cours du Nil et, au loin, le site maudit de Philae. Depuis trente ans, Paul s'infligeait pénitences et mortifications, luttait contre le diable si prompt à se glisser dans les rêves ou dans un corps de femme; aussi dormait-il peu et s'acharnait-il à détruire les figures de déesses impudiques exposées à profusion sur les murs des sépultures impies.

Paul ne cessait de protester contre l'existence du dernier temple démoniaque, mais se heurtait à une fin de non-recevoir de Théodore, évêque tolérant jusqu'à la complaisance. Depuis la veille, sa toute-puissance se fragilisait; l'ermite, nommé porte-parole par l'ensemble de ses coreligionnaires et des moines de la province, devenait un personnage officiel dont ils vantaient la foi ardente et la volonté d'arracher les racines du mal.

Les yeux enfiévrés, Paul s'appuya sur le bâton noueux qui lui servait à écraser la tête des serpents. Ce paysage grandiose, si propice au recueillement, reviendrait bientôt dans le giron du Seigneur. Théodore menait un combat d'arrière-garde; les vrais croyants sauraient faire rendre gorge aux ennemis du Très-Haut.

***

La terre était sèche et craquelée, mais la moisson fournirait un peu de nourriture au temple. Comment attendre davantage d'un champ d'orge mal situé et de modestes dimensions ? Assisté de deux paysans qui avaient échappé à la réquisition, Sabni travaillait dur. Un magnifique spectacle le récompensait de ses efforts. Vue de la colline, l'île sainte ressemblait à un navire dont la proue était formée d'un énorme bloc masquant le Siège vénérable, où la puissance divine demeurerait à jamais inaccessible à l'entendement humain. Sur la gauche, la colonnade d'accès précédée d'un obélisque ; sur la droite, le kiosque de Trajan abrité derrière un groupe de palmiers.

A midi, Isis apparaissait au sommet du premier pylône ; sa silhouette blanche couronnait les cimes vertes. Elle saluait Rê, lumière cachée révélée dans le disque solaire à l'apogée de sa course. La communauté entière reprenait les paroles de la supérieure, adressées au cosmos depuis quatre millénaires. Au loin, les montagnes ocre fermaient l'horizon.

Le supérieur redoublait d'ardeur ; l'orge était si médiocre que nul ne la convoitait. Les adeptes s'en contenteraient.

Il ne restait plus que trois ou quatre jours de peine ; les épis coupés, Sabni les rassemblerait en gerbes et les transporterait jusqu'à Philae.

***

Sous un soleil tiède, Sabni monta la pente d'un pas régulier. La veille, les deux paysans lui avaient signifié leur refus de collaborer davantage. Menacés de dénonciation, ils craignaient une arrestation. Le supérieur ne s'émut pas de ce renoncement ; à la fin de la matinée, le labeur serait achevé.

A quelques mètres du champ, il s'immobilisa. Chèvres et moutons avaient brisé les clôtures et piétiné la récolte. Des attardés se régalaient des derniers brins d'orge.

Sabni pleura de rage. Cette fois, réparation lui serait accordée.

***

– Ta cause est juste, reconnut Théodore. Tu peux porter plainte contre les exploitants voisins; si tu plaides bien, les propriétaires des bêtes te paieront le double du prix de la récolte espérée.

– Le préfet présidera-t-il le tribunal?

– Trop petite affaire. Elle relève de la juridiction ecclésiastique.

Les habitants d'Éléphantine la connaissaient trop bien. L'évêque tenait audience quand bon lui semblait. En une seule journée, il examinait plus d'une centaine de litiges. Bien avant le lever du soleil s'organisait la longue file d'attente des plaignants, dont la plupart ne pourraient présenter leurs griefs. Théodore, comme les autres évêques, s'attachait d'abord aux cas majeurs de procédure civile: nomination de magistrats locaux ou de chefs de village, promotion de fonctionnaires, libération de prisonniers, ajustement des taxes; ensuite, dans le temps qui lui restait, il réglait les différends mineurs.

– Quand ouvriras-tu les portes de ton tribunal?

– Lorsqu'un nombre suffisant de dossiers imposera mon intervention.

– Je suis pressé, Théodore.

– Verse une obole à l'Église. Elle hâtera ma décision.

– Les lois ne sont pas les mêmes pour tous. Si un riche commet une infraction, il échappe à ta vindicte; si c'est un pauvre, une peine sévère lui est infligée, à moins qu'il ne quitte ce monde avant le jugement. Il est monstrueux d'avoir à payer pour que justice soit rendue.

– A Byzance, on dit qu'un procès excède aisément le terme d'une existence humaine et qu'il est presque immortel. La justice de Dieu ne prévaut pas sur cette terre, je l'admets; si tu désires améliorer notre sort, convertis-toi et travaille à mes côtés. Tu seras un excellent juge.

– Quand ouvriras-tu ton tribunal, Théodore?

– Peut-être à l'automne, après la crue.

***

En méditation sur son rocher, le général Narsès se sentait de plus en plus étranger à l'armée et à ses exigences quoique personne ne lui reprochât un manquement à ses devoirs. De plus en plus souvent, il songeait à Philae. Dans une autre époque, dans une autre vie, il aurait peut-être sollicité son admission dans cette communauté que l'empereur lui avait commandé d'expulser. Un empereur si silencieux et si lointain qu'il perdait toute réalité.

L'Égypte n'était pas facile à conquérir. Les envahisseurs successifs, asiatiques, assyriens, perses, grecs, romains, avaient dû se soumettre à ses lois; qui voulait la gouverner recevait l'initiation aux mystères de la royauté avant de porter la double couronne de Pharaon. Moribonde, la tradition survivait dans ses rites et ses symboles. Byzance et le christianisme imposaient d'autres règles; ils se trompaient et paieraient cher leur erreur.

Narsès n'aurait pas à exécuter les ordres : Philae était ruinée. Pièces d'argent versées au trésor de l'évêque après l'arrestation du spécialiste des onguents, personnel réquisitionné, blé détourné au profit de l'armée, terres rendues inutilisables.... la faim approchait de la porte du temple. Ses réserves épuisées, de quelle manière se nourrirait-il?

Cette mort lente servait ses desseins. Il n'éprouvait plus la moindre envie d'intervenir contre cette île sainte où il avait effleuré la sérénité et se contenterait de la regarder de loin, songeant à une sagesse disparue et confiant ses pensées au vent du sud; un souffle les emporterait vers des contrées inexplorées.

***

Maximin exultait. Depuis qu'il avait renoncé à supplanter l'évêque, il reprenait espoir. Théodore donnait sa pleine mesure en soumettant le temple à sa volonté; brisée, Philae agonisait. Bientôt, Isis échapperait à l'emprise de Sabni. Aussi Maximin se répandait-il auprès des autorités d'Éléphantine pour proclamer haut et fort que la supérieure renoncerait au paganisme et deviendrait son épouse.

Théodore n'intervint pas. En se ridiculisant, le préfet perdait sa dernière once de respectabilité. Sans proférer une seule critique à son égard, l'évêque assistait à sa chute dans un gouffre d'où il ne remonterait plus. L'envoyé de l'empereur avait eu tort de considérer la province d'Éléphantine comme terre conquise et de mépriser ses sortilèges; qui ne laissait pas errer son esprit au gré du fleuve, n'apprivoisait pas les falaises et les blocs de la cataracte se condamnait à perdre la raison.

⁂

Le capitaine Mersis était nerveux. Du haut d'une tour de brique crue, il regardait dans la direction du grand Sud. Il ne croyait plus à une attaque des Blemmies; leur démonstration de force tiendrait à distance les troupes byzantines dont les tribus nègres constataient l'impuissance; longtemps menacé d'extermination, le peuple blemmie obtenait l'assurance de vivre en sécurité sur son territoire pendant de nombreuses années. Pourquoi se lancerait-il dans une folle conquête où périraient des milliers d'hommes?

Pendant le repas du soir, un officier dont le cousin travaillait au bureau des impôts indirects fit écho à une rumeur persistante : Théodore prévoyait une taxe sur les bateaux de taille moyenne et exigerait des particuliers comme des institutions un inventaire détaillé. Aussitôt, Mersis pensa à Philae. Ce nouvel impôt serait insupportable; Sabni devait se débarrasser au plus vite des embarcations les plus encombrantes.

Le soldat rédigea un message et, au couchant, se rendit au pigeonnier. L'oiseau s'envola vers le temple. Mersis se sentit soulagé; Isis et Sabni sauraient se préparer aux plus violents assauts s'ils étaient informés à temps des intentions de l'adversaire.

De la terrasse de sa demeure, l'évêque assista à l'envol du pigeon que ses archers abattraient au-dessus des collines. Le faux bruit propagé par le prélat s'était vite répandu, provoquant l'émoi du traître et sa réaction rapide. Mersis était bien un adepte d'Isis. Avant de lui infliger le châtiment justifié, Théodore l'utiliserait sans qu'il s'en doutât.

A présent, Isis n'avait plus le moindre allié. Elle affronterait seule le représentant du Christ; c'était vers Lui, vers la vraie foi que Théodore devait entraîner la confrérie païenne afin que la volonté du Seigneur fût accomplie. Si la supérieure devenait l'esclave du préfet, il fallait abattre, de n'importe quelle manière, la muraille magique qu'elle dressait entre Dieu et Sabni.

Théodore avançait en paix sur un chemin sans méandres, instrument entre les mains de l'architecte des mondes. Avec la disparition définitive de la religion pharaonique naîtrait un nouvel univers dont l'essor ne devait pas être freiné par Philae. Une seule communauté, cohérente, menaçait davantage le christianisme que des milliers de païens dispersés. Il suffirait d'une figure de proue, comme le couple formé d'Isis et de Sabni, pour redonner force et vigueur aux anciens cultes et prouver leur nécessité. Depuis l'aube des temps, l'Égypte affirmait sa vocation de mère des civilisations. Jugulée, humiliée, asservie, elle continuait à engendrer des idées qui déterminaient l'avenir. Là résidait l'infinie puissance de l'île sainte. Par ses seules prières et la célébration des rites, elle orientait le regard du cœur. Théodore ne mésestimait pas le danger; plus la communauté matérielle s'affaiblissait, plus la confrérie spirituelle se renforçait.

L'évêque livrait à la supérieure un combat dans l'invisible; bien qu'elle fût assiégée, elle disposait d'une arme efficace : l'amour de Sabni. C'était lui qu'il fallait détruire avant d'envisager une victoire.

***

Le palmier-doum dressait son fût lisse vers l'azur. Assise dans son ombre, Isis lisait un hymne à Hathor, œuvre de la première supérieure de Philae. La sauvagerie de la nature mourait à la lisière du jardin où, dès la naissance du printemps, il faisait bon goûter le soleil à travers les palmes. Sabni lui apporta de l'eau fraîche, des figues et du pain. Détendue, elle semblait presque insouciante.

– Théodore nous croit vaincus et sans ressources.

– Il est trop perspicace pour commettre ce genre d'erreur,

objecta Sabni ; il te craint. Tant que nous serons unis, il nous harcèlera.

– L'Égypte a subi de nombreux jougs mais sa foi a survécu. Les chrétiens veulent l'extirper de notre sol et de la mémoire des hommes. Théodore ne se comporte pas comme un simple serviteur de son dieu ; il exige une vérité totale et définitive, celle que lui révèle le Christ et sur laquelle il construit un monde nouveau. Pour qu'il surgisse, Philae doit disparaître.

Sabni frémit. Isis annonçait-elle la fin de la communauté ?

– Rassure-toi, mon amour. Quel que soit l'envahisseur de l'Égypte, il sera chassé ou pourrira sur place. Peu importent les siècles. Notre message est immortel parce qu'il n'est pas né dans le cerveau d'un homme mais exprime le secret de l'univers ; l'évêque ne s'y trompe pas.

– Il fut un ami sincère et loyal.

– Il l'est toujours et il t'attend, Sabni. Tu déchires son âme ; s'il ménage la communauté, c'est à cause de toi.

– Je ne partagerai jamais ses croyances ; il le sait.

– Son dieu n'accomplit-il pas des miracles ?

Il s'assit à côté d'elle, lui caressa les pieds.

– Comment nourrirons-nous la communauté ?

– Lorsque nous n'aurons plus de pain, nous descendrons dans les cryptes. L'accès en est muré depuis plus de deux siècles ; mon père m'en a communiqué le plan.

– Que contiennent-elles ?

– Plus tard ; une tâche urgente m'appelle : rendre hommage à Osiris.

CHAPITRE 37

Isis aborda l'îlot de Biggeh, le territoire sacré d'Osiris. Seule la supérieure de Philae pouvait s'y aventurer. C'était là, sous un acacia immortel, que se cachait le tombeau du dieu; jusqu'à l'extinction de l'humanité, il attendrait la venue de son épouse, détentrice des formules de résurrection.

Isis monta un escalier de pierre, franchit une porte aux montants ornés de textes d'accueil et passa devant les statues de glorieux pharaons du Nouvel Empire dont le *ka* résidait près du grand dieu; au-delà commençait le royaume interdit où aucun homme, savant ou ignorant, riche ou pauvre, n'était autorisé à pénétrer.

Elle écarta les buissons, décela un sentier et s'enfonça dans le bois de tamaris. S'y terrait l'effigie du dieu des Blemmies; il tenait une gazelle dans la main gauche et un bouquet dans la droite. Seigneur du territoire secret aux côtés d'Osiris, il portait le surnom de « bon voyageur », compagnon de la fille de Rê, souveraine du circuit solaire ouvert aux âmes des régénérés.

Avançant très lentement, Isis prit soin de ne provoquer aucun bruit; Osiris exigeait le silence. Il ne tolérait nul chant, nul son de flûte, de harpe ou de tambour. Autour du tombeau se dressaient trois cent soixante-cinq autels; sur chacun d'eux, la supérieure versa un peu d'eau. Grâce à cette libation, chaque jour de l'année devenait sanctuaire d'Osiris et porteur d'une renaissance que proclamait le soleil lors de sa sortie hors des ténèbres. Puis elle s'approcha du sarcophage de pierre, à demi enterré dans une butte en forme de dôme.

Seul à seul, elle dialogua avec l'esprit qui se mouvait au-dessus du sépulcre et, lors des fêtes de la nouvelle lune, prenait la forme d'un milan femelle à tête humaine dont le bruissement d'ailes éveillait Osiris. Isis n'implora aucune aide et ne se répandit pas en supplications; pitié, désespoir et prière personnelle auraient dénaturé le culte. Elle mit au présent les paroles de puissance, nourriture de l'âme d'Osiris; elles révélaient la nature secrète du dieu, soleil de la nuit, principe des mutations incessantes. Dans la voix de la supérieure perçait celle de générations d'adeptes unis dans l'acte d'offrande.

***

A la poupe de la barque qui les emmenait à Éléphantine, Isis et Sabni relurent l'étrange assignation à comparaître devant l'évêque. Théodore ouvrait son tribunal beaucoup plus tôt que prévu, selon une procédure anormale. D'ordinaire, un héraut annonçait l'événement; le prélat n'avait pas coutume de convoquer ainsi les plaignants.

A leur grande surprise, aucune file d'attente ne s'était formée devant le long bâtiment aux murs blanchis à la chaux dont deux soldats gardaient l'entrée. Au fond de la salle vide trônaient l'évêque et le préfet. A la gauche de ce dernier, penché sur son écritoire, un greffier s'apprêtait à noter le compte rendu de la séance. Les portes se refermèrent derrière le couple.

– Réparation nous serait-elle accordée? demanda Sabni, ironique.

– Un sujet plus grave nous préoccupe, répondit l'évêque. C'est pourquoi j'ai demandé au préfet Maximin d'être présent.

– Existe-t-il souci plus ardent que de rendre justice?

– Telle est bien mon intention. Vous payez l'impôt comme propriétaires du lieudit Philae; propriétaires, l'êtes-vous vraiment?

Sabni eut peur de comprendre.

– Toute possession de terre repose sur un acte juridique; mon secrétariat a examiné les pièces du cadastre : aucune ne mentionne Philae. Elle n'appartient donc à personne. Tombée en déshérence, cette terre devient bien d'Église.

L'attaque surprit le supérieur. Préparée avec soin, elle était portée par un homme assuré de s'emparer de l'île sainte sans coup férir. Le juriste appliquait la loi. Nul ne pourrait lui reprocher d'être inhumain ou cruel.

– Vous vous trompez, rectifia Isis d'une voix douce.

– Une preuve?

– Désirez-vous l'examiner?

– C'est indispensable.

– Vous devrez patienter quelques jours.

Maximin ne la quittait pas des yeux; il avait espéré un long discours, des propos enflammés d'indignation. Isis demeurait très calme; elle en fut d'autant plus attirante.

– Nous acceptons, conclut-il.

Le greffier nota le renvoi à une prochaine séance.

***

Trois jours plus tard, un cortège fourni se présenta au tribunal. Chrestos et les sœurs étaient restés au temple; les frères aidaient Sabni à porter le document promis à l'évêque, une lourde stèle de calcaire extraite des ténèbres d'une crypte. On y voyait la déesse Maât, incarnation de la Règle de vie, face au dieu Thot à tête d'ibis. Sous la dictée de la femme céleste, il rédigeait un texte en hiéroglyphes.

– Voici la preuve que Philae appartient aux dieux et non aux hommes, indiqua Isis.

Le greffier posa son calame. Non seulement il était payé à la ligne mais encore il gâchait sa jeunesse pour apprendre le grec et l'araméen afin de rédiger baux, contrats et testaments. Lire les hiéroglyphes n'entrait pas dans ses obligations.

Le préfet se leva et vint examiner de près le surprenant acte de propriété. Il put ainsi respirer le parfum d'Isis.

– Personne ne connaît cette langue. Comment juger de la validité de ce témoignage?

Sabni observait Théodore. L'évêque avouerait-il qu'il déchiffrait l'écriture sacrée des anciens Égyptiens?

– Traduisez, ordonna-t-il. Toi, greffier, enregistre la déclaration.

Le supérieur lut en détachant les phrases.

– Ce temple est comme le ciel en toutes ses parties. Il fut bâti par Pharaon sur l'ordre du Principe créateur et sans cesse renouvelé pour resplendir comme l'horizon. Au terme de la construction, le maître d'œuvre a remis la demeure à son maître; en ces lieux réside la grande déesse, Isis.

Le greffier consulta ses tablettes. En tant que tabellion, il appliquait le droit le plus strict. C'est pourquoi l'évêque l'avait mandé afin que nul n'en ignore et que le jugement fût frappé au sceau de la rectitude.

– Occupation vaut possession. Une personne nommée Isis occupe-t-elle les lieux?

Souriante, la supérieure s'avança.

– Êtes-vous l'héritière et authentifiez-vous cet acte?

Isis inclina la tête. Le préfet était partagé entre le désir de s'emparer d'elle et celui d'étrangler Sabni; il haïssait cet Égyptien dressé entre lui et son bonheur.

– Parfait, estima le tabellion. Cette stèle sera déposée dans les archives du cadastre; la prochaine fois, apportez une copie maniable.

Sabni et Isis saluèrent l'évêque, impassible.

***

La moisson s'achevait en toute hâte; les préposés au battage travaillaient sans relâche, pressés d'en terminer avant le début de la crue. Le soleil de juin, fougueux, embrasait les collines d'Éléphantine. Au temple, Sabni imposa le rationnement. Il ne contraria guère les adeptes, à l'exception de Chrestos, doté d'un solide appétit. Pendant deux mois au moins, ils ne manqueraient pas de nourriture.

Avant le rituel de midi, Isis et Sabni se baignaient nus, au pied du petit temple de Hathor, face aux falaises de l'est. Nager effaçait les fatigues et préservait la jeunesse du corps. Ils ne s'écartaient guère de la berge, disparaissaient sous l'eau, frôlaient des poissons et, sous le regard protecteur de la déesse de l'amour, sacrifiaient à ses jeux tendres ou enfiévrés. Isis, à la peau ruisselante de perles d'eau, était semblable à l'étoile brillante de l'an nouveau. Sabni embrassait les boutons de fleur de ses seins, caressait le buisson de son sexe, buvait ses lèvres enivrantes. Qu'il était doux d'étreindre la femme aimée, de se nourrir de son regard, de la voir baignée de lumière et de s'unir à elle sous la protection d'un acacia! L'amour ne semait-il pas dans le ciel l'émeraude et la turquoise pour créer les constellations?

Couchés sur le sol, l'un contre l'autre, les yeux mi-clos, ils savouraient ces instants de plaisir qui se muaient en bonheur d'être.

CHAPITRE 38

Chrestos dévorait les papyrus de la bibliothèque. Médecine, astrologie, géométrie, mythologie... Aucun sujet n'épuisait sa curiosité. Il lisait les hiéroglyphes avec une incroyable facilité, comme si la langue sacrée lui était naturelle. Tantôt sous la férule de Sabni, tantôt sous celle d'Isis, il disciplinait sa pensée en différenciant le savoir de la connaissance. « Le danger, indiquait Sabni, est d'accumuler des notions sans les vivre. Oublie, expérimente, formule selon ton cœur et jamais selon ta fantaisie. » Le jeune adepte dormait peu et refusait de se reposer. La chaleur ne l'incommodait pas, les tâches matérielles ne le fatiguaient pas. N'avait-il pas des siècles de sagesse à étudier, des millénaires d'initiation à parcourir ? Plus il apprenait, plus il avait envie d'apprendre. La nuit, sur le toit du temple, il posait mille questions à Sabni et à Isis; ils comptaient bien plus qu'un père et une mère, formaient une vraie famille dont les membres s'étaient librement choisis.

A la mi-juin, Chrestos franchit la porte de la salle à colonnes. Tous les adeptes avaient reconnu sa capacité à connaître de nouveaux mystères. Devant les yeux émerveillés du garçon débuta un chemin fabuleux. Selon le moment de l'année et l'heure du jour, les rayons de lumière filtrés par les lucarnes éclairaient tel ou tel détail d'une colonne, révélaient telle ou telle figure de divinité, mettaient en valeur telle ou telle partie de texte. A Chrestos de voir et de percevoir; en rassemblant ces éléments épars, en se demandant pourquoi certains restaient dans l'ombre, il se familiariserait avec les lois du monde des dieux et en appréhenderait peut-être le fonctionnement. A présent, tout lui était donné ; il ne lui restait plus qu'à errer dans ce labyrinthe de symboles avec l'espoir d'en atteindre le centre. Il s'y engagea avec ferveur.

⁂

Depuis son échec, Théodore semblait inactif. En réalité, à l'approche de la crue, il croulait sous le poids du travail administratif. Chaque rapport de curateur des canaux devait être examiné avec soin. En bien des endroits, les paysans réquisitionnés s'étaient acquittés de la corvée avec négligence. Si la crue n'était pas assez abondante, l'irrigation serait mal assurée ; or les réserves de nourriture venaient à épuisement. Même les greniers de l'armée seraient bientôt vides. L'évêque allait sur le terrain, inspectait les digues, vérifiait l'emplacement des bornes, exhortait les surveillants à mieux encadrer les paysans. Partout, la discipline se relâchait. Philae, Chrestos, le capitaine Mersis... Le prélat ne les oubliait pas un instant mais les reléguait au second rang de ses préoccupations tant l'obsédait la sauvegarde de la province.

⁂

Parmi les multiples offrandes du culte majeur figurait celle du vin. A Éléphantine comme ailleurs en Égypte, la vigne possédait un caractère sacré ; les chrétiens reconnaissaient la valeur symbolique du jus caché dans les grains de raisin et ne détruisaient pas les vignes des temples. Lors de la messe, le prêtre l'identifiait au sang du Christ comme l'adepte à celui d'Osiris.

Aussi Sabni fut-il stupéfait de constater que le petit vignoble de Philae avait été ravagé par des vandales : ceps coupés à ras, terre retournée et salée, balancier de la machine à irriguer brisé en plusieurs morceaux... Lorsque les trois dernières jarres seraient vides, le supérieur ne pourrait plus remplir les vases à vin qu'il élevait, dans le naos, au visage de la statue.

Plantée au milieu du vignoble, une croix gravée au nom de Jésus. Elle avait une forme proche de celle de la croix ansée qui, dans la langue sacrée, signifiait « vie ». A l'une de ses branches était accroché un morceau de peau de chacal qui signait le forfait, œuvre des moines occupant les tombeaux des nobles et des artisans. Ils y détruisaient les visages des femmes, incarnation du diable, décapitaient les statues, brûlaient les parois ou les couvraient de plâtre. L'évêque les contrôlait mal. Craintifs, ils n'osaient entrer en ville où les soldats les interpellaient; depuis longtemps, ils rêvaient de détruire Philae.

***

La couleur de l'eau changea, devint plus opaque et plus lourde. Isis regagna la berge. Quand Sabni la rejoignit, elle offrait au soleil son corps de miel parfumé au jasmin.

– Notre dernier bain avant la crue.

Le supérieur malaxa du bout des doigts un peu de terre mouillée.

– Elle sera en retard.

– Trop tôt pour le dire. Le flot, il est vrai, devrait être plus boueux.

Ils tentèrent de se rassurer, mais les signes avant-coureurs ne trompaient pas. L'Égypte connaîtrait-elle une année des hyènes pendant laquelle les fauves, affamés, s'attaqueraient aux habitations? Entrerait-elle dans une période de sept années catastrophiques condamnant la moitié de la population à disparaître? Si les paysans étaient réduits à la disette, ils ne pourraient même plus offrir, en fraude, un peu de blé à la communauté. L'armée prendrait la totalité de la récolte.

– Théodore ne t'accusera-t-il pas de magie noire?

– Le peuple ne l'écoutera pas. Je ne suis pas inquiète pour moi-même mais pour nos vieillards; un jeûne prolongé les tuera.

– Dans les villages du Nord, je trouverai de la nourriture.

– Patiente. Attendons le début de la crue.

⁂

L'armée de Narsès s'était habituée aux délices d'Éléphantine. En raison de leur inactivité forcée et de l'impossibilité de s'élancer sur les pistes de Nubie, le général, en accord avec le préfet, avait doublé les rations de vin, augmenté la solde et multiplié les permissions. Les Blemmies oubliés, les soldats byzantins fréquentaient les tavernes et le marché où se vendaient de l'ivoire, des aromates, des peaux de panthères et d'autres denrées exotiques, objets de rudes négociations. Le bordel de la ville ne désemplissait pas; aux malheureux incapables de payer le prix, des prostituées d'occasion venaient en aide. Narsès fermait les yeux; il ne redoutait qu'une crue abondante qui recouvrirait son rocher et l'empêcherait de méditer devant la cataracte.

Le préfet ne parvenait plus à chasser de son regard le visage d'Isis; à plusieurs reprises, il avait songé à supplier l'évêque de l'exorciser, mais préférait subir une douleur intolérable et ne pas perdre des yeux, des lèvres, des joues pourtant inaccessibles. Il acceptait le supplice car il gardait l'espoir de la conquérir.

Chez l'antiquaire, il avait découvert un recueil de poèmes adaptés de l'ancien égyptien; les vers évoquaient la rencontre de l'amant et de l'amante dans un jardin ombragé, à l'abri des curieux, près d'un bassin d'eau fraîche où ils se baignaient après avoir déclaré leur flamme. Comment ne pas rêver d'une Isis nue, glissant dans une onde bleutée?

Dans ces textes ensoleillés et sensuels, Maximin admirait le respect envers la femme aimée; ce sentiment rare rendait la passion semblable à l'or le plus étincelant. Lui, le contempteur des femelles, se soumettait à la supérieure de Philae; cette obéissance du cœur élevait l'âme. Si Isis se refusait, il ne devrait pas la conquérir de force mais ouvrir, peu à peu, le chemin de sa confiance. Maximin aurait la patience du granit; qu'on le jugeât fou l'indifférait.

⁂

Isis guida la barque jusqu'à Biggeh, où elle offrirait à Osiris une libation de lait qu'un pêcheur avait apporté au temple pendant la nuit. Quelques marchands, avertis du dénuement de la communauté, ne craignaient pas de se dévouer pour elle. Certes, Théodore n'avait promulgué aucun édit interdisant à la population de commercer avec Philae, mais chacun connaissait les risques : arrestation arbitraire et déportation. Par bonheur, les rondes s'espaçaient; de nombreux soldats étaient chargés de surveiller le nettoyage des bassins d'irrigation et d'empêcher la fuite des paysans soumis à la corvée.

Alors que la supérieure amarrait son embarcation, une tête noire surgit de l'eau. L'homme, un athlète aux cheveux crépus, fit de lents mouvements de bras et se maintint à distance respectueuse.

– Je suis un prêtre blemmie. Reçois ce témoignage de ma vénération et celui de mon peuple. Je sais que seule tu peux marcher sur le sol de l'île d'Osiris. Aussi m'en tiendrai-je écarté.

– Que désires-tu ?

– Savoir si les chrétiens ont violé ce territoire sacré entre tous.

– Ils l'ont respecté.

– Savoir aussi si la chapelle et la statue de notre dieu sont intactes.

– Sois rassuré.

– Savoir enfin si votre personne est à l'abri de toute agression.

– Je ne cours aucun risque.

– Je porterai ces nouvelles à mon roi.

– Attaquerez-vous Éléphantine ?

– Nous vénérons la supérieure de Philae. Elle vit audessus des guerres et des affaires humaines.

Le Blemmie disparut et nagea sous l'eau. Isis, songeuse, marcha vers les autels pour y verser le lait d'offrande.

CHAPITRE 39

Sabni s'arrêta devant les figures énigmatiques de la petite chapelle proche de la porte d'Hadrien, face à Biggeh. Chrestos identifia le soleil et la lune entre lesquels circulaient des étoiles et le pilier pourvu d'un œil évocateur d'Osiris ressuscité, mais s'interrogea sur la signification du personnage accroupi à l'intérieur d'une caverne entourée d'un serpent.

– C'est le génie du Nil, indiqua le supérieur. Sa puissance est cachée dans les entrailles de la terre, elle-même immergée dans un océan d'énergie. Le personnage tient deux vases qui contiennent les fluides terrestre et céleste. Seul leur mariage génère une bonne crue; dans les étoiles, nous lirons la destinée qu'elle nous réserve : la lune la déclenchera, le soleil la stabilisera.

– Comment te décrire ma joie, Sabni ? Dans cette forêt de symboles, je suis chez moi. C'est cela, le paradis : le langage des dieux, les mystères du temple et la chaleur des colonnes. Parfois, j'ai peur; ne perdrai-je pas ce trésor si je suis incapable de franchir d'autres portes ?

– Suis ton désir le temps de ta vie; nulle richesse ne profite s'il est négligé. Celui qu'il guide ne peut s'égarer.

– Je veux faire parler ces images de pierre. Comment éprouverai-je mes paroles à la balance de la vérité ?

– Si l'écoute est bonne, la parole est bonne; entendre est meilleur que tout ce qui existe : il en résulte que l'amour sera parfait. Si le disciple accueille les paroles du maître, il atteindra son accomplissement. Dieu aime celui qui écoute, hait celui qui reste sourd. Tu posséderas ton cœur si tu l'écoutes; de lui naîtront les paroles de rectitude.

Chrestos ne perdit pas un mot. L'enseignement reçu devenait sa chair et son sang.

***

Le calme de Théodore n'était qu'apparent. Il masquait, aux yeux de ses subordonnés, une nervosité grandissante. La crue s'annonçait moins abondante que la précédente; la province courait au désastre.

Le prélat serait contraint d'implorer l'aide de l'empereur et de réclamer des vivres à Byzance; oublieuse des caprices du Nil, l'orgueilleuse capitale condamnerait l'imprévoyance du gouverneur.

Non seulement le flot serait en retard, mais encore il gonflerait à peine, incapable de déposer du limon sur les terres assoiffées. Malgré les recommandations de l'évêque, la mauvaise nouvelle s'était vite répandue dans les rues d'Éléphantine et dans les campagnes avoisinantes. L'angoisse grandissait; aussi Théodore s'étonna-t-il de la mine réjouie du préfet.

– Le peuple est unanime : Isis doit intervenir. Elle seule saura provoquer la montée des eaux en célébrant le grand rituel de la crue.

Pour Maximin, c'était l'assurance d'être auprès d'elle plusieurs jours de suite.

– Je refuse.

– Ne vous braquez pas, l'évêque! Je vous offre la meilleure des solutions. Si vous célébrez la messe en vain, combien de chrétiens perdront la foi ? Impossible de courir le risque. Si la supérieure échoue, la meute se précipitera sur le temple. Elle, je la retiendrai ici.

– Et si elle réussit ?

– Le peuple l'acclamera quelque temps, puis il oubliera. Vous traverserez une tempête mais vous trouverez bien un moyen d'attribuer le miracle au Christ; les divinités égyptiennes n'en accomplissent plus depuis longtemps.

***

L'évêque se résigna : à lui de convaincre Isis. Elle refuserait de recevoir le préfet et n'écouterait pas un quelconque envoyé. Se rendre à Philae l'humiliait mais, dans les rues d'Éléphantine, on ne cessait de scander le nom d'Isis. La guérisseuse n'était-elle pas aussi une magicienne, détentrice de pouvoirs sans limite ? Les devins prédisaient une crue si faible qu'aucune tige de blé ne pousserait ; les affamés s'attaqueraient aux plus faibles, les pauvres dévaliseraient les riches, du sang rougirait le Nil.

La barque de l'évêque accosta le débarcadère où, prévenue par le surveillant, Isis l'attendait. Sa longue robe blanche étincelait.

– Je salue la supérieure de Philae.

– Que la grande déesse protège ses fidèles et rende leur terre prospère. Souhaitez-vous entrer au temple ?

– Je suis obligé de requérir votre assistance.

– Croiriez-vous en notre magie ?

– En aucune façon.

– Elle fut pourtant efficace des milliers de fois.

– Ne vous leurrez pas avec vos propres légendes. Le peuple a simplement besoin de merveilleux.

– Vous êtes persuadé que la crue sera insuffisante et souhaitez utiliser des méthodes que vous réprouvez. Pourquoi cette démarche ?

– La fatalité me l'impose. Éviter une famine est mon unique souci.

– En imposant ma présence, n'insultez-vous pas le Christ ?

– Mon dialogue avec Dieu ne vous concerne pas. Acceptez-vous de m'aider ?

– Moi aussi, je tiens à la prospérité de cette province.

Elle descendit dans la barque et s'installa à la proue tandis que Théodore s'asseyait à la poupe. Les rameurs manœuvrèrent en cadence.

– Une simple offrande ne suffira pas. Il me faut consulter les archives du temple de Khnoum.

– Oubliez-vous qu'il a été détruit ?

– Les fanatiques, il est vrai, l'ont réduit à un misérable amas de pierres; la rumeur prétend que vous avez sauvé les papyrus de la Maison de vie attenante au sanctuaire.

– Affirmation audacieuse.

Drapé dans sa longue robe rouge au col rehaussé d'un liseré d'or, Théodore livrait l'un des plus difficiles combats de sa carrière. Bien qu'il s'en défendît, cette femme le mettait mal à l'aise. Il ne parvenait pas à la soumettre, comme si la volonté de Dieu se heurtait à une muraille indestructible.

– Vous lisez les hiéroglyphes, la sagesse d'Égypte est votre nourriture, comme la mienne. Notre tradition se fonde sur une connaissance et non sur un savoir; elle s'exprime dans des textes que vous respectez. Vous, Monseigneur, n'êtes pas un destructeur.

– Ces papyrus vous sont-ils nécessaires ?

– Vous et moi désirons une crue bénéfique. Sans les formules, ma voix resterait inefficace.

⁂

Les archives de la Maison de vie étaient rangées avec soin dans les caves de la demeure de l'évêque où nul ne pénétrait. Théodore en avait sauvé la majeure partie lors de l'incendie à cause d'une phrase si souvent lue dans un enseignement de l'Ancien Empire : « Aime les livres comme tu aimes ta mère. » L'évêque rêvait d'une immense bibliothèque rassemblant les écrits nés sur la terre d'Égypte depuis l'apparition de la civilisation. Pour propager la nouvelle religion, ne fallait-il pas connaître les erreurs du passé ?

Émue, Isis toucha les vénérables papyrus couverts de colonnes d'hiéroglyphes tracés par les prêtres de Khnoum à l'époque où le sanctuaire trônait sur l'île d'Éléphantine. Parmi eux, un texte signé d'Imhotep en personne. Il y révélait les paroles qui contraindraient Khnoum à soulever sa sandale et à libérer le flot.

– Vous devriez nous restituer ces documents, Monseigneur.

– N'y comptez pas.

– Craindriez-vous que nous les utilisions contre vous ?

– Vous vous surestimez. Je ne redoute pas votre petite communauté. Que pourrait-elle entreprendre contre des millions de chrétiens ?

– Témoigner de sa foi et prouver que le nombre est secondaire.

***

La fête du sacrifice au Nil réunit la population d'Éléphantine et un grand concours de paysans venus de leur village. Des milliers d'yeux suivirent les gestes de la supérieure qui jeta dans le courant deux jarres de vin doux, du lait, de l'huile, des aromates, seize guirlandes, seize gâteaux et seize palmes. Puis elle descendit jusqu'au fleuve, y entra à mi-jambe et recueillit un peu d'eau neuve dans un vase en or consacré à Isis. S'éleva la voix de la supérieure chantant la gloire de la déesse, rosée céleste et œil du soleil. Au cœur de la cité chrétienne furent prononcées les prières païennes dédiées à la naissance de la crue.

Sept jours après l'intervention d'Isis, le niveau s'éleva très vite. Les eaux tourbillonnèrent, noyèrent les roseaux et les bancs de sable, puis grimpèrent à l'assaut des rives. Le grand flot, joyeux et farouche, répandit le limon fertilisateur, adoucit le sol et s'étala sur les champs. La vallée devint un lac d'où n'émergeaient que les digues et les buttes sur lesquelles étaient bâties les maisons. Spectacle fascinant et sublime que ce pays redevenu semblable à l'océan des origines, où un navire côtoyait une houe, une rame des charrues, où le laboureur se transformait en marin, où un banc de poissons nageait au pied d'un troupeau de vaches. L'inondation, l'or du pauvre, apportait la jubilation à tous les êtres vivants. Partout, la fête, les chants et les danses.

Lorsque le fleuve eut recouvert l'Égypte, les villages, entourés de bosquets, de palmiers et d'arbres fruitiers, apparurent comme des îlots verdoyants au sein d'une mer immense. Quantité de barques voguèrent sur cette route aisée. Chacun rendait visite à un parent ou à un ami.

Jusqu'à ce que le Nil se retire, ce serait l'époque du repos et des réjouissances.

Sur les lèvres des bateliers naquirent des chansons à la gloire d'Isis la magicienne, capable de transformer la misère en prospérité. Le fleuve lui obéissait comme aux pharaons. Les diacres eurent beau expliquer que les prémices de la crue avaient été mal interprétées et que la supérieure tirait avantage d'un fait naturel, personne ne les écouta. Pourquoi se priverait-on plus longtemps des pouvoirs d'une prêtresse dont les actes engendraient le bonheur ? Chez les chrétiens les plus fervents, on murmurait que l'évêque devrait se montrer moins intransigeant. L'ancienne religion ne vénérait-elle pas un dieu unique manifesté sous diverses formes et ne procurait-elle pas au christianisme le modèle de la Trinité ? Certains déterrèrent des statues enfouies dans leur cave ou près d'un cimetière, les replacèrent sur des autels domestiques et leur adressèrent des suppliques. Réapparut l'effigie de la déesse serpent, celle-qui-aime-le-silence, la protectrice des moissons.

Sur la rive ouest, des moines que rendait furieux le prestige croissant de la supérieure tentèrent d'incendier les tombeaux intacts des explorateurs du grand Sud.

Des pêcheurs les en empêchèrent et menacèrent de leur briser les reins à coups de rame.

La tournure des événements ne surprenait pas l'évêque. Heureux de savoir la province à l'abri de la famine, satisfait de pouvoir reconstituer des réserves de nourriture, il tirait des leçons de sa défaite. Son amitié pour Sabni l'égarait et le détournait de sa mission sacrée ; son rôle de serviteur de Dieu consistait à imposer la vraie foi et non à écouter ses sentiments. Longtemps, en Orient comme en Occident, le culte d'Isis et d'Osiris s'était affirmé comme un redoutable rival du christianisme. En un siècle où l'Église croyait avoir arraché les racines du mal, il menaçait de renaître à l'endroit même où la grande déesse occupait son siège le plus vénérable et le plus prestigieux.

Philae était ruinée, exsangue, à bout de forces, mais triomphait à cause d'un couple que les épreuves grandissaient. Sabni ne se convertirait pas ; demain, il prendrait la tête d'un courant religieux qui se doublerait vite d'un mouvement séditieux contre l'empereur. L'Égypte ne renoncerait ni à son génie ni à son indépendance; elle croirait toujours que le temps n'est qu'illusion, le christianisme égarement passager et l'éternité de sa tradition la vraie connaissance.

L'homme que Théodore aimait le plus au monde devenait son ennemi le plus dangereux. L'évêque n'avait pas le droit de se voiler la face : ce que Dieu exigeait de lui, il faudrait l'accomplir sans faiblesse.

CHAPITRE 40

Alors que les eaux, au milieu du mois d'août, atteignaient leur point culminant, les vendanges débutèrent. Seize coudées : la hauteur parfaite de la crue suscita des louanges passionnées, décernées à Isis. Lors du conseil des notables, d'ordinaire empressés d'approuver les décisions de l'évêque, ceux-ci réclamèrent des mesures en faveur de la communauté : indemnisation pour les récoltes perdues, attribution de terres cultivables et d'une vigne, livraison de blocs de grès et de granite afin de réparer l'édifice. Un insolent osa même demander l'ouverture d'une enquête sur le supplice infligé trop hâtivement au spécialiste des onguents.

Théodore repoussa l'ensemble de ces exigences avec fermeté. Ne s'estimant pas vaincus, ses interlocuteurs demandèrent audience au préfet. Maximin passait le plus clair de son temps à naviguer autour du temple afin d'apercevoir Isis lorsqu'elle montait au sommet du premier pylône; lors d'une brève entrevue, il les écouta pourtant avec attention mais ne sut quelle position adopter. Favoriser Philae, c'était renforcer le pouvoir de Sabni; lutter contre elle, mécontenter Isis et la perdre à jamais. Le préfet renvoya les notables devant le maître de la province.

Le peuple grondait. Sabni, que ni la police ni l'armée n'interpellaient, savait lui parler. Sans invective, sans plainte, il se contentait d'évoquer les difficultés matérielles du temple. Pas une seule fois le nom de Théodore ne fut prononcé. Le supérieur ne réclamait qu'un peu de justice.

Des femmes firent taire un diacre rappelant haut et fort que les païens étaient hors la loi. Bousculé, jeté à terre, il dut son salut à la fuite. Dès le lendemain, des bateaux apportèrent au temple pain, fruits, légumes et vin ; Isis remercia chacun des convoyeurs. De retour à Éléphantine, ils vantèrent sa beauté.

Des espions de l'évêque furent battus de verges, ses secrétaires expulsés de réunions publiques, tandis que quelques négociants protestèrent contre les taxes imposées par Théodore.

Les notables chargèrent Sabni de rencontrer le prélat et d'amplifier l'écho des revendications ; bientôt, elles gagneraient l'administration et l'armée. Narsès refusait de prendre une quelconque initiative et attendait des ordres. Maximin se terrait dans sa demeure ; Mersis contenait avec peine la colère de ses hommes, jaloux de ceux de Narsès et désireux de jouir des mêmes privilèges. Si le maître de la province ne réagissait pas très vite, il serait peut-être chassé de son trône.

Ce fut pourtant un homme tranquille qui reçut le supérieur.

Théodore semblait détaché, presque indifférent, comme s'il avait déjà renoncé au pouvoir. Aucun désordre, néanmoins, ne souillait son bureau.

– Que viens-tu m'annoncer, Sabni ?

– Es-tu conscient d'avoir perdu la face ?

– Être humilié ne m'effraie guère.

– Consentirais-tu à devenir un simple prêtre ?

– Pourquoi pas, si Dieu le veut ?

– Et toi, le veux-tu ?

– J'aime cette province et veux le bonheur de ses habitants. Tant que l'empereur ne me chassera pas, je gouvernerai. Souhaiterais-tu prendre ma place ?

Le supérieur éclata de rire.

– C'est pourtant la fonction à laquelle tu seras appelé si le paganisme prospère ; Éléphantine voudra Isis comme magicienne et son mari comme guide.

– Ne sois pas cynique, Théodore. Je ne possède aucune compétence administrative.

– Je ne crois pas à ta naïveté ; n'organises-tu pas la rébellion ?

– Je demande justice pour Philae; sache que je ne t'ai jamais mis en cause.

– Je le sais, mais le résultat est identique. Toi et ta communauté ruinez mon œuvre et menez des pauvres gens vers une répression dont ils n'imaginent pas la violence. L'empereur ne supportera pas une insurrection païenne. J'ai tenté de protéger Philae en faisant oublier son existence; en guise de remerciement, elle prône la rébellion et précipite des malheureux dans l'abîme.

– Nous serions morts d'inanition; ta bienveillance n'était qu'une manière habile de nous étouffer.

– Te voici défiant.

– Tu es chrétien et désires convertir la terre entière.

– Le Christ l'exige.

– Tu nourris une religion médiocre; le choc en retour sera terrifiant. Dans deux siècles ou dans dix, des milliers d'hommes s'entre-tueront au nom de la vérité absolue que chacun croira posséder.

– Apocalypse dérisoire : le message du Christ engendrera la fraternité.

– Il favorisera guerres et ténèbres.

– Les mystères de l'initiation sont dévoilés à une élite : voilà la plus grande des injustices, voilà la raison pour laquelle les anciens cultes disparaîtront. Pourquoi le divin serait-il réservé à quelques-uns ?

– Les êtres humains sont inégaux. Qui souhaite l'initiation doit se détacher de ce monde sans le nier et en préservant sa beauté. A chaque adepte de franchir une succession de portes, de se diriger vers l'inaccessible présence révélée dans le naos. Personne n'expliquera jamais la vie. C'est pourquoi le culte ne bavarde pas; le rite ne dissipe pas le mystère mais le place au cœur de l'initié.

– Les âmes simples ne peuvent comprendre tes paroles; elles ont pourtant droit à Dieu, elles aussi. Le Christ est né pour répandre une croyance universelle; elle ne sera pas réservée à quelques adeptes. Tes mystères s'effondrent devant l'Histoire.

– Une religion née dans l'Histoire y mourra. Bien que le christianisme semble triompher, il porte en lui le germe de sa fin.

– Un baptisé connaît la vie éternelle car il participe de la résurrection du Christ.

– Avant de ressusciter en Osiris, l'adepte affronte l'épreuve du jugement; seuls meurent ceux qui n'ont pas communié avec le Principe.

– Ignores-tu la rédemption et la pitié ?

– L'essentiel n'est pas de croire mais de connaître.

Théodore offrit une coupe de vin à Sabni.

– Étrange situation, en vérité. Aujourd'hui, tu sembles être en position de force. Le peuple aime Philae, il me déteste; si tu savais utiliser sa colère, tu me renverserais.

– Je n'en ai pas l'intention.

– Erreur fatale : le temps joue contre toi et l'opinion est versatile. Lorsqu'elle constatera que rien n'a changé, elle reprendra confiance en moi et te reprochera ta faiblesse; tes amis deviendront tes adversaires.

– Donne à Philae les moyens de vivre en paix et permets-lui d'accueillir de nouveaux adeptes.

Un demi-sourire anima le visage froid de l'évêque.

– N'as-tu pas déjà enfreint la loi ?

Sabni ne répondit pas.

– Prends garde, mon ami : c'est mon dernier avertissement. Je ne peux plus épargner Philae; convaincs Isis de fermer le temple. Que la communauté se disperse.

– Pourquoi tant de hargne ?

– Tu ne l'ignores pas : à ma place, tu agirais de même. Après les exploits d'Isis, Philae ne retombera plus dans un anonymat salvateur. L'île menace le christianisme.

Sabni réfléchit. L'évêque, animé d'un ultime espoir, garda les yeux fixés sur lui. Ébranlé par l'intransigeance de son ami, prenant enfin conscience des risques, le supérieur renoncerait-il à sa vocation surannée ?

– Ce ne sont que des mots, jugea Sabni. Tu admires Philae, elle fait partie de ton être. Sans elle, la province te paraîtrait vide et pauvre.

L'évêque ne protesta pas.

– Je retourne sur l'île. Protège-la, Théodore. Le monde a besoin d'elle.

CHAPITRE 41

Seul le sommet du roc émergeait. Utilisant le courant avec habileté, Narsès l'aborda sans heurt. Malgré les mises en garde, il tenait à naviguer seul; chaque jour il maniait mieux les rames et se familiarisait avec le flot dont les dangers l'attiraient.

La cataracte disparaissait sous les eaux; la frontière de l'Égypte, noyée, retournait à l'invisible.

Le général ne regrettait rien : ni les combats acharnés, ni les morts, ni son épée rougie de sang. La défaite tant redoutée, les rochers brûlés, la terre ocre et l'océan jailli du grand Sud la lui infligeaient. Le désir de vaincre évanoui, il apprenait à regarder. Jusqu'à la fin des temps, il se contenterait d'emplir ses yeux de lumière, d'eau et de roche. Vaincu, il triomphait.

Pourquoi crevons-nous dans la poussière, demandaient les jeunes recrues arrachées à leur famille et à leur village? Narsès n'était ni leur confesseur ni leur directeur de conscience. A lui, pourtant, de recueillir un dernier regard de protestation, un hurlement muet contre l'empereur, contre lui, contre une humanité amoureuse du crime et de la violence.

A son armée désœuvrée, Narsès ne distribuait plus de consignes. Ses lieutenants maintenaient une vague discipline. Personne ne se préoccupait d'entretenir les armes entassées dans un arsenal de fortune. Le capitaine Mersis enrageait : l'épidémie gagnait la garnison. Si les soldats d'élite prenaient du bon temps, les mercenaires moins bien payés finiraient par suivre leur exemple.

Naguère le général aurait rétabli l'ordre et l'esprit de corps en quelques jours ; puisque le monde était mauvais, collaborer à son maintien s'apparentait à la haute trahison. A la cataracte de décider de son sort.

Narsès ne s'intéressait guère à l'évêque, bien qu'il fût au bord de la déroute. Depuis une semaine, le peuple conspuait son nom. Au lieu de s'emparer de la tête du mouvement, le supérieur s'était retiré sur l'île afin d'y célébrer les rites qui assureraient la fertilité de la crue. Déçus, ses plus chauds partisans critiquaient sa tiédeur et abandonnaient l'idée d'attaquer la demeure de l'évêque.

A la messe du dimanche, pas un fidèle ne manqua. Chacun nota l'allure sereine du prélat. Ne prouvait-elle pas qu'il contrôlait la situation et que l'armée, sur son ordre, écraserait toute tentative de révolte ? Seuls Théodore, Narsès et Mersis savaient qu'une partie de leurs hommes n'obéiraient pas. Les Byzantins parce qu'ils refusaient de s'impliquer dans une guerre civile ; les Égyptiens, parce qu'ils ne voulaient pas s'entre-tuer.

Pendant la célébration du sacrifice, l'évêque respira avec difficulté mais donna le change. Comme chacun de ses fidèles, il attendit l'arrivée de Sabni. Il ouvrirait les portes de l'église, proclamerait son titre, exigerait la reconnaissance des cultes traditionnels et le gouvernorat de la province. Les chrétiens l'acclameraient, Éléphantine serait en liesse, les soldats lui jureraient fidélité. Une armée enthousiaste s'élancerait vers le nord et, à marches forcées, gagnerait Memphis. Alexandrie elle-même ne résisterait pas longtemps.

Sabni ne vint pas.

En élevant le corps et le sang du Christ vers le ciel, Théodore comprit que Dieu le sauvait de la déchéance et lui rappelait son devoir le plus sacré : anéantir le paganisme.

***

Sabni nettoya le bas-relief avec un linge humide. Pharaon, placé sous la protection d'une rangée de cobras, recevait l'onction de Thot et d'Horus qui tenaient au-dessus de sa tête deux vases d'où sortaient des croix ansées, symbole d'une vie inaltérable. En le baptisant, ils lui conféraient l'unique légitimité : celle des puissances créatrices. Ainsi l'exigeait l'esprit de l'Égypte, indifférent aux querelles humaines et à l'Histoire. Demain, quand Pharaon reviendrait, il lui suffirait de lire les textes et d'animer les scènes révélées sur les murs des temples pour revivre le feu des premiers âges, transmis de monarque en monarque.

– Tu es soucieux, remarqua Isis.

– J'ai tort de ne pas agir de manière plus directe.

– Songes-tu à renverser Théodore ?

– Prendre le pouvoir m'apparaît indispensable. Si nous ne gouvernons pas, nous resterons en exil sur notre propre terre.

– A terme, tu as raison, mais il est trop tôt. Tes partisans t'entraîneraient dans une guerre perdue d'avance et des innocents périraient à cause de toi. C'est notre âme que tu perdrais dans l'aventure. Notre unique armée est celle des adeptes, notre seule force celle de la pensée ; or nous ne sommes pas prêts parce que nous manquons de cohérence, la plus décisive des armes.

– Craindrais-tu une nouvelle trahison ?

– Rendons la communauté semblable à l'or le plus pur afin que son rayonnement transforme l'humaine nature en pierre de temple. Dès que nous y parviendrons, tu orienteras la barque de l'État.

– Ne sera-t-il pas trop tard ?

– Créons le temps, Sabni et préoccupons-nous de transmettre la Règle ; en elle sont données les réponses.

***

L'élégant bateau blanc glissait avec aisance sur l'eau trouble de la crue. Le batelier qui maniait la voile carrée était le meilleur marin d'Éléphantine. En cette fin d'août, égayée par un vent du nord dont le souffle doux n'atténuait pas la canicule, il avait l'honneur de transporter le préfet et l'évêque, assis à l'abri d'un dais.

Maximin, nerveux, buvait des rasades de vin frais. S'il avait su nager, il aurait volontiers plongé dans cette mer confondue avec l'horizon. L'évêque, insensible à la chaleur, savourait du raisin.

– M'expliquerez-vous enfin la raison de cette interminable promenade ?

– Patientez, Maximin. Ne goûtez-vous pas la magnificence de ces lieux ? Si vous souhaitez communier avec l'âme de mon pays, c'est ici que vous la percevrez.

– Vous n'êtes pas un poète, Monseigneur. Chacun de vos actes traduit une intention. J'exige de connaître celle qui me concerne.

– La situation est si délicate... Ne la noircissez pas davantage.

– Redoutez-vous une insurrection ?

– Nous l'avons évitée de justesse.

– Sabni ?

– Il vient de prouver qu'il n'était pas un chef de guerre : erreur impardonnable aux yeux de la population.

– Où m'emmenez-vous ?

– Près de la cataracte. C'est le seul endroit où nous pourrons converser avec Narsès.

Le général, dont la barque était amarrée à une pointe rocheuse, se leva à l'approche du bateau. Quel énergumène osait troubler sa méditation ?

Quand l'évêque le héla, il ne réagit pas quoique la présence du préfet l'intriguât; un fait grave devait être à l'origine de cette expédition.

Théodore et Maximin mirent le pied sur l'étroite plateforme; les trois hommes, étranges bipèdes qui semblaient marcher sur l'eau, se perdaient au milieu de la crue.

– L'endroit est fascinant, reconnut Théodore.

– Il exige la solitude et le silence.

– Navré de les briser mais un document officiel est arrivé hier de Byzance.

Le préfet sursauta.

– Vous auriez dû m'avertir aussitôt.

– Rien de grave vous concernant; l'empereur admet vos explications à propos de l'or de Nubie.

– Aucun reproche ?

– Aucun.

– Et... Philae ?

– Il suppose que le problème est réglé et attend votre retour.

– Ce document confidentiel m'était adressé et vous avez eu l'impudence de le lire !

– C'est à moi que l'empereur a écrit en m'enjoignant de prendre les initiatives souhaitables; vous consulterez le décret dans mon bureau.

– Un décret ! Cela signifie...

– Que mes décisions ont force de loi et que vous obéirez à mes ordres sans nulle possibilité de les discuter.

Ainsi, Maximin n'était plus qu'un haut fonctionnaire sans pouvoir. L'empereur ne le destituait pas mais confiait l'autorité à l'évêque. De retour à Byzance, l'ancien préfet occuperait un poste honorifique, ennuyeux à souhait, loin d'Isis, loin de ce bonheur impossible devenu sa raison de vivre.

– L'empereur a pris une autre décision : il accepte la requête du général Narsès. Ce dernier est nommé chef de la garnison permanente d'Éléphantine et placé sous mon commandement. A l'issue de son temps de service, il recevra des terres et une maison.

Le général embrassa l'évêque. Fou de joie, il crut posséder encore son bras arraché et s'agita comme un enfant. Lui, le vétéran, le soldat invaincu, le brave entre les braves, désavoué par l'état-major ! On l'avait jugé gâteux ou impotent. En accédant à sa demande insensée, en le reléguant dans un poste misérable aux confins de l'Empire, ses rivaux se débarrassaient de lui avec la satisfaction de le condamner à un exil définitif. Aucun ne saurait que leur mépris lui offrait le plus inestimable des trésors.

L'eau boueuse attirait Maximin; une légende ne prétendait-elle pas que les noyés entraient, sans jugement, dans le royaume d'Osiris ? Mourir, c'était se priver du regard d'Isis. Peut-être aurait-elle pitié d'un homme déchu, d'un préfet qui ne possédait d'autre puissance qu'un titre vidé de sa substance. Éléphantine, l'extrémité du monde, usait les conquérants, émoussait leurs armes, rongeait leurs griffes. Ni lui ni Narsès n'échappaient à la règle. Regagner Byzance... l'ultime humiliation ! Les sourires narquois des courtisans, les fielleuses paroles de réconfort de ses collègues, les ricanements de ses anciens subordonnés : ces épreuves, il ne les supporterait que s'il emmenait Isis.

– M'accorderez-vous une faveur... ?

L'évêque l'interrompit.

– Il est temps de songer à votre départ ; rassemblez vos biens et précisez-moi le nombre d'ânes et de chameaux nécessaires. Une escorte vous accompagnera jusqu'à Alexandrie.

Narsès n'écoutait pas. La cataracte lui appartenait. Désormais, il ne rentrerait plus à la caserne ; il se construirait une cabane sur la berge, près des rochers qu'assiégeaient les tourbillons, ne parlerait plus à personne, ne dialoguerait qu'avec le vent et le flot, abandonnerait son esprit au courant. On le traiterait de dément et l'on oublierait son existence.

– Notre collaboration débute aujourd'hui même, général.

Il fallut plusieurs secondes à Narsès pour prendre conscience que l'évêque s'adressait à lui.

– Je ne suis plus général.

– Il vous reste une année de service et vous vous soumettrez ; sinon, c'est la mise aux arrêts et l'exil. Un officier supérieur de votre rang connaît le prix de l'insubordination.

Narsès regarda sa cataracte.

Un an... Un an encore avant d'en jouir chaque seconde, loin de cette humanité ignoble. Obéir, ne pas s'interroger, agir comme un jouet articulé.

– Je suis à vos ordres.

Théodore donna l'accolade au général.

– Nous accomplirons de l'excellente besogne. Apprêtez une centaine d'hommes et des barques.

– La Nubie, à nouveau ?

– Certes pas. L'opération doit rester secrète et placée sous votre seule responsabilité. Que le capitaine Mersis n'en soit pas averti.

CHAPITRE 42

Isis frottait avec du sable fin la plus belle situle du temple, un vase de bronze en forme de mamelle, décoré d'une figure de la déesse du ciel cachée à l'intérieur d'un arbre. Sur le fond du précieux objet, le soleil naissait d'une fleur de lotus. La supérieure comptait l'emplir d'eau du Nil; elle descendait les marches du nilomètre lorsque retentirent des cris en provenance de Biggeh. Isis hâta l'allure et, depuis la berge, assista à l'assaut donné par les soldats du général Narsès contre la terre sacrée d'Osiris. Armés de piques, ils s'encourageaient en hurlant pendant que des trompes saluaient l'exploit.

Sabni poussait déjà une barque vers l'eau; Isis l'empêcha d'y monter.

– Remets cette situle dans le trésor du temple, exigea-t-elle.

– Je me battrai.

– La Règle t'interdit d'aller à Biggeh.

– Tu ne peux affronter seule cette meute.

– Je n'ai rien à craindre.

Oppressée, la supérieure pagaya sans reprendre souffle; elle vit les mercenaires s'enfoncer dans le bois, violer le secret du dieu de l'eau pure reposant dans la butte mystérieuse. Ici, il s'unissait à la déesse qui amenait à l'existence ce que son cœur avait conçu; de leur mariage naissait la crue. Jamais un profane n'avait osé troubler la sérénité de ces lieux.

Deux soldats, goguenards, voulurent aider la jeune femme à débarquer.

– Holà, ma belle! On est trop farouche.

– Je suis la supérieure de Philae. Écartez-vous et quittez cet îlot; sinon, je vous maudirai.

Les fantassins avaient entendu parler de la magicienne; impressionnés par la fermeté du ton, ils reculèrent. L'arrivée du bateau de l'évêque leur redonna du mordant. Le plus jeune osa saisir le poignet de la supérieure.

– Ce n'est qu'une femme! Regarde, je la tiens!

Sautant à terre, Théodore gifla l'impudent d'un revers de main.

– Elle nous a insultés, se plaignit-il.

– Gardez mon bateau et ne bougez pas d'ici.

Le corps à peine voilé de sa robe blanche de lin, Isis fit face à l'évêque.

– Rappelez vos soudards! Biggeh appartient à Osiris.

– Osiris est mort et ne ressuscitera plus; l'îlot est propriété de l'État.

– Respectez ce mystère, je vous en conjure.

Théodore, dédaignant la supérieure, prit la direction du bois. Le corps expéditionnaire coupait les arbres et démantelait les autels. Un géant barbu s'attaqua à la statue de Mandoulis, le dieu des Blemmies. Il brisa la gazelle et le bouquet de calcaire, fracassa la tête de Mandoulis et renversa l'effigie païenne. Le « bon voyageur » termina sa course dans une poussière ocre, à l'abri d'un tamaris bientôt abattu à la hache.

La prêtresse ne s'attarda pas sur ce triste spectacle; au centre de Biggeh se nouait un drame plus affreux encore. Le général Narsès gravissait la butte qui protégeait le sarcophage du dieu. Avec l'aide de deux robustes gaillards, il fit pivoter le couvercle.

– Arrêtez! supplia-t-elle.

– Inutile, déclara Théodore. Ils agissent sur mon ordre.

Isis ne parvint pas à retenir ses larmes. Les vandales jetèrent sur le sol le couvercle du sarcophage et s'acharnèrent sur lui à coups de masse; le linceul de pierre, disloqué, ne fut plus que blocs épars et martyrisés.

– Le cercueil est vide, constata l'évêque. Votre faux dieu n'a jamais existé.

***

Isis s'était assise à l'intérieur du kiosque de Nectanebo Ier, bâtisseur et guerrier qui avait marqué de sa volonté d'indépendance la dernière dynastie égyptienne. Au-dessus des chapiteaux floraux, le visage de Hathor souriait.

– Mon intervention fut dérisoire, avoua-t-elle à Sabni; Biggeh a été profanée et n'est plus qu'un champ de ruines.

Les soldats avaient ri, heureux d'expurger une agressivité trop longtemps contenue! Éléphantine retentissait des bruits de leur victoire.

Des convertis de longue date s'étaient aspergé la tête de poussière pour porter le deuil d'Osiris. Cette fois, la religion des anciens vivait ses dernières heures; comment prétendre, désormais, qu'une quelconque puissance protégeait les lieux saints?

– Plus aucun rempart ne met Philae à l'abri des menées de l'évêque.

– Si, objecta Sabni : toi. Par ta seule présence, tu empêcheras Théodore d'aller plus loin.

Isis se souvenait de l'attitude du prélat, sur Biggeh : il l'avait défendue contre ses soldats. Pourquoi lui témoignait-il des marques de respect alors qu'il la détestait?

– Affirmons que l'évêque s'est attaqué à un îlot désert.

– Impossible, Sabni. Chacun connaît l'importance du territoire sacré d'Osiris. Théodore ne n'est pas trompé de cible; les deux îles ne sont qu'une : Biggeh profanée, Philae s'affaiblit. Que notre ultime barrière magique s'effondre et la disparition du temple sera inévitable.

– Je la refuse.

Isis serra les mains de Sabni entre les siennes.

– Philae est intacte : voilà l'unique réalité à laquelle doit s'attacher notre communauté.

– Préparons-nous à un nouveau harcèlement. Théodore veut nous acculer à fermer nous-mêmes le temple et à prendre la fuite.

Le sourire revint sur les lèvres d'Isis.

– La destruction de Biggeh fut donc inutile.

⁂

Le percepteur principal Philamon n'avait pas le pied marin. Descendre dans une barque suffisait à lui donner la nausée. Il fut pourtant contraint de se rendre jusqu'à l'embarcadère de Philae pour y inventorier les bateaux de taille moyenne que possédait le temple. Au prêtre qui l'observait, intrigué, il rappela l'existence d'une taxe spéciale sur ce type de bien et de la déclaration obligatoire. Sabni affirma ignorer l'existence de cette disposition administrative; les pénalités atteignaient un montant considérable, exigible sous huitaine. Philamon n'écouta pas les protestations du supérieur; pressé de repartir, il demanda au batelier de hâter l'allure. Avant d'atteindre la terre ferme, il vomit.

Sabni se demanda pourquoi le capitaine Mersis n'avait pas prévenu le temple; sans doute le pigeonnier était-il hors de service. Ne pas payer serait se priver d'un indispensable moyen de circuler. Isis proposa d'abandonner la majeure partie de la flottille, et de ne conserver qu'un bateau de charge et une petite barque. La taxe serait réduite au minimum.

– Visitons les cryptes, proposa-t-elle.

Une pierre coulissante donnait accès à des pièces allongées et très basses. Sabni s'y glissa avec peine; sa torche éclaira une série d'objets rituels en or et en argent, utilisés lors des splendides cérémonies d'antan. Vases, encensoirs, statuettes dormaient dans l'obscurité.

– Nous n'avons pas le droit de les vendre. Ils forment le dépôt de fondation du sanctuaire; sans eux, il s'effondrerait. Les communautés de demain en auront besoin.

Isis referma la première crypte. Dans la seconde gisaient les éléments d'une barque; reconstituée, elle permettrait à la communauté de voguer dans l'au-delà.

La troisième, presque vide, ne contenait qu'une parure de supérieure : colliers d'or, résille de perles, bagues, bracelets.

– Ce trésor-là, dit-elle, nous le négocierons.

***

Le collier que la supérieure proposait en paiement de la taxe et des amendes embarrassa le percepteur principal, plus gêné encore par le calcul exact de celles-ci, compte tenu de l'abandon de la quasi-totalité de la flotte. Sur quelle base en fixer le montant ? A l'issue de nombreuses opérations qui ne désavantageaient pas son administration, il proposa un chiffre. Isis ne le contesta pas. Philamon évalua le collier au poids de l'or sur l'une des rares balances d'Éléphantine dépourvues de trucage ; il admit que la communauté était en règle, précisa que l'utilisation d'une barque, même modeste, non soumise à l'impôt entraînerait une peine de prison et délivra un reçu sur lequel figurait la description précise des deux dernières embarcations du temple.

Isis traversa les rues d'Éléphantine au couchant. Elle marchait vite, indifférente au spectacle de la rue. Des badauds crurent la reconnaître, mais personne ne l'interpella. La supérieure avait amarré sa barque à l'extrémité sud de l'île, non loin d'un village misérable où s'entassaient des familles nubiennes converties au christianisme. L'inondation emportait souvent leurs huttes de terre.

Vaisseau perdu au sein d'un océan que faisaient rougeoyer les derniers feux du jour, la cité rendit la supérieure nostalgique. En déconseillant à Sabni de s'engager dans une aventure militaire, elle n'oubliait pas que les pharaons ne s'étaient jamais détachés des réalités terrestres. Le temple, fût-il à l'écart comme celui de Philae, occupait le cœur de la ville. Si ses hauts murs rendaient l'initiation inaccessible au profane, c'était pour marquer la frontière entre la curiosité et le désir de connaître. Du centre du sanctuaire jaillissait la grande joie du cœur ; si le temple ne se situait pas à l'origine d'une reconquête de la terre aimée des dieux, qui le remplacerait ?

Isis écarta une branche de tamaris. Devant son bateau se tenait le préfet Maximin.

CHAPITRE 43

– Ne craignez rien. Je désire vous parler... Voilà si longtemps que j'attends cet instant! Ne refusez pas de m'écouter, je vous en prie.

Nulle trace de superbe ou de défi dans l'attitude d'un homme au visage amaigri; aux portes de la vieillesse, Maximin retrouvait l'ardeur suppliante d'un amoureux juvénile.

– Je ne vous serai d'aucune aide, déplora-t-elle avec douceur.

– Si... Me comprendre, donner un sens à ma souffrance, éclairer ma nuit!

Il parla plusieurs minutes sans reprendre son souffle, expliqua qu'il n'était plus qu'un préfet de pacotille et que l'évêque disposait désormais du pouvoir absolu. Maximin n'avait plus la capacité de donner un ordre ou de signer un décret. Son dernier privilège serait une escorte goguenarde, impuissante à le défendre contre des bandits de grand chemin. Théodore l'envoyait à une mort solitaire et honteuse dans la poussière d'une route de campagne.

Isis s'assit sur un bloc à demi enterré, vestige d'une chapelle démantelée. La nuit tombait vite; sur l'immense lac, l'argent lunaire succédait à l'or solaire. Le disque orangé s'enfonçait dans l'horizon où il affronterait les démons des ténèbres avant de gravir la pente sablonneuse qui menait vers la résurrection du matin. Lorsque le soleil, vaincu, renoncerait à combattre le serpent gigantesque, l'humanité s'enfoncerait dans le grand sommeil.

– Ce que j'éprouve pour vous, Isis...

– Taisez-vous.

Le préfet se révolta.

– Non, je ne veux plus me taire! C'est en m'engluant dans le silence que je me suis diminué aux yeux de tous. Je suis un homme riche; à Byzance, il me reste des domaines.

– Grand bien vous fasse.

– Vous refusez d'écouter... Théodore rasera Philae et déportera les membres de la communauté. Je ne serai plus ici pour vous défendre. L'empereur me réclame; je dois partir.

– Que ce voyage vous soit agréable.

Les derniers rayons, mêlés à la clarté lunaire, faisaient d'Isis une femme rose et blanche; ils effaçaient le fragile rempart de sa robe légère et dessinaient les courbes d'un corps parfait, appel à l'amour le plus fou.

Un feu brûla la bouche et les doigts de Maximin.

– Si vous restez à Philae, vous êtes condamnée. Venez avec moi; je vous apprendrai à m'aimer, vous bâtirai une chapelle où vous adorerez Isis. L'empereur n'en saura rien.

– Oublieriez-vous Sabni?

– Il ne songe qu'à lui-même et se sert de vous pour asseoir sa domination sur la communauté; c'est un intrigant et un lâche, incapable de renverser l'évêque.

– Ces termes ne dépeignent-ils pas votre propre personne?

Maximin baissa la tête.

– Je n'ai pensé qu'à vous et j'ai négligé ma fonction... C'est bien ainsi. Les jeux de la politique et du pouvoir ne m'amusent plus. Je rêve d'un immense jardin, peuplé d'arbres fleuris où vous vous promènerez à mes côtés, à un lac de plaisance, où vous vous baignerez, à une demeure somptueuse où, parée comme une reine, vous recevrez nos invités. Sabni vous offre pauvreté et désespoir.

– Il est celui que j'aime de tout mon être, d'un amour que nous vivons au cœur du temple.

– Pas une pierre n'en subsistera.

– Je suis persuadée du contraire. Philae défiera les siècles et fatiguera le temps; tant que soufflera le vent du nord, aussi longtemps que le soleil sortira du ventre de sa mère céleste, le temple rayonnera et l'île immobile voguera sur le flot.

– Vous vous trompez. N'avez-vous pas perçu l'avertissement de Théodore ? Biggeh était la dernière étape avant Philae.

– L'évêque croit avoir tué un dieu, violé une terre sainte dont la disparition nous acculera au désespoir ; il continuera à nous harceler mais respectera notre existence.

– Il a changé. Sabni est devenu son pire ennemi. Et vous...

– Suis-je si redoutable ?

– Vous incarnez l'amour de la déesse. Seul celui du Christ doit régner sur le monde.

– L'amour ne se décrète pas, fût-ce par un dogme. Plus Isis sera bafouée, plus elle se cachera dans l'âme des êtres. Le moment venu, sa gloire s'épanouira comme une fleur au parfum enivrant et les pèlerins reviendront vers Philae.

– C'est un rêve.

– Vous connaissez mal l'Égypte. Depuis sa naissance, elle suscite jalousies et désirs de conquête. Bien des peuples ont souhaité occuper notre sol, percer le mystère de nos temples et voler les secrets de nos demeures d'éternité. Quelques-uns ont cru y parvenir et se sont effondrés dans leurs propres cauchemars. Aujourd'hui règnent sur le monde les armées chrétiennes ; leur religion tente d'effacer notre tradition. De dangereux adversaires les menacent et convoitent notre delta verdoyant et la sainte vallée du Nil. Demain, nous subirons peut-être le carcan des croyances bédouines ou arabes ; on proclamera la disparition de notre civilisation, on affirmera que nos dieux sont morts. Ils ne seront qu'endormis, prisonniers d'un long hiver.

– Ni vous ni moi ne pouvons attendre un printemps illusoire. Saisissons le bonheur, partez avec moi !

Un ibis aux ailes immenses survola les eaux et disparut à l'occident. En lui s'incarnait l'esprit de Pharaon qui regagnait sa demeure céleste pour y banqueter en compagnie de ses frères les dieux. Isis se leva et marcha vers la barque.

– Votre sincérité me touche mais vous imaginez une femme à laquelle je ne ressemble pas.

– Vous êtes ici, près de moi...

– Le temple est ma patrie; loin d'elle, je dépéris. Regagnez Byzance; demain, vous connaîtrez un autre amour et me reléguerez au rang des souvenirs.

– Il n'existe plus une parcelle de mon être qui ne soit imprégnée de votre présence; vous n'avez pas le droit de m'abandonner.

– Adieu, Maximin.

Il lui saisit les mains.

– Venez avec moi.

– C'est impossible.

– Je satisferai tous vos désirs.

– Je n'en ai qu'un : servir la grande déesse.

– Votre univers s'enfonce dans la nuit. Ne restez pas sur le bateau naufragé; à Byzance, vous serez libre.

– La vraie liberté consiste à ne plus choisir. La Règle du temple me l'a offerte.

– Personne ne vous aime autant que moi; je vous réserve le plus fabuleux des destins.

– Celui de Philae me comble.

– Ne me repoussez pas.

– Qu'espériez-vous?

– Si vous ne m'aimez pas, Isis, je serai contraint de vous tuer.

– Vous divaguez.

– Ensuite, je me supprimerai. Nous serons au moins unis dans la mort.

Avec une promptitude et une violence qui la surprirent, il tenta de l'étrangler. La supérieure se débattit mais Maximin, au regard halluciné, serra davantage; il marmonna des mots incompréhensibles. Isis cessa de lutter. Sa dernière pensée vola vers Sabni, à l'instant où ses yeux se voilèrent de pourpre.

Un souffle brûlant déchira sa poitrine; elle ne sentit plus les mains du préfet sur sa gorge. On l'aida à se redresser; elle aspira l'air délicieux de la nuit, vit son sauveteur : le Blemmie rencontré près de Biggeh.

– Je sentais que votre vie était menacée; c'est pourquoi je ne vous ai pas perdue de vue.

– Qu'Isis vous accorde force et santé.

– Qui est ce misérable?

– Le préfet Maximin.

Le Blemmie cracha sur le corps inerte.

– Est-il... ?

– Qui ose porter la main sur la supérieure de Philae ne mérite pas de vivre. Est-il exact que les soldats de l'évêque ont violé le territoire sacré d'Osiris ?

– Mes protestations furent vaines.

– Le tombeau a-t-il été profané ?

– Biggeh n'est plus que ruines.

– La statue de notre dieu a-t-elle été détruite ?

– Les vandales n'ont rien épargné.

Le prêtre noir fut pris d'un tremblement, comme si son corps cédait à une fièvre violente. Bras tendus, visage dressé vers les nuées, il poussa un hurlement jailli du tréfonds de sa race puis plongea dans le Nil.

Isis s'approcha du cadavre de Maximin gisant sur le dos, les yeux ouverts. De l'index, elle traça une croix de vie sur le front, les lèvres et le cœur.

CHAPITRE 44

Le porteur d'eau, éberlué, déposa son fardeau. Ce qu'il vit l'horrifia. Quel crime avait commis cet homme pour subir un tel supplice ? Ému jusqu'à en perdre la voix, il frappa au volet de l'échoppe la plus proche de la caserne. Le propriétaire, découvrant à son tour le corps martyrisé et pendu la tête en bas au faîte des remparts, réveilla femme et enfants. Quand l'aube céda la place au soleil du matin, des centaines d'habitants d'Éléphantine se pressèrent devant la porte principale de la caserne. Le spectacle de la souffrance fascinait. Les conversations allèrent bon train ; chacun fournit une explication : viol, assassinat, blasphème, complot... Mais pourquoi exposer ainsi le malheureux ? Une femme le reconnut ; elle prévint son mari, gardien du cimetière ; il transmit la nouvelle à son cousin, un pêcheur ; ce dernier avertit l'un des adeptes qui jetait son filet près du débarcadère.

Une heure plus tard, Sabni fendit la foule et parvint au premier rang.

– Mersis... non, pas toi !

Le corps lacéré par les coups de fouet, le capitaine remuait encore.

– Mersis, cria Sabni, je suis là !

Le supplicié, au prix d'un effort considérable, entrouvrit les yeux. De sa bouche coula un filet de sang.

***

– Ce comportement est indigne de toi, Théodore.

– Mersis s'est rendu coupable de haute trahison. Ses pairs l'ont jugé et châtié.

– Je ne lutterai pas sur ce terrain.

– Prudence élémentaire, Sabni. Quand je lui ai notifié son inculpation, Mersis n'a pas nié; il connaissait les risques. S'il avait arrêté un forban tel que lui, il se serait montré impitoyable.

– Depuis combien de temps savais-tu que le capitaine appartenait à notre confrérie?

– Que t'importe? Il expie son crime. Tu n'as plus d'allié.

– Mersis ne mérite pas une fin aussi infamante; il a servi son pays avec dévouement.

– Pas son pays; Philae.

– Pour l'amour de ton dieu, Théodore, détache-le et laisse-le mourir en paix. C'est toi qui parlais de pitié et de compassion; l'Égypte n'aime pas la cruauté.

– La clémence? Soit! Rends-toi au temple de Khnoum avant le coucher du soleil.

***

En présence de Narsès, l'évêque s'adressa aux soldats rassemblés dans la cour de la caserne; il leur rappela que leur principal devoir consistait à défendre le christianisme contre ses ennemis et que les traîtres seraient, comme Mersis, punis de mort et exposés aux regards de la foule.

Le corps fut détaché, placé dans un linceul et transporté jusqu'au sanctuaire du dieu bélier. Quand Sabni se pencha sur lui, Mersis eut le courage de respirer; le plus mince des souffles faisait battre son cœur. En route pour le royaume des ombres, il avait perdu l'usage de la parole. Sabni soutint sa tête tout au long de l'agonie à laquelle l'évêque assista.

– Un païen ne peut être enterré dans un cimetière chrétien; utilise ce terrain vague.

De ses mains, le supérieur creusa une tombe, y déposa le cadavre de son frère et recouvrit la fosse de fragments de blocs de granit. Mersis dormirait sous le matériau qui avait servi à construire le temple de Khnoum.

L'évêque prononça l'une des formules de l'extrême-onction ; Sabni s'en étonna.

– Ce païen a payé ses fautes ici-bas. A Dieu de pardonner : Sa miséricorde est infinie.

*
* *

Théodore, comme il le prétendait, n'était pas responsable des tortures infligées à Mersis. Informés de sa trahison, les officiers byzantins avaient voté un châtiment exemplaire auquel l'évêque ne pouvait s'opposer. Mais qui leur avait jeté le capitaine en pâture, sinon le prélat, jouant de la dénonciation et de la rumeur ?

Sabni s'estimait coupable de la mort de son ami. Il aurait dû le sommer de quitter la caserne et de s'enfuir vers le nord.

– Mersis ne t'aurait pas obéi, objecta Isis ; il était aussi obstiné que brave. Ne pleure pas sur toi-même.

– Nous sommes seuls, à présent.

– Nous sommes une communauté.

Sabni grava le nom égyptien de Mersis, « le fils de la houe », sur une stèle dressée entre les pylônes. Il vivrait là en compagnie des frères et des sœurs, désormais habitants de la lumière d'où ils étaient issus. Chaque matin, le soleil éclairerait les hiéroglyphes, éléments immortels de leur être. Chrestos nettoya les outils et balaya les éclats de calcaire.

– Devrons-nous nous battre contre l'armée de Narsès ?

– Non, Chrestos, contre le fanatisme et l'injustice. Ce sont des adversaires autrement redoutables.

– Je ne les crains pas.

– Ne sois pas présomptueux ; ils ont usé les caractères les mieux trempés.

– Avec ton aide, je résisterai.

– Avec l'aide de la communauté entière : ne méprise pas les plus faibles et les moins intelligents ; ils possèdent des vertus dont tu es privé. En chacun, discerne la qualité qui entre dans la construction du temple invisible.

– Ne m'as-tu pas inculqué le sens de l'inaccessible ?

– Il t'enseignera le chemin du sanctuaire.

– Et celui des grands mystères ?

– Leur clé est la fraternité, non la simple affection liant entre eux les adeptes mais l'union de la confrérie entière avec les puissances célestes. Ne néglige pas les petites tâches ; lorsque tu effectues correctement le plus humble des travaux, tu vis en rectitude et deviens un réceptacle de l'amour divin.

– Aurais-je failli ?

– Aurais-je oublié de te le signaler ?

Le jeune adepte s'agenouilla devant la stèle. Sabni avait une main admirable ; son style de gravure se montrait digne de celui des meilleurs sculpteurs.

– Qui t'a appris à écrire ?

– Le père d'Isis. J'ai gâché des centaines d'éclats de calcaire avant de tracer un beau hiéroglyphe ; ensuite, j'ai creusé la pierre pour y inscrire la forme. Dix fois, j'ai cru que le doyen me briserait le dos : il ne supportait pas mes maladresses. Quand je voyais son bâton voltiger, je tentais de rentrer sous terre. Mais il visait juste ! Je me suis appliqué ; lorsque j'ai compris que je servais la Règle du temple, être impérissable au-delà de moi-même, amour de la vie qui dépassait et englobait ma propre vie, mes mains sont devenues habiles.

Chrestos brandit le maillet et le ciseau.

– Si j'essayais ? Il y a des pierres usées derrière le kiosque de Trajan.

Sabni hésita.

– Tu n'as pas confiance en moi ?

– Il nous manque un outil.

– Je le trouverai !

– Apporte-moi un bâton.

L'adolescent recula, éclata de rire et courut vers le monument où le rejoindrait son maître ; peu importaient les bastonnades puisqu'il participait à l'œuvre.

***

Le cadavre du préfet ne fut découvert que trois jours après le décès ; la police interrogea les habitants du village nubien mais ne recueillit aucun indice sur les circonstances du drame. Grâce à Dieu, une dénonciation permit d'identifier le coupable : un Juif naguère accusé de vol. Le criminel ne résista pas longtemps à la torture et, en raison de la gravité de son geste, fut empalé en place publique. Théodore rédigea un rapport détaillé à l'attention de l'empereur, déplorant la disparition tragique du préfet ; il mentionna l'organisation de funérailles officielles et regretta que la forte chaleur empêchât le transfert de la dépouille à Alexandrie ; aussi Maximin avait-il été enterré à une place d'honneur dans le cimetière de l'île.

***

Narsès construisit sa cabane. Lorsqu'il y passa une première nuit, le regard fixé sur les étoiles, il se promit de perdre le sommeil pour goûter sans retenue les visions offertes. Après l'exploit de Biggeh, l'évêque ne semblait plus envisager d'opérations militaires ; aussi le général abandonnait-il l'intendance à quatre officiers, deux Byzantins et deux Égyptiens chargés de remplacer le capitaine Mersis. Dès leur premier entretien, une franche discorde s'était installée. Recevant des ordres contradictoires, les soldats n'en avaient exécuté aucun.

Le soleil d'août était si accablant que les rondes de jour furent supprimées. Déserté, le sommet des remparts sommeillait sous la canicule. Deux mètres plus bas, les eaux de la crue étincelaient.

Sur le rocher de la cataracte, le général murmurait une vieille chanson entendue dans les rues d'Éléphantine : le bon vent du nord procurait souffle de vie et fraîcheur, rendait le flot fertile ; celui du sud ouvrait la route à l'inondation issue de la caverne de l'océan primordial, de sorte qu'elle alimente le pays et charge les autels de victuailles ; celui de l'est élevait l'âme vers les étoiles ; celui de l'ouest créait l'eau dans le ciel afin que resplendissent les fruits de la terre et que croissent ses fleurs.

Au fil des heures, des saisons et des années, Narsès se plaisait en compagnie des vents.

***

Le boulanger mordit à belles dents le pain long sorti du four. Les adeptes seraient contents de lui; un aliment de cette qualité suffirait à remplir les ventres et libérait l'énergie indispensable à la pensée. Le *ka* du pain, son pouvoir subtil, s'incluait dans l'immense chaîne de forces qui unissaient l'étoile à la pierre. Aussi, conformément à la Règle, la fonction du boulanger n'était-elle pas inférieure à celle de la ritualiste.

Une ritualiste crispée, autrefois si fière qu'elle n'entrait pas dans le fournil du temple, redoutant de subir les désagréments de la chaleur.

– As-tu terminé ? demanda Ahourê.

– Encore une miche.

– Elle peut attendre, pas moi.

– Un travail inachevé est une défaite de l'âme.

– As-tu confiance en Sabni ?

D'ordinaire, la ritualiste ne se montrait pas si directe. Les yeux vifs du boulanger, qui démentaient la balourdise du visage, interrogèrent sa sœur.

– Il nous conduit au désastre, affirma-t-elle. S'il s'était emparé du pouvoir, nous aurions connu des jours meilleurs; ses atermoiements nous condamnent.

Le boulanger se retourna vers son four.

– Ambition, vanité, besoin de comploter... les humains ne changent pas. Si les dieux décident de détruire cette race, l'univers ne la pleurera pas.

– Aide-moi à chasser Sabni et à devenir supérieure, implora Ahourê. Moi, je saurai négocier notre survie.

L'odeur du pain cuit emplit les narines du boulanger.

– Il m'aura fallu quarante ans, ma sœur, pour découvrir une seule vertu et la pratiquer : l'obéissance à un maître authentique. Grâce à elle, les feux destructeurs se sont éteints et je jouis enfin de la paix que je cherchais. Isis et Sabni sont plus grands que nous car le ciel les a prédestinés à leur tâche; admets cette vérité et cesse de t'agiter en vain. Se satisfaire de son devoir est le plus doux des bonheurs.

CHAPITRE 45

Le ciel cru, l'ocre des dunes, le vert vif des palmiers, les rochers noirs et la lumière blonde composaient, avec l'eau calme, le paradis de l'âge d'or que ne souillait nulle présence humaine. Au-delà du chaos, les déserts du grand Sud et les solitudes africaines veillaient sur la cataracte avec le même regard immobile que celui du général Narsès. De l'aube au crépuscule, il savourait chaque moment; chaque heure était plus douce que la précédente. Aussi ne couvrirait-il pas sa cabane d'un toit de manière à pouvoir contempler la nuit.

A présent, il savait. L'ennemi, c'était le mouvement. Seule la pierre, dans son inertie, accomplissait le plus haut idéal de sagesse. Insensible à l'espoir et au désespoir des êtres animés, elle ignorait les insipides variations du désir. Au cœur du roc gisait la vérité.

Depuis son premier combat, le général doutait que le chemin eût une fin et l'existence un but; pourtant, chaque pas le menait vers cette solitude d'eau et de granit. De champ de bataille en jonchée de dépouilles, d'assaut en exploit, de conquête en tuerie, nul hasard.

Qu'il était savoureux de ne plus rien souhaiter et de renoncer! Aucun menteur, qu'il se nomme plaisir ou souffrance, ne s'aventurait aussi loin. Détaché du passé, privé d'avenir, Narsès devenait minéral.

L'agression le prit au dépourvu. Les deux hommes avaient nagé sous l'eau. Armés de couteaux, ils se ruèrent sur Narsès qui, de son bras droit, saisit l'un des Noirs à la gorge. S'il n'avait été amputé, le général, même à mains nues, serait sorti vainqueur du combat. Il vit la lame jaillir vers son flanc gauche qu'il ne pouvait protéger. Elle s'enfonça entre deux côtes et perfora le cœur. Narsès mourut debout, les yeux fixés sur la cataracte.

Les Blemmies y jetèrent le cadavre de leur première victime.

***

Les guerriers noirs avaient attendu le début de la décrue, génératrice de tourbillons et de courants, pour se glisser dans les chenaux naturels dont ils connaissaient les tracés à la perfection; ils utilisèrent des canoës en papyrus où deux hommes prenaient place. L'un pagayait, l'autre vidait l'embarcation de l'eau dont elle se chargeait au fur et à mesure de sa progression très rapide. Ils se jouaient des remous, du flux et du reflux, se faufilaient entre les amas rocheux contre lesquels s'étaient brisés de nombreux bateaux. Lancés à pleine allure, ils atteignirent le premier fortin à midi. Le soleil éblouissait l'unique guetteur, dos tourné au fleuve. Les Blemmies le percèrent de flèches avant qu'il ne donnât l'alerte et supprimèrent le petit détachement endormi sous un auvent.

Le raid se poursuivit. Les canoës s'enfonçaient dans le fleuve avec une telle violence qu'ils semblaient chavirer. Mais la proue resurgissait et s'élançait à nouveau vers son but, le fort d'Éléphantine. Des centaines d'embarcations terminèrent silencieusement leur course contre les rondins. En se faisant la courte échelle, les assaillants franchirent sans peine le sommet des fortifications que la crue rendait accessibles.

Des hurlements jaillis de la poitrine des agresseurs éveillèrent enfin la garnison. Les soldats se jetèrent en désordre sur leurs arcs et leurs épées, tentèrent de se protéger en opposant leurs boucliers aux jets de pierres et de flèches. Pris d'une frénésie qui épouvanta les plus endurcis, les guerriers noirs se déchaînèrent. Déjà, les murs brûlaient. Sautant du haut des remparts dans la cour de la caserne, les Blemmies maniaient haches et bâtons cloutés avec une incroyable dextérité. Têtes et membres tranchés ensanglantèrent le sol. Un officier byzantin essaya d'organiser la résistance; il fut aussitôt lapidé.

Les rescapés abandonnèrent le fort et se replièrent en direction des écuries, où ils se battirent pied à pied jusqu'à l'intervention du corps expéditionnaire byzantin dont l'ardeur stoppa les Blemmies. Une charge furieuse menée par les manieurs de longues piques contraignit les Africains à reculer. Traversant les flammes qui rongeaient la caserne, ils battirent en retraite à bord des canoës.

Une seconde vague d'assaut s'abattit sur le marché et les quartiers pauvres. Les guerriers noirs massacrèrent les marchands, dérobèrent des monceaux de nourriture et incendièrent les édifices publics que nul soldat ne défendait.

La razzia avait duré moins d'une heure, n'épargnant que Philae.

***

Femmes et enfants se terraient dans les caves. Les hommes valides éteignirent les incendies et ramassèrent les blessés. Une seule certitude, sur toutes les lèvres : les Blemmies reviendraient.

Narsès disparu, Théodore avait repris l'armée en main. Il ne lui restait plus qu'une centaine de soldats, un nombre trop faible pour résister à un second assaut. Du fort ne subsistaient que des débris calcinés. Le reconstruire exigerait trop de temps; aussi l'évêque ordonna-t-il de planter des pieux dans les berges, pointes acérées tournées vers le Nil. Des rangs d'archers, embusqués derrière ces abris, retarderaient un débarquement. En toute hâte, des soldats enseignèrent le maniement des armes aux volontaires.

L'évêque assisterait-il, impuissant, à la fin d'Éléphantine et à l'anéantissement de son œuvre ? Pour la première fois, il se révolta contre Dieu et eut envie de consulter l'oracle interdit du potier Khnoum, attentif aux suppliques des humains. Il s'égara dans le dédale des ruines, se sentit environné de démons qui l'enjoignaient d'abandonner le service du Christ et de revenir à la religion de ses ancêtres. Derrière un gigantesque naos de granit rose gisaient les fragments d'une statue en bois que les prêtres portaient dans la grande cour où se réunissaient les consultants. A la question posée, le dieu répondait par « oui » ou par « non » en inclinant la tête. Fallait-il assembler ces membres dispersés, redresser le personnage hiératique, l'interroger ? L'évêque se détesta. A coups de pied rageurs, il fracassa les mains du potier, taillées dans du sycomore.

Le seul responsable de ce massacre, c'était lui, Théodore. Sa mansuétude avait engendré un désastre.

Philae attirait les Blemmies comme des insectes destructeurs; Philae avait tué le préfet Maximin et le général Narsès. L'évêque se trouvait seul face à Isis et à Sabni; aucun obstacle ne s'interposait entre eux et lui. La guerre serait de plus en plus cruelle. Sabni, au cœur de la mêlée, ne serait pas épargné. Théodore l'avait prévenu : quand comprendrait-il qu'il devait fuir cette confrérie maudite ?

***

A l'issue de la messe du dimanche, l'évêque adressa un sermon à la population massée sur le parvis. A Dieu tout-puissant, il demanda la force de lutter contre l'envahisseur. Des chrétiens, il exigea courage et discipline. Éléphantine ne manquait ni d'armes ni de combattants. Si elle désirait de toute son âme survivre au malheur, elle saurait se défendre.

Du message envoyé à Alexandrie pour exposer la situation et demander de l'aide, il n'espérait guère de résultats. Déplacer des troupes et les envoyer à la frontière sud prendrait du temps, trop de temps. Mieux valait compter sur soi-même. Si le second assaut des Blemmies échouait, ils ne reviendraient pas de sitôt.

Théodore brandit l'épée du général Narsès. Sur elle, il jura, au nom du Christ, de sauver la province.

Une dizaine de moines hirsutes fendirent la foule. A leur tête, un personnage si maigre que ses os menaçaient de percer la peau. Les yeux fiévreux et le verbe haut, il apostropha l'évêque.

– Pourquoi ne dis-tu pas la vérité ?

– M'accuserais-tu de mentir ?

– Je porte le nom de l'apôtre Paul et je vis dans un tombeau païen que j'ai purifié par le feu. Les ermites m'ont reconnu comme leur porte-parole. Nous, nous savons nous battre. Nous avons affronté les bêtes fauves, dans le désert. Ces guerriers noirs ne nous effraient pas. Qu'on nous donne des armes et nous exterminerons tous les païens!

Le peuple cria son approbation. Dans les circonstances présentes, Théodore ne pouvait négliger aucun allié. Il accepta. Rassemblés, les ermites formaient une redoutable cohorte.

– Tu ne dis pas la vérité, continua Paul, parce que tu omets de désigner le vrai coupable : Philae! C'est pour se venger de la violation de Biggeh et donner satisfaction aux païens que les Blemmies nous ont attaqués. Ce temple a partie liée avec notre pire ennemi. Les assassins, ce sont Isis et sa clique. Il faut détruire Philae!

Les autres ermites firent écho à cette exigence. Puis une femme cria. Son mari et ses enfants se joignirent à elle, bientôt imités par dix familles, cent et mille. Théodore supporta le sinistre concert.

– Si nous attaquons Philae, la réaction des Blemmies sera terrifiante, prédit-il. Sur l'île est construite la chapelle de leur dieu, placée sous la protection de la supérieure. Que celle-ci soit agressée, que le sanctuaire soit endommagé, et ils mettront Éléphantine à feu et à sang. Préoccupons-nous d'abord de notre sauvegarde. Ensuite, nous songerons à Philae.

Malgré son excitation, la foule se rendit à la raison. Paul, sentant qu'elle ne le suivrait pas, s'engagea sur un autre terrain.

– Cessons d'accorder des passe-droits à cette communauté de païens! Qu'ils meurent de faim sur l'île du diable. Les Blemmies ne pourront rien nous reprocher.

– Tu oublies la loi. Ce sont des propriétaires terriens qui paient l'impôt. Ils ont le droit d'acheter et de vendre.

L'argument utilisé par Théodore frappa nombre d'esprits. Qui s'acquittait de ses taxes ne pouvait être traité en paria ou en esclave.

– Philae fait injure à Dieu et à ses serviteurs.

– Tu as raison, reconnut l'évêque ; je prendrai les mesures nécessaires. Le plus urgent est de renforcer les défenses de la ville et de la préparer à un nouvel assaut. Dès que les nègres seront vaincus, nous nous occuperons du temple païen.

L'ermite sourit. Le prélat avait pris un engagement devant la communauté chrétienne rassemblée ; le moment venu, il ne pourrait s'y soustraire. Et le moment viendrait, puisque Dieu combattait aux côtés des siens.

***

Chrestos avait nettoyé l'atelier.

– Voici nos armes, dit-il à Sabni en lui présentant des outils. Nous nous battrons.

– Théodore n'attaquera pas Philae. La chapelle du dieu africain la protège.

– Pour combien de temps ?

– Aussi longtemps que les forces blemmies seront supérieures à celle des chrétiens. L'évêque a envoyé un messager à Alexandrie pour demander des renforts.

– Quand arriveront-ils ?

– A la fin de la décrue, à l'entrée de l'hiver, jamais... L'empereur s'intéresse-t-il au sort d'une province aussi lointaine ? S'il nous néglige, nous serons sauvés. La menace blemmie interdira à Théodore de nous détruire.

– Si tu reprenais ton bâton ? J'ai envie de sculpter et mon dos est solide.

Pendant que le supérieur et son jeune frère gagnaient le sud de l'île où Chrestos, au prix de plaies et de sueurs, apprenait à tailler la pierre, Isis et ses sœurs remettaient en état le petit temple de Hathor où serait célébré le rituel consacré au retour de la déesse lointaine. Elles rafraîchissaient les couleurs des chapiteaux, débarrassaient colonnes et reliefs de la poussière projetée par les vents de sable. Sereine, presque enjouée, la supérieure lut le texte qu'elle affinait. De sa puissance dépendrait l'avenir de la communauté. Si la déesse entendait son appel, elle reviendrait des terres brûlées et apporterait au temple l'or des montagnes dont se formait la chair des dieux. Que les adeptes se nourrissent d'impérissable était l'exigence première hors de laquelle aucune œuvre ne s'accomplirait.

Au-dehors, la guerre. De nouveau, les hommes s'entretuaient au nom de leurs croyances. Sur l'île sainte, personne n'élevait la voix. A l'aube, la figure de Pharaon gravée sur les murs s'animait et prononçait les paroles qui rendaient effective la présence divine. Isis éleva les mains dans un geste de prière. Le temple vibra.

CHAPITRE 46

Le 10 septembre, les festivités de l'an nouveau se réduisirent à une distribution de raisin. Personne n'avait le goût de fêter un événement qui, d'ordinaire, donnait lieu à force libations. Chacun vivait dans l'angoisse. L'évêque n'avait reçu aucune réponse d'Alexandrie; aussi mandata-t-il un second messager. Au lieu d'emprunter le fleuve, il longerait le Nil car, à la hauteur de Lycopolis, en moyenne Égypte, des pirates attaquaient les bateaux et des bandes incontrôlées détroussaient les voyageurs. Un homme seul passerait plus aisément qu'un détachement de soldats dont les brigands convoitaient les armes.

Le Nil se retirait, paresseux. Sur les terres, il avait déposé le précieux limon. Les paysans s'entraînaient au maniement des armes sous la férule des instructeurs byzantins. Les ermites, sortis du désert et des tombeaux, ne cessaient de parcourir la ville pour exhorter les habitants à combattre. Grâce à eux, Éléphantine se forgeait un moral de vainqueur; si la peur nouait les ventres, l'envie de tailler en pièces les païens grandissait.

Postés aux abords de la cataracte, des guetteurs signaleraient l'apparition des Blemmies. A la fin de septembre, ils n'avaient même pas aperçu un éclaireur. Les craintes s'estompèrent. Théodore continua de renforcer le système de défense. Plusieurs rangées de pieux, très serrés, interdiraient désormais l'accès aux berges. Les Blemmies devraient sacrifier des centaines d'hommes, avec un mince espoir de succès.

Fatigués par les jérémiades des ermites, des négociants proposèrent de rouvrir le marché. L'évêque leur accorda satisfaction. Sur les étals s'entassèrent poissons séchés, fromages, oignons, pigeons, volailles, farine, mèches de lampe, poteries, épices et autres marchandises dont le prix avait augmenté de façon considérable. L'inflation, que l'évêque avait enrayée pendant la période de paix, reprenait de plus belle : trente pour cent sur le froment, cinquante sur le bois d'œuvre et sur l'huile, cent pour cent sur la viande. L'état d'urgence la justifiait. Demain, Éléphantine serait peut-être rasée. Qui voulait profiter de la vie ne devait pas succomber à l'avarice.

Les conversations s'interrompirent lorsque Sabni apparut à l'entrée du marché où il versa une obole aux pauvres. Après avoir vendu la résille de perles à un éleveur de moutons, le supérieur comptait acheter des légumes secs, de l'ail et des figues d'été. A son approche, les clients s'écartèrent. Quand il demanda les prix aux marchands, ceux-ci restèrent muets, signifiant ainsi leur refus de palabrer avec un étranger. Sabni insista. Accourut vers lui un individu décharné au visage crasseux; il brandit un bâton noueux.

– Va-t'en, fils du diable! Personne ne te vendra de la nourriture!

Sabni ignora le fanatique et s'adressa aux commerçants.

– Je ne vous supplie pas; réservez la charité aux chrétiens. Je possède des pièces d'argent.

– Qui les acceptera sera maudit! prophétisa Paul.

Le supérieur se tourna vers l'ermite.

– Un homme de Dieu n'élève pas la voix. Tu es moins noble qu'une bête pour crier ainsi. Si tu étais mon disciple, tu perdrais vite le goût du tapage.

Sabni s'empara du bâton avec lequel Paul le menaçait et le cassa en deux.

– Ta religion n'exclut-elle pas la violence envers son prochain? « Tu ne tueras pas », a ordonné Dieu à Moïse. Respectes-tu ses commandements?

– Ce n'est pas un païen qui m'instruira de la vraie foi!

– Peu importe qui t'enseigne. Seul compte l'enseignement que tu perçois. Tes ancêtres sont les miens : des Égyptiens respectueux de l'homme parce qu'ils vénéraient Dieu. Des êtres tels que toi devraient porter de lourds fardeaux en marchant à côté des ânes.

L'ermite recula. Il percevait la colère du supérieur et redoutait sa force.

– Ne me touche pas, païen! Le peuple me défendra.

– Je ne me souillerai pas.

Marchands et badauds entourèrent Sabni. Un vendeur de fromages le désigna du doigt.

– Tu es l'allié des Blemmies. C'est à cause de toi qu'ils ont massacré et incendié.

– Calomnies.

– L'ermite a vu Isis sceller un pacte avec un Blemmie. Le nieras-tu ?

– Je le nie.

– Si nos femmes et nos enfants voulaient trouver refuge sur l'île, les portes du temple s'ouvriraient-elles ?

– Les profanes ne peuvent y pénétrer. C'est la Règle.

– Les Blemmies y possèdent une chapelle. Eux, vous les accueillerez avec joie. Voilà une nouvelle preuve de complicité.

Le cercle se resserra. Les uns empoignèrent des pierres, d'autres des couteaux.

– Philae garantit votre survie, Byzance vous affame. Elle vendra l'Égypte au plus offrant. Seul le temple préservera notre unité et l'indépendance du pays.

Ces paroles semèrent le trouble. Beaucoup pensaient ainsi.

– Les Blemmies nous tueront, estima un boucher.

– Que proposes-tu ? interrogea un éleveur. Qui possède la clé de la richesse ?

Dans les yeux du questionneur brillait un espoir que Sabni n'avait pas le droit d'encourager. Il ne devait pas susciter une révolte et en prendre la tête.

– Quand la paix sera revenue, nous reconstruirons l'Égypte. Philae en sera le cœur.

– Tu es un fauteur de dissensions, accusa l'ermite. Ceux qui t'écouteront seront châtiés comme le traître Mersis.

Le rappel du supplice glaça les derniers partisans du supérieur; il fendit la foule et marcha droit devant lui.

⁂

Le petit temple de Hathor ressuscitait; les couleurs vives enchantaient l'œil. Les sœurs redécouvraient flûtes et tambourins, répétaient cadences et mélodies. Chrestos nettoyait les masques en bois que porteraient les adeptes lors de la célébration du rituel au cours duquel ils prieraient la maîtresse de la danse et des chants, l'or du ciel, la dame de l'ivresse de leur révéler l'amour liant les mondes entre eux.

Attristé de revenir les mains vides et de ternir la joie de ceux qui préparaient la fête, Sabni attendit que la communauté fût dispersée avant d'avouer son échec à Isis.

– Si nous ne pouvons plus acheter de denrées, quelqu'un d'autre le fera à notre place.

– Qui donc?

– Un banquier.

⁂

Trois banques géraient les fonds des habitants d'Éléphan tine. La plus importante appartenait à l'Église, la seconde à un financier byzantin, la troisième à un Grec. Ce dernier, comme ses confrères, récoltait les taxes destinées à l'État, pratiquait des opérations de change, prêtait à taux usuraire, se chargeait de transferts de devises et d'affaires plus privées. En amassant une fortune avant d'ouvrir son officine, il avait respecté la morale de la profession : être riche pour devenir banquier, de manière à s'enrichir davantage. Moins rigoureux que l'évêque et plus astucieux que le Byzantin, le Grec n'hésitait pas à servir de prête-nom lorsque sa rémunération lui semblait correcte. Le visage couperosé, l'embonpoint caché par une tunique blanche, il consacrait ses loisirs à la bonne chère.

Il examina les colliers, les bagues et les bracelets que lui proposait Sabni.

– De très belles pièces. Désirez-vous un prêt?

– Je veux les vendre.

– Je vous offrirai un moindre prix qu'un antiquaire.

– Peu importe.

– De quelle manière placerez-vous votre argent ?

– Vous vous en occuperez.

– Soyez certain que je le ferai fructifier. Vous serez enchanté de mes services.

– Portez-vous acquéreur de denrées à ma place.

– C'est très délicat... cette démarche risque d'entraîner des frais.

– Vous les calculerez.

– Je peux me charger de la livraison, très discrètement, mais...

– Ajoutez-y ces frais-là.

Le Grec s'inclina. Le temple serait un bon client. Aussitôt après le départ de Sabni, il confia la banque à son adjoint et se rendit au marché. Les agriculteurs dont il gérait les biens lui accorderaient d'importants rabais qui augmenteraient d'autant ses bénéfices. L'esprit occupé au calcul de ses marges, il se heurta à Paul.

– Écarte-toi, l'ermite. Tu sens mauvais.

– Un instant, le Grec. Aurais-tu l'intention de secourir Philae ?

– Le secret des affaires.

– Qui viendra en aide aux païens sera traître et parjure à mes yeux. Souviens-toi de Mersis. Ne me défie pas et respecte la volonté du Seigneur.

***

Au début d'octobre, le Nil se retira. La cueillette des olives et des dattes débuta. Comme le temple n'avait reçu aucune livraison, Sabni se rendit chez le banquier. Éléphantine, à l'abri de ses fortifications chaque jour renforcées, renaissait de ses cendres. On rebâtissait en briques les maisons incendiées, des maçons réparaient les murs de la caserne. La menace blemmie s'effaçait.

– J'avais mal jugé, expliqua le Grec. Tes parures étaient sans valeur.

– Refuses-tu de négocier à ma place ?

– Bien sûr que non... mais il faudrait de véritables trésors. On dit que le temple d'Isis est rempli d'or, on vante la beauté des statues. Sans doute les cryptes contiennent-elles des objets précieux ; si tu m'apportes ces merveilles, tu obtiendras de la nourriture.

– Aurais-tu perdu l'esprit ?

– Un banquier doit vivre avec son temps.

– Tu es l'esclave des chrétiens.

– Les prix varient en fonction des nécessités. Aujourd'hui, un païen doit payer cher pour survivre. Et mon métier est beaucoup plus dangereux qu'on ne l'imagine.

– Rends-moi les parures.

– Quelles parures ? Si tu me les avais confiées, je t'aurais remis un reçu. Si tu mets en doute ma bonne foi, nous irons au procès. Ne t'avise pas de me brutaliser : la police me protège.

Sabni songea aux tables d'offrande chargées de victuailles et consacrées par Pharaon avant d'être présentées à la grande déesse. Riche, heureux, le temple n'avait d'autre souci que de vivre la Règle et d'en transmettre l'esprit.

– Osiris condamne le voleur. Peut-être le Christ sera-t-il plus clément.

CHAPITRE 47

Chrestos, dans l'eau jusqu'à la ceinture, attrapa enfin une perche du Nil. A l'instant où il la brandissait, victorieux, un milan fondit sur lui et lui arracha le poisson des mains. La proie dans le bec, le rapace, indifférent aux protestations du pêcheur, disparut dans le ciel bleu.

Furieux, l'adolescent frappa du poing la surface, faisant jaillir une gerbe argentée.

– Un adepte s'emporte-t-il ainsi ?

Le garçon rougit de confusion face à Isis.

– Voilà deux heures que je restais bredouille.

– Ce n'est pas une excuse.

Honteux, Chrestos regagna la berge. La gravité de la supérieure l'intrigua.

– Les distractions ne me conviennent guère ; je préfère l'étude.

– As-tu déchiffré les textes des colonnes ?

– Ils sont difficiles, mais je ne désespère pas. Si Sabni m'aidait davantage, je progresserais plus vite.

– Il existe peut-être un autre moyen.

Chrestos suivit Isis qui, au milieu de la journée, emprunta un chemin inhabituel. Elle grimpa les marches plutôt raides d'un escalier aboutissant au toit du temple ; d'ordinaire, l'adolescent y accédait pendant la nuit afin d'étudier le mouvement des planètes et la disposition des étoiles. La supérieure l'entraîna vers l'angle où se dressait une petite chapelle aux portes closes. Chrestos avait remarqué l'existence de l'étrange sanctuaire dont personne, hormis Sabni, n'approchait; poser des questions à son sujet lui semblait incongru. Confusément, il sentit que ces murs contenaient l'un des secrets majeurs du temple.

Isis tira le verrou en bronze. Le jeune adepte frémit, certain que son destin se scellerait en ce lieu.

– Entre, regarde et médite.

S'habituant à la pénombre, il détailla les bas-reliefs qui ornaient les murs; l'ensemble illustrait les phases de la résurrection d'Osiris, sorti de son cercueil et rendu à jamais vivant par l'amour d'Isis à laquelle il donnait un fils, Horus, appelé à vaincre le mal et à réunir les deux Terres.

La supérieure ferma la porte de la chapelle. Chrestos s'assit au milieu du dallage et prit soin d'écouter la voix des hiéroglyphes, les paroles de Dieu; des signes gravés dans la pierre émana une lumière douce et rassurante. Yeux fermés, l'adepte voyait.

La petite pièce ne cessa de grandir; elle prit la forme d'une barque immense qui vogua sur des lacs de feu où les blés poussaient dans l'azur, baignés d'un Nil immatériel. Soudain, le voyageur vit le trône du paradis dont parlait les livres sacrés; de son socle naissaient les lettres mères. Elles utilisaient les rayons du soleil et venaient s'immobiliser, en apparence, sur les murs du temple. A la source des signes, l'esprit de Chrestos apprit à lire l'univers.

Quand la supérieure, souriante, le libéra, l'adolescent avait réellement changé de vie; la sienne ne lui appartenait plus mais s'assimilait à celle d'Osiris. En son sang circulait désormais la connaissance de l'âge d'or.

– Isis, tu...

– Tel est le premier pas sur le chemin des grands mystères. Il contient tous les autres. Fais croître cette vision dans le silence et œuvre sans cesse : ce que tu perçois, transcris-le.

***

Théodore disposait d'une arme décisive pour abattre les murailles de Philae : la présence de Chrestos. Elle constituait un délit d'une telle gravité qu'il entraînerait la condamnation de la communauté entière. Le temple violait la loi en admettant un nouvel adepte, un fuyard coupable d'échapper à l'impôt. Sans même évoquer des motifs religieux, l'évêque pouvait expulser les adeptes et mettre fin au culte d'Isis.

La menace blemmie l'empêchait d'agir; aux convulsions qu'entraînerait la fermeture du sanctuaire s'ajouterait l'assaut lancé par les tribus nègres. Mais cette crainte ne justifiait pas, à elle seule, l'attentisme de Théodore; il croyait Éléphantine capable de résister.

Une force mystérieuse lui interdisait de porter le coup fatal qui ruinerait à jamais l'espérance des païens, comme si les derniers représentants d'une époque révolue témoignaient de la mansuétude divine. Ses liens avec Sabni n'étaient pas d'origine humaine. Dès leur jeunesse, ils avaient éprouvé un goût identique pour le sacré. En les séparant au point de les opposer, la Providence n'enseignait-elle pas au prélat qu'une parcelle d'erreur au cœur de la vérité faisait mieux resplendir la lumière du Christ?

Théodore se sentait las. Trop de conflits, trop de morts, trop de sauvagerie... Qu'il était bon de réfléchir en compagnie de Sabni et de se consacrer à des querelles théologiques savoureuses comme des figues fraîches!

Le dogme d'un côté, l'amitié de l'autre : déchiré entre deux chemins, incapable d'unir les deux rives, il dressait un constat d'échec. Autrefois, il se serait confié à Sabni et lui aurait demandé son aide; aujourd'hui, il décidait de son sort alors que lui-même se perdait dans les marais de l'incertitude. Renoncer à Dieu... La tentation l'effleurait, semblable à une feuille d'acacia, douce et irritante.

Les ermites se fourvoyaient en imposant au monde la conversion ou le néant. La voie du Maître répandait la chaleur de l'amour et non la froideur de la haine. Cette croyance d'exaltés, Théodore n'en voulait pas; il se sentait plus proche de la sagesse du temple et de la beauté rayonnante d'Isis.

L'évêque ne souhaitait pas l'arrivée d'une armée de secours. Elle romprait le fragile équilibre qui s'était établi. Si Théodore avait eu le pouvoir d'arrêter le temps, il aurait figé son cours au-dessus de Philae.

*
* *

Paul poussait devant lui une jeune et jolie femme; la tête voilée, elle avançait à contrecœur. Quelques citadins l'avaient identifiée. Aussi s'étonnaient-ils de l'incroyable spectacle que leur offrait l'ermite. Comment lui, le propagateur de la foi la plus austère, acceptait-il le contact de cette créature ? Paul exigea de voir l'évêque. A quelques pas de sa demeure, des badauds s'entassaient et montraient du doigt l'invraisemblable couple. L'ermite fit tant de vacarme que le prélat sortit de son bureau.

– Que désires-tu, Paul ?

– La connaissez-vous ?

– Qu'elle ôte son voile.

La captive s'exécuta.

– Qui est-elle ?

– Une prostituée. Cette diablesse vend son corps au plus offrant.

– Elle n'est pas la seule de son espèce et son commerce est légal. M'importunerais-tu pour si peu ?

– Cette pécheresse propose ses services à des clients illustres et très généreux. Aimeriez-vous connaître leurs noms ?

– Ils ne commettent aucun délit.

– L'un d'eux viole pourtant la Règle de son temple et trahit son épouse.

– Insinuerais-tu...

Paul secoua la prostituée.

– Confesse-toi, traînée ! C'est le seul moyen de sauver ton âme ! Avoue que Sabni partage ta couche et te maltraite.

La femme se contenta d'incliner la tête.

– Le supérieur de Philae, un être vil vautré dans la boue... voici la vérité. Demain, toute la province la connaîtra et toi, notre évêque, tu le condamneras.

*
* *

La supérieure vit son mari marcher à la lisière du désert en direction d'un village abandonné; d'une masure sortit une femme à la beauté provocante. Elle appela Sabni qui, après avoir hésité, la rejoignit. Au moment où elle le prit dans ses bras, ceux-ci devinrent des scorpions et piquèrent au cou l'infidèle.

Isis s'éveilla brusquement, le front brûlant; ce rêve affreux l'avait tourmentée au point de briser son sommeil. Elle contempla Sabni, allongé sur le lit étroit, la nuque reposant sur un chevet muni d'un coussin.

Troublée, la supérieure se rendit à la bibliothèque où elle consulta une clé des songes patiemment enrichie au fil des siècles. La scène qui la hantait s'y trouvait décrite dans les moindres détails. Il ne s'agissait donc pas d'un simple cauchemar mais d'une voyance; selon le traité, elle prédisait un avenir funeste à l'homme mis en cause. Aussi découpa-t-elle une mèche de cheveux de Sabni endormi, qu'elle plaça sur une plaque d'or couverte de hiéroglyphes; ils dessinaient une prière adressée au Sauveur, un génie bienveillant chargé de modifier les destins funestes.

Isis la glissa sous le coussin du dormeur, avec l'espoir que la magie des paroles ancestrales écarterait la démone.

***

Pendant que l'ermite répandait le poison dans les rues d'Éléphantine, Théodore conversait avec la prostituée. Elle refusa de lui donner son nom, qu'il obtint sans peine grâce à l'un de ses secrétaires. La consultation de ses notes lui fournit de plus amples renseignements. La jeune personne s'appelait Myrta; fille de Léonidès, commerçant araméen ruiné par de mauvais placements, elle se vendait depuis un an pour subvenir aux besoins de sa famille et recevait ses amants soit dans sa propre chambre, soit au péage nord d'Éléphantine où un bordel accueillait les voyageurs fortunés qui, au terme d'une longue route, éprouvaient le besoin de se détendre. Conformément à la loi, elle payait ses impôts en déclarant scrupuleusement le nombre de passes dont son père tenait la comptabilité.

Un supérieur de temple, selon un droit non écrit, devait fidélité à sa femme. Si, de plus, elle occupait le rang de supérieure, ils formaient un couple symbolique, image terrestre d'Osiris et d'Isis. L'ermite, en discréditant Sabni, sapait les fondations spirituelles de la communauté. Prouver la vilenie d'un chef rejetait l'opprobre sur ses fidèles et souillait l'âme du temple.

– Sabni a-t-il acheté ton corps ?

– Oui, répondit-elle.

– Combien de fois ?

– Une seule. Mais il m'a frappée.

– Quand ?

– Il y a une semaine. Je porte encore les marques.

Elle découvrit son dos parsemé de plaies violacées.

– De quelle arme s'est-il servi ?

– D'un lacet de cuir. Je porte plainte. Il ne m'a pas payée et me doit réparation.

Si la prostituée disait vrai, elle obtiendrait gain de cause.

– Le jour et l'heure exacte de votre rencontre ?

Myrta les précisa et se répandit sur les mauvais traitements que lui avait infligés le supérieur. Vérification faite, Sabni, à cette date, se trouvait bien à Éléphantine.

– Je porte plainte, répéta-t-elle, l'air buté.

***

Qu'il y eût machination, l'évêque n'en doutait pas. Aussi tenta-t-il de retarder l'ouverture d'un procès dont son ami sortirait meurtri et sali. L'enquête menée par les secrétaires accumulait les indices contre lui. Le tenancier du bordel l'avait identifié et deux ermites, qui mendiaient au péage nord, juraient avoir vu un homme jeter dans le Nil un lacet ensanglanté. Aucun témoin à décharge ne se manifesta.

Ermites et prostituées joignirent leurs forces pour réclamer justice. Ces dernières menacèrent de faire grève si l'évêque n'accédait pas à leur légitime requête. Théodore s'interrogea : Sabni n'avait-il pas cédé à ses désirs et, écœuré de sa conduite, ne s'était-il pas vengé en frappant la fille susceptible de révéler sa nature trop faillible ? A la réflexion, le procès serait une excellente manœuvre : Sabni séjournerait en prison quelque temps, à l'abri d'une tragédie et hors de portée des fanatiques. Acculée à payer une lourde amende dont le prélat fixerait le montant, la communauté vendrait ses derniers biens avant de se disperser. Isis, frappée d'un chagrin dont elle ne se remettrait pas, n'aurait plus la force de tenir tête à l'adversité. Si des troubles se produisaient, Sabni serait tenu à l'écart.

***

Sabni se présenta seul devant le tribunal présidé par l'évêque. Il écouta avec calme la déposition de la plaignante, prolixe en détails qui scandalisèrent l'assistance. Sans y être conviée, Myrta dénuda son dos et apporta la preuve de ses dires.

Quand le supérieur voulut prendre la parole, des huées l'empêchèrent de s'exprimer. La police dut évacuer quelques prostituées en proie à l'hystérie.

– Comment se nomment les parents de cette femme ?

– Sa mère est morte. Son père s'appelle Léonidès.

– Un Araméen qui fait commerce d'huile ?

– Le connais-tu ?

– C'est à ma place qu'il devrait se tenir. N'a-t-il pas agressé une sœur refusant de céder à ses avances ?

Des murmures s'élevèrent.

– A-t-elle porté plainte ?

– Elle fut déclarée irrecevable.

A peine exposé, le système de défense s'écroulait.

– Mon cœur, indiqua le supérieur, m'incite à accomplir mon devoir ; il est mon témoin. Je ne transgresse pas ses directives, je crains de manquer à ses commandements. Si je fus élevé à ma fonction, c'est grâce à ses orientations concernant mes actes. En écoutant son enseignement, je fus en rectitude. De nos jours, le mensonge prend souvent la route ; pourtant, il s'égare et ne traverse pas en bac. Qui s'enrichit en se servant de lui sera stérile ; qui navigue en sa compagnie ne rejoindra pas un port d'attache.

– Ce sont de beaux préceptes, admit Théodore, mais nous sommes au tribunal et jugeons des faits. Les reconnais-tu ?

– Cette fille me reconnaît-elle ?

– C'est bien toi ! Tu m'as violée et tu as lacéré mon dos !

– En ce cas, décris-moi dans ma nudité.

Interloquée, Myrta regarda l'évêque.

– Obéis, ordonna-t-il.

– Il est... il est un homme.

Des rires fusèrent.

– Sois plus précise. Si je suis ton tortionnaire, tu dois avoir remarqué une particularité qu'aucune femme ne saurait oublier.

La prostituée s'affola. Sur ce point, l'ermite ne lui avait fourni aucune indication.

– Parle ou renie-toi, exigea Théodore.

Myrta roula des yeux effrayés et recula jusqu'au mur du tribunal.

– Tu es... tu es circoncis!

– Il est vrai, admit Sabni. Notre Règle l'exige; ici, chacun le sait.

La prostituée tenta de s'enfuir; des gardes l'arrêtèrent.

– Cette femme a menti; nous nous voyons dans cette enceinte pour la première fois. Si nous avions fait l'amour, elle saurait qu'un signe me distingue des autres hommes. Il fut gravé dans ma chair lors de mon intronisation.

Sabni dénoua son pagne devant l'évêque. Au-dessus de la cuisse, au creux de l'aine, était visible une croix de vie.

CHAPITRE 48

Dattes, olives et grappes de raisin s'accumulaient sur les marchés. Le Nil se retirait. Oubliées, les promenades en barque; envolées, les longues journées de repos et de palabres. Les paysans s'occupaient à nouveau de leurs terres fécondées par le limon que le fleuve divin avait déposé en abondance.

Isis était inquiète; le temple manquerait bientôt de denrées fraîches. Bien que Sabni eût été innocenté, sa réputation n'était pas sortie indemne du procès. La rumeur publique prétendait que le supérieur s'adonnait aux plaisirs de la chair et trahissait sa vocation sacrée. Philae ne respectait plus la Règle; plusieurs adeptes n'avaient-ils pas quitté la communauté à cause de cette déchéance? On murmurait que, malgré leur âge avancé, certaines sœurs se livraient à la débauche. La religion d'Isis accordait à la femme trop de libertés; selon les recommandations d'Augustin, ne devait-elle pas porter le voile au lieu de provoquer les hommes en exhibant ses charmes? Afin de juguler les tentations que des créatures du diable infligeaient aux plus vertueux, il fallait restreindre leurs apparitions en public.

Le discours des ermites, cent fois répété, frappa le peuple. L'image d'une Isis belle et lumineuse s'effrita comme un bas-relief usé par le temps. Ceux qui apportaient en cachette légumes et fruits se détournèrent du temple; ils craignaient Paul, l'évêque, la prison et le châtiment de Dieu.

Malgré les efforts de Chrestos, la communauté s'assoupissait. Au sortir d'un été brûlant, la plupart des adeptes se sentaient épuisés; la vieillesse tolérait mal l'ardeur du soleil d'Éléphantine et, surtout, l'angoisse du lendemain. Non que malades et infirmes se préoccupassent d'eux-mêmes, mais ils se souciaient du devenir de Philae. Là où ils vénéraient les dieux et recueillaient la connaissance, leurs successeurs vivraient-ils ?

L'adolescent atteignait parfois, lui aussi, la limite de ses forces quoiqu'il ignorât le découragement puisque Isis et Sabni lui offraient une énergie sans cesse renouvelée. La fringale de Chrestos ne s'atténuait pas; il apprenait de nouveaux hiéroglyphes, étudiait un papyrus oublié dans les archives, s'entretenait avec le supérieur sur la nature du dieu Thot, scribe de la lumière et détenteur de la puissance inscrite dans chaque mot de la langue sacrée. Le matin, lorsqu'il assistait à la purification des offrandes, le jeune adepte remerciait les dieux de lui accorder un bonheur si intense. Il prononçait avec Isis les versets de l'hymne au soleil renaissant, accomplissait avec Sabni les gestes de consécration qui ouvraient la bouche et les yeux du temple.

– Tu assisteras la supérieure, ordonna Sabni, porteras le sceptre et marcheras derrière elle quand elle se dirigera vers le naos.

– Moi, prendre ta place ?

– C'est trop dire, rectifia le supérieur, amusé. Te substituer à moi quelque temps, rien de plus.

– Un voyage ?

– Au nord. Quand le ventre est affamé, l'esprit s'embourbe.

– N'est-ce pas dangereux ?

– Il n'y a pire péril que le renoncement.

– Je souhaiterais...

– Tu restes ici, Chrestos. Après moi, tu es l'homme le plus robuste de la communauté.

Sur la plus haute marche du débarcadère, à l'ombre de l'obélisque, Isis et Sabni s'embrassèrent. L'un et l'autre redoutaient cette expédition vers des terres incertaines d'où le supérieur ne reviendrait peut-être pas.

⁂

Au péage nord, le voyageur déclina son identité, paya son dû et reçut un morceau de papyrus de mauvaise qualité qu'il exhiberait devant les chefs de patrouilles arpentant les routes à la recherche des voleurs et des paysans en fuite. Malgré ses craintes, Sabni ne fut soumis à aucun interrogatoire. Dès qu'il traversa le premier village, il loua un chameau ; s'il parvenait à gagner les environs de Thèbes, entourée de riches exploitations agricoles, il pourrait acquérir des provisions en grande quantité. Loin d'Éléphantine, personne ne l'identifierait.

Le supérieur sortit de la province avec une surprenante facilité. Aucun scribe de l'évêque ne le suivit ; à chaque péage, il régla et passa sans autre forme de procès. Pour une somme modique, il emprunta un bateau de charge ; le batelier lui conseilla de débarquer dans un petit village, au sud de Thèbes, dont il connaissait bien le maire. Ce dernier fut accueillant et efficace. En moins d'une journée, des sacs de blé, de fruits et de légumes furent installés sur le dos d'une vingtaine d'ânes loués à un prix raisonnable. La paisible caravane, tantôt par les chemins de terre, tantôt grâce aux navires de transport assurant de courtes jonctions entre les gros bourgs, franchit en quatre jours la distance entre la province d'Amon et Éléphantine.

Des douaniers tatillons inspectèrent le contenu des sacs. Sabni craignit qu'ils ne saisissent une partie du chargement, mais ils se contentèrent d'inventorier les denrées. Le supérieur remit au chef douanier le sauf-conduit destiné aux archives de l'administration.

Près de la tête du cortège, un petit homme presque chauve examinait un âne. Sabni reconnut le percepteur principal.

– Cette bête est étrangère à la province. Montrez-moi votre certificat de louage.

– Je n'en possède pas.

– Nom du propriétaire ?

– Un maire de Thèbes.

– C'est extrêmement grave, estima Philamon. Selon le

règlement de la guilde des âniers, vous n'avez pas le droit, en tant que résidant d'Éléphantine, de louer des animaux à des concurrents. Vous serez contraint de payer une amende, de leur verser une année de cotisation et de régler les frais de leur banquet d'automne.

– Puis-je passer ?

– Non. Les ânes de la province, en cette saison, ne transportent que des outils, du fumier et des jarres. La réglementation en vigueur réserve les convois de nourriture aux chameliers. Vous êtes donc en situation illégale et je suis obligé de saisir ces denrées frauduleuses.

– J'aimerais les récupérer sans tarder.

– L'administration décidera.

– Qui, précisément ?

– Cette affaire me paraît complexe. Elle déborde le cadre de mes compétences et concerne sans nul doute plusieurs services ; il me faudra consulter des spécialistes et dépouiller les minutes du tribunal. Que vous soyez condamné est certain ; de quelle juridiction dépendrez-vous, voilà la question.

Sabni se détourna. Les sbires de Théodore s'étaient contentés d'attendre son retour et d'installer le plus légal des pièges ; croyant encore à l'impossible, le supérieur rendit visite à quatre des principaux membres de la guilde des âniers. Le premier refusa de le recevoir, le second et le troisième ne disposaient plus d'aucune bête en règle, le quatrième lui proposa deux animaux malades, incapables de supporter de lourdes charges.

Sabni renonça. La guilde obéissait à l'évêque. Le cœur las, le corps en proie à une fatigue proche de la désespérance, il se dirigea vers Philae. L'endroit où il avait coutume d'embarquer n'était plus désert.

Sur la berge, à l'intérieur d'une cabane construite à la hâte, se tenait un fonctionnaire chargé de percevoir un droit de péage exorbitant, relatif au trajet entre la terre et l'île sainte. Le préposé délivra un reçu en échange du paiement. Il obéissait scrupuleusement aux consignes données par l'évêque.

***

A l'extérieur du temple, tapisseries en lin, nattes de paille et en fibres de palmier étaient exposées au soleil purificateur; tuniques, manteaux et tabliers bénéficieraient des mêmes soins. Chrestos réparait les outres où l'eau gardait sa fraîcheur; les autres adeptes nettoyaient vêtements quotidiens et rituels en chantant des mélopées très douces dont le texte vantait le charme de la brise et la douceur des jours.

Quand Sabni apparut, un seul regard suffit à Isis pour comprendre qu'il avait échoué. Le silence du supérieur instruisit les adeptes; ils interrompirent leur labeur.

Ahourê s'avança. Le boulanger s'interposa.

– Demandons-lui des comptes, proposa-t-elle.

– Ses premières paroles sont réservées à la supérieure. Oublierais-tu l'obéissance ?

La ritualiste battit en retraite pendant qu'Isis et Sabni s'asseyaient à l'ombre d'un tamaris.

– Je t'ai suivi en pensée. Tu ne courais guère de dangers mais le destin ne te souriait pas.

– Théodore nous isole. Il ne nous reste plus que les deux barques; avec la plus lourde, et par bon vent, je remonterai le Nil dès que le vent sera favorable. Il me sera facile d'atteindre un village et d'obtenir du blé.

– Les marins de l'évêque t'en empêcheront.

– Il faut essayer.

– Manœuvreras-tu seul ?

– J'y parviendrai.

– La communauté tient bon.

– Grâce à toi, Isis.

– Ton courage et ta volonté la rassurent. Tant que tu lutteras, elle ne perdra pas confiance.

– La trahison ?

– Elle chemine.

– Quand nous frappera-t-elle à nouveau ?

– Regarde-la. Elle marche vers nous.

Échappant à Chrestos et au boulanger, Ahourê interpella le couple.

– Nous exigeons des explications. Le supérieur a-t-il trouvé de la nourriture ?

– Non, avoua Sabni, et ma tâche s'annonce malaisée.
– Sommes-nous condamnés à mourir de faim ?
– Pas encore.
La ritualiste ricana.
– Autrement dit, nous sommes coupés du monde. L'évêque laisse sortir le supérieur afin de lui prouver qu'il le manipule à sa guise. Nous devons changer d'attitude.
Frères et sœurs se rapprochèrent ; Ahourê ne manquait ni de superbe ni de conviction.
– Que préconises-tu ? demanda Isis.
– Négocions avec Théodore. Abandonnons-lui l'île à condition qu'il nous permette de quitter la province.
– Chacun de notre côté ?
– C'est l'évidence.
– Tu prônes la dissolution de la communauté.
– Elle se reconstituera ailleurs, dans une grande ville où nous passerons inaperçus.
– Si nous nous séparons, estima Sabni, nous disparaîtrons. Philae ne nous appartient pas ; ce domaine d'Isis, nous le préserverons, quel qu'en soit le prix.
– Je refuse cette bravade. Moi, Ahourê, ritualiste du temple, accuse le supérieur et son épouse de trahir la Règle. En conséquence, que la tête de la communauté soit remplacée et une autre orientation adoptée.
Ni Isis ni Sabni ne s'insurgèrent. A tout moment, un adepte pouvait formuler semblable grief.
– Qui sera notre nouveau chef ? interrogea la supérieure.
– Cette responsabilité me revient, dit Ahourê. Nulle ambition ne me pousse ; seul me guide le désir de servir les intérêts de la communauté.
– L'un de nous en douterait-il ?
– Moi, déclara Chrestos. Ahourê veut nous pourrir de l'intérieur. C'est sa propre règle qu'elle impose, non celle du temple.
La ritualiste assassina l'adolescent du regard.
– Mon intervention peut paraître choquante, admit-elle, mais je songe à la survie de mes sœurs et de mes frères. Nous entêter dans la voie choisie jusqu'à présent est un défi inutile. Être expulsés de manière honteuse, recevoir des coups, voir mourir les plus faibles... le désirez-vous vrai-

ment ? Théodore multiplie les avertissements et nous faisons la sourde oreille parce que nous croyons être les plus forts. Vanité! Admettons la fatalité, soumettons-nous à la loi de l'évêque et sauvons ce qui peut l'être.

– Ce sont paroles sensées, jugea Sabni, mais notre quête se situe au-delà du raisonnable. Pour l'amour de Philae, nous préserverons le temple. Si l'un ou l'autre est en désaccord, qu'il s'en aille. Si la communauté approuve la ritualiste, qu'elle l'élise. Isis et moi ne partirons jamais et continuerons à servir.

Ahourê regarda autour d'elle. Aucune voix ne s'éleva en sa faveur.

– Va-t'en, réclama Chrestos. Ton âme est aussi souillée que la défroque des ermites.

Sabni intima au jeune homme l'ordre de se taire.

– Toi qui es notre sœur, rappela Isis, aimes-tu encore notre Règle ?

– Elle me désavoue. Demeurer parmi vous m'est impossible; combien vous me regretterez!

Le boulanger l'emmena jusqu'à la rive du monde profane. Pendant le court voyage, elle ne cessa de regarder le temple. L'ancienne ritualiste hésita à mettre le pied à terre, mouilla sa robe et courut vers la cabane du douanier.

En infraction à cause du vêtement rituel et de l'absence de sauf-conduit, Ahourê fut aussitôt interpellée et arrêtée.

***

Deux jours plus tard, une brise du sud permit au supérieur de mettre son projet à exécution. La grande voile blanche déployée, il contourna Éléphantine et se glissa dans un courant favorable. A la frontière de la province, deux bateaux chargés de soldats lui barrèrent la route. Sabni ne put produire le document exigé, un ordre de voyage que seul délivrait le bureau de l'évêque. Comme il fut incapable d'acquitter l'amende, à savoir le prix du bateau multiplié par trois, il l'abandonna aux fonctionnaires et rentra à Philae dans un canot de papyrus.

L'unique chance de survie résidait dans le retour de la déesse lointaine. La célébration du rituel exigerait les paroles justes et ne tolérerait aucune approximation; aussi la supérieure ne sacrifierait-elle pas à la hâte. La communauté, apte à supporter le fardeau de l'infortune, ne la harcèlerait pas; chaque adepte prenait conscience de l'indispensable rigueur présidant au dialogue entre l'humain et le divin. Isis, dans la lutte contre l'adversité, préparait l'arme la plus efficace mais aussi la plus difficile à façonner. Seules l'interrompaient des bouffées de souffrance lorsqu'elle songeait à Ahourê, déjà si loin de Philae, sous le poids des chaînes et de l'exil.

CHAPITRE 49

En ce dimanche, rappel de la résurrection, l'évêque célébra une grand-messe dans la basilique d'Éléphantine dont la coupole, dorée à l'or fin, brillait sous les feux de l'été finissant. De nombreux fidèles ne purent entrer dans le lieu saint où Théodore, vêtu d'une chasuble rouge, brandit un bâton à l'extrémité en forme de spirale et appela sur la province la protection du Seigneur. Les exclus se pressèrent sur le parvis ou montèrent sur le toit des demeures environnantes.

Une barrière de boiseries séparait le sanctuaire du reste de l'église; en son centre, une porte que masquait un voile. Théodore l'écarta et s'agenouilla devant l'autel, une table de pierre qui provenait du temple de Khnoum. Un diacre y déposa du pain cuit dans le four sis près de la maison de Dieu et du vin sorti de son pressoir.

« Je crois et je confesse jusqu'à mon dernier souffle, déclara l'évêque, que ceci est la chair de Jésus. Je crois que la divinité n'a jamais été séparée un seul instant de son humanité. » Puis il traça un signe de croix sur le pain, l'embrassa, fit trois fois le tour de l'autel et l'encensa. L'odeur entêtante agressa les narines des fidèles assis sur des nattes et des tapis. Tête couverte, pieds nus, les notables d'Éléphantine écoutèrent la voix puissante du prélat transmettre l'Épître et l'Évangile. Au terme de l'enseignement, des clercs chantèrent un psaume glorifiant l'amour du prochain. Conserver de la haine dans le cœur empêchait de communier avec Dieu et autrui.

L'évêque se purifia les mains et pria pour les chrétiens répandus sur la surface du globe, leurs ennemis et les incroyants. Il rompit le pain, en éleva une parcelle et proclama : « Les choses saintes aux saints. » Par ses gestes, il révéla la présence invisible, mais réelle, du Maître céleste dont les fidèles partageaient le repas, annonce du banquet du dernier jour où les justes seraient conviés. En invoquant l'Esprit saint, le célébrant but du vin, le consacra et lui souhaita : « Paix à toi. » Après avoir déposé une parcelle de pain dans le calice, Théodore rappela les paroles de l'apôtre Paul : « Chaque fois que vous mangerez ce pain et que vous boirez ce vin, vous annoncerez la mort du Seigneur, jusqu'à ce qu'Il vienne. Celui qui mangera le pain ou boira la coupe du Seigneur indignement sera coupable du corps et du sang du Seigneur. Celui qui mange et boit sans discernement mange et boit son propre jugement. »

Quand il sortit du sanctuaire, l'évêque donna la communion aux diacres. L'attendaient les sous-diacres, les lecteurs, les psalmistes, les notables, les veuves, les vierges et les femmes de bonnes mœurs. Théodore dut interrompre la célébration; du fond de l'église montèrent des cris de panique. Les rangs des croyants se brisèrent, laissant le passage à un personnage terrifiant, au corps d'homme et au visage de chacal.

– Le diable! s'exclama une vieille patricienne qui s'enfuit en hurlant.

– C'est Anubis! hurla sa voisine. Anubis est revenu!

La plus grande partie de l'assistance se jeta à terre. D'autres fermèrent les yeux, d'autres encore s'enfuirent. Les diacres, impressionnés, tentèrent en vain de les retenir. La messe s'abîma dans le plus grand désordre.

Anubis regarda l'évêque pendant quelques secondes, puis rebroussa chemin sans que personne osât se dresser contre lui. Théodore imposa le silence. Les diacres battirent de verges les plus excités et les chassèrent du lieu saint où se réfugia une foule apeurée.

– Ce n'était pas Anubis, affirma-t-il.

– Nous l'avons vu, protestèrent dix témoins.

– Vous n'avez vu qu'un homme masqué ; le supérieur s'est joué de votre crédulité. Son temple n'est pas un antre de démons invisibles mais un refuge d'âmes perdues. Demain, le Christ les convertira.

Des contradicteurs invectivèrent l'évêque et mirent en doute ses affirmations ; le prélat évoqua les processions où des prêtres jouaient le rôle des divinités afin d'éblouir une population avide de merveilleux. Certains, honteux, regrettèrent leur attitude ridicule. Beaucoup demeurèrent persuadés qu'Anubis s'était de nouveau incarné afin de prouver la permanence de la foi antique. L'homme au visage de chacal n'avait-il pas interrompu la messe sans être frappé par le feu du ciel ?

Amer, Théodore s'isola dans le sanctuaire et s'agenouilla devant le Christ.

***

La sœur chargée de s'occuper de la basse-cour gava la dernière oie qui y gambadait. Poules et coq erraient encore en liberté ; bientôt, il faudrait les chasser comme du gibier. La supérieure avait ordonné de servir de la viande aux malades tout en préservant la volaille pour la fête de la déesse lointaine. Dans le magasin principal où étaient conservées les nourritures, Chrestos filtrait de l'huile. L'économiser devenait indispensable, sur une terre où les olivaies se montraient pourtant si généreuses, mais Philae n'appartenait plus à l'Égypte de l'empereur. L'île interdite, coupée du monde, survivait par le respect de ses propres lois, fussent-elles contraires à celles du christianisme. Le jeune adepte puisait dans l'adversité une vigueur qu'aucun malheur ne saurait entamer. Les dieux imposaient ces épreuves à Philae afin que les adeptes réveillent leurs énergies les plus vitales. En croyant abattre le temple, l'évêque le renforçait.

Sabni rangea le masque d'Anubis dans le trésor.

– Comment ont-ils réagi ? demanda Isis.

– Comme je l'espérais : ils ont eu peur. La crainte s'est insinuée dans leurs esprits et leur belle unanimité s'est disloquée.

– Redouteront-ils assez Philae pour la respecter ?

– Anubis est ressuscité ; il ouvre les routes de l'au-delà et conduit l'âme vers le paradis.

– Nul ne le respecte plus, hors de cette enceinte.

– C'est le seul combat que nous puissions mener : témoigner de notre foi.

– Mener un combat... ce n'est pas notre vocation. Percevoir la lumière divine et lui offrir une demeure, voici notre rôle. La puissance du rite est sans égale ; en lui s'inscrit le processus même de la création. Quand nous le célébrons, l'harmonie est réalisée, comme au premier matin. La déesse lointaine reviendra.

L'automne approchait. Déjà, au couchant, les murs du temple se teintaient d'électrum. Qui aurait supposé que le vaisseau de pierre de la déesse Isis voguait sur une mer déchaînée ?

***

Dans la prière, Théodore éprouvait la vertu du réconfort. En élevant sa pensée vers le Seigneur, il jugeait méprisable sa fonction d'administrateur et de chef d'armée ; sa vocation ne le destinait pas à ces tâches dérisoires. Pourquoi s'occuper des affaires terrestres alors que Dieu exigeait chaque instant ?

Le prélat eut envie de tout abandonner, de confier la province à la Providence. Lâcheté... le mot lui brûla les lèvres. Ce serait si facile d'oublier ses ouailles, d'ouvrir la porte au fanatisme et de dialoguer avec le ciel sans se soucier de la misère et du malheur d'autrui. Lui, l'Égyptien, liait l'ancien au nouveau monde parce qu'il comprenait le passé et construisait l'avenir. Ne s'illusionnait-il pas en croyant infléchir la destinée ? Sauver Sabni... ce succès-là, il le souhaitait avec l'ardeur de l'amitié la plus pure. Échouer serait le plus sévère des châtiments ; en le lui infligeant, Dieu lacérerait son âme.

Il se surprit à rêver du soir béni où il serait un vieillard impotent et solitaire, silencieux sous les ombrages de son jardin, incapable de peser sur l'existence d'autrui. Songe creux, en ces heures où se jouaient le sort d'Éléphantine et celui du christianisme. De part et d'autre du destin, le temple et l'église, le supérieur et l'évêque, Sabni et Théodore.

Le pouvoir... il ne l'avait pas recherché. Insidieuse, cette fièvre s'était emparée de lui ; mêlée à sa pensée et à ses actes, sa fonction le guidait et le privait de liberté. Ne ressemblait-il pas à son ami, lui aussi contraint d'obéir à la volonté d'en haut ?

CHAPITRE 50

Paul et les ermites furent surpris de la sollicitude de l'évêque : chacun d'eux reçut une tunique de lin, des figues et du poisson séché. Pourquoi, après les avoir si longtemps ignorés, voire méprisés, les gratifiait-il ainsi ? Méfiant, Paul était persuadé que Théodore tentait d'acheter leur silence. Un ermite qui ne souffrait pas du froid et mangeait à sa faim ne luttait plus pour le Christ ; il perdait son mordant, sombrait dans une tolérance coupable.

L'évêque avait-il quelque faute à cacher ? Paul arpenta les rues, questionna, fouilla. Il ne recueillit aucun élément sérieux. Comme il le craignait, l'existence de Théodore ne s'obscurcissait d'aucun péché majeur. Certes, il aurait dû depuis longtemps décréter l'expulsion des païens et la destruction du temple ; mais ses dernières décisions traduisaient un durcissement très net de sa position conforme à son engagement spirituel. Accuser l'évêque de mollesse n'entraînerait guère d'adhésions.

Paul déploya une autre stratégie. Travail et prière remplissaient les journées du prélat, qui sortait rarement de son domaine. Aussi l'ermite rechercha-t-il les manquements à cette règle de conduite, sans tenir compte des déplacements officiels. Sa patience fut récompensée : il apprit que Théodore avait rendu visite à un marchand de figues nommé Apollon. Deux jours plus tard, le commerçant, dont les affaires prospéraient, avait pourtant quitté la ville comme un voleur, à la surprise de ses employés et de ses collègues. L'ermite n'obtint aucune explication à ce départ, mais apprit que l'un des fils d'Apollon, Chrestos, avait disparu. Son père s'était rendu à la caserne afin de porter plainte; Paul fit parler un soldat partisan de l'intransigeance des combattants de Dieu. Il confirma la rencontre entre Apollon et le capitaine Mersis. Mersis le païen, le traître, le complice des adorateurs d'Isis. Paul fut empli d'une joie sauvage : il connaissait le point faible de l'évêque.

***

La moitié de l'église était vide. L'apparition d'Anubis continuait à semer le trouble dans les esprits au point d'éloigner les plus tièdes de la vraie foi. Ne murmurait-on pas que le dieu égyptien ensorcelait les murs du sanctuaire chrétien de sorte qu'ils transmettent une maladie mortelle ? Malgré des sermons énergiques, Théodore ne parvenait pas à reconquérir le terrain perdu.

Au terme d'une célébration où les chants manquaient d'entrain, l'évêque se heurta à Paul. L'ermite exigea une entrevue immédiate; à son regard enflammé, le prélat comprit que le fanatique détenait une arme contre lui.

Théodore proposa à Paul une promenade dans les jardins de l'église. Plantés de sycomores, ils offraient une ombre douce aux diacres qui lisaient les textes sacrés avant l'office.

– Qu'attends-tu de moi, mon frère ?

– Le respect sans faiblesse de la loi de Dieu.

– Cette tâche me préoccupe à chaque instant. Aurais-je failli ?

– Je le crains.

– De quelle manière ?

Paul serra davantage son bâton noueux.

– En couvrant une affaire criminelle.

– Tes indices ?

– Mersis n'était-il pas un officier félon ?

– Il fut châtié.

– N'a-t-il pas reçu un dénommé Apollon que vous avez contraint à l'exil ?

– Ce marchand de figues préférait faire fortune ailleurs.

– Ne l'avez-vous pas obligé à quitter la province à cause de son fils Chrestos ?

L'évêque ne répondit pas.

– Chacun apprécie votre sens de l'honneur et du devoir; en tant que serviteur de Dieu, vous reculez devant le mensonge. Je suis persuadé que ce Chrestos, fils d'Apollon, s'est réfugié sur l'île des païens. Violation grave de la loi sacrée : il est interdit au temple d'accueillir un nouvel adepte sous peine d'être anéanti.

– Tes preuves ?

– Je les obtiendrai. Pourquoi n'êtes-vous pas intervenu ?

– Je n'ai pas à me justifier, mon frère. La raison d'État nous dépasse, toi et moi.

– Vous aimez ces païens.

– Je désire les convertir.

– Quand la douceur échoue, c'est à la force d'intervenir. Si vous refusez de l'utiliser, je révélerai votre péché aux fidèles; leur juste colère se déchaînera contre Philae!

Théodore imaginait Paul à la tête de la province. En moins d'un an, il l'aurait ruinée. Les chrétiens s'entre-déchireraient. Des nuées obscures recouvriraient Éléphantine.

– J'ai pourvu aux besoins des ermites.

– Cela ne suffit pas. Il faut qu'une tête tombe. Ensuite, Théodore, vous m'associerez à votre pouvoir. A nous deux, nous vaincrons les démons.

– Je pose mes conditions, moi aussi.

– En avez-vous encore la capacité ?

– Sans moi, tu ne seras qu'un fantoche.

Paul, d'un violent coup de bâton, frappa le tronc d'un sycomore. Hélas, l'évêque avait raison! L'ermite ne bénéficiait pas, comme le prélat, de la confiance du peuple; diriger une faction, fût-elle conquérante, ne suffirait pas à asseoir sa prépondérance. Pendant quelque temps encore, il composerait.

– Quelles sont ces conditions, Monseigneur ?

– Le respect de la vie humaine.

– Les païens sont-ils des hommes ? Vos soldats en ont tué un certain nombre et vous n'avez pas excommunié les responsables.

– De regrettables incidents, Paul; nous prions pour nos ennemis et demandons à Dieu leur conversion, non leur extermination.

– Dieu pardonne au pécheur repenti et damne l'hérétique.

– Une tête tombera, affirmais-tu.

– La justice doit régner sur notre province; acquitter le criminel serait injurier le Très-Haut. Vous, son représentant, n'admettrez pas cette infamie.

– Grave dans ton esprit la plus importante de mes conditions : que cette tête ne soit pas celle de Sabni.

***

Nombreux furent les habitants d'Éléphantine qui assistèrent à la démolition d'une vieille bâtisse sise près du bureau du percepteur principal. Les maçons chassèrent le mendiant, son unique locataire, et abattirent les murs. Un contremaître, surnommé « le Raccourci », rythma la manœuvre d'ordres secs et précis.

Soudain, il poussa un cri.

Les ouvriers posèrent les masses. Le contremaître venait de mettre au jour un coffre en argent et alerta aussitôt le percepteur principal; Philamon accourut et procéda à l'ouverture du coffre, rempli de pièces d'or et de lingots d'argent.

– Je reconnais ce trésor, déclara-t-il. Il a été volé à l'évêché voici un an; je dois procéder à un inventaire.

D'ordinaire, le fonctionnaire travaillait à l'abri des regards. Cette fois, il opéra devant de nombreux témoins. Dérober des biens d'Église serait châtié avec sévérité; Théodore exigerait une enquête approfondie.

– Le coupable a signé son crime, constata Philamon. Regardez!

Il montra un bracelet en ivoire inscrit au nom de Chrestos.

***

La police de l'évêque rechercha en vain le jeune homme pour l'interroger. Voisins et amis identifièrent le bracelet en ivoire que Chrestos avait abandonné dans sa chambre avant de quitter la demeure familiale ; c'était sa parure favorite, symbole de son passé, indigne du temple : le nom de son propriétaire ne suscitait donc aucun doute. Les langues se délièrent ; depuis son jeune âge, Chrestos avait la main trop leste. L'avarice de son père le contraignait à commettre de petits larcins. Un douanier fournit une précieuse information : il avait arrêté le gamin qui rapportait chez lui un peigne d'ivoire dérobé à des contrebandiers. En raison de l'âge du voleur, il s'était contenté de saisir l'objet.

Le diacre chargé de l'instruction accumula des preuves accablantes contre le dangereux personnage. Au terme du procès, organisé en l'absence du fuyard, fut prononcé la sentence : condamnation aux travaux forcés dans le désert libyque. Il ne restait plus qu'à retrouver la trace de Chrestos, à le jeter en prison et à le déporter.

Théodore demanda quelques jours de réflexion à Paul avant d'ordonner au Raccourci de répandre une rumeur selon laquelle le voleur aurait été aperçu sur l'île de Philae. Réflexion inutile, puisque le prélat ne pouvait rompre le pacte conclu avec l'ermite. L'évêque implora le Seigneur. Parce qu'il n'avait pas su détruire Philae, il était contraint de la faire souffrir. Dans la tourmente, saurait-il sauver son seul ami ?

Chrestos n'échapperait pas au supplice ; il n'existait aucun moyen de l'y soustraire. Paul exigerait la crucifixion afin qu'aucun adolescent ne fût tenté d'embrasser la cause des païens. Si la méthode était condamnable, son idéal répondait aux exigences de la foi.

Théodore hésitait encore à convoquer le Raccourci ; à l'aube, Paul exigerait son dû. Quel ange descendrait des nuées et emporterait dans ses ailes l'âme d'un jeune homme inconscient des rigueurs de son temps ?

Le garde frappa à la porte du bureau où la lumière d'une lampe avait brillé la nuit durant. L'ermite ne perdait pas un instant.

– Entrez.

Le factionnaire introduisit un officier de la garnison.

– C'est très grave, Monseigneur. Deux éclaireurs signalent une forte concentration de troupes blemmies aux sud de la première cataracte.

CHAPITRE 51

Paul, furieux, invectiva le factionnaire.

– Sais-tu qui je suis ?

– Ça ne changera rien. L'évêque est absent.

– C'est faux ! Libère l'accès de son bureau.

– Si vous tentez de passer, je vous abats. Ce sont les ordres.

– Où se trouve-t-il ?

– A la caserne.

– Si tu m'as menti...

Quoiqu'il maintînt la tête haute, le milicien n'en menait pas large. Comme les autres, il redoutait l'ermite.

***

Paul força l'entrée du quartier général où Théodore conversait avec les principaux officiers.

– Tu n'es pas habilité à siéger en ce conseil, rappela l'évêque. Sors.

– Pas avant que vous ayez ordonné l'arrestation du criminel.

– Nous réglerons cette affaire plus tard. J'ai besoin de tous les soldats.

Les yeux de l'ermite brillèrent de rage.

– Même si l'état d'urgence est décrété, ne comptez pas différer indéfiniment l'exécution de la sentence.

– Ce n'est pas mon intention.

– Soyez certain que les combattants de Dieu manifesteront leurs exigences.

***

Sûrs de l'impunité, une dizaine d'ermites brûlèrent la vigne du temple et un champ où travaillaient des paysans soupçonnés de complicité avec les païens. Paul et ses troupes semèrent davantage d'effroi qu'Anubis. La population, après avoir balancé entre les menaces de l'ancien dieu et les anathèmes du nouveau, s'engagea résolument aux côtés des chrétiens les plus exaltés. Si l'armée n'intervenait pas contre eux, c'est qu'ils avaient obtenu la bénédiction de l'évêque.

Le temple ne mourait pas de faim. En cette paisible journée d'octobre où un soleil tendre transformait les pierres en or, les adeptes furent conviés à un banquet. Près du petit sanctuaire de Hathor, ils goûtèrent olives et dattes fraîches, dégustèrent des pintades rôties, savourèrent du vin rouge et de la bière d'orge. Le Nil formait un écrin protecteur, baignant de ses eaux apaisées l'île de la grande déesse. Pagnes plissés des frères et robes de lin des sœurs étincelaient de blancheur. Sabni portait un tablier de cuir brodé d'or et Isis une robe blanche à bretelles. Rayonnante, la supérieure demanda au plus âgé des prêtres de cacher son visage sous un masque de lion.

Ainsi débuta le rituel destiné à faire revenir la déesse lointaine des solitudes du désert.

S'organisant en procession, les adeptes transportèrent les nourritures à l'intérieur de l'enclos de la bonne rencontre où, si les paroles prononcées touchaient son cœur, l'exilée s'unirait à sa communauté. La moitié des adeptes demeura prostrée, assise sur les talons; l'autre, guidée par la supérieure, s'éloigna de l'édifice et se dirigea vers un kiosque où étaient entreposés des instruments de musique.

– Nous sommes dans l'affliction, déclara Sabni. La lumière s'est perdue, là-bas, sur les terres rouges où rien ne pousse. L'œil du soleil, sorti de son front, s'est enfui dans le désert pour massacrer les humains qui s'y étaient réfugiés, croyant échapper à son courroux.

– Je suis le porte-parole de l'humanité, dit Chrestos. Quelle faute a-t-elle commise?

– Elle a oublié le ciel, trahi la règle de vie, méprisé le sacré. Les êtres se sont accusés les uns les autres. Au lieu d'affronter les dieux, ils se sont cachés. Le soleil s'est éloigné de la terre. De créateur, son feu est devenu destructeur. La souffrance a remplacé la joie.

– Qui apaisera la déesse lointaine ?

– La communauté est partie à sa rencontre. Par la musique, les chants et la danse, elle tentera de dissiper sa colère et de la ramener ici, dans son temple. Si elle échoue, nous périrons. Elle nous confondra avec les révoltés et, de ses crocs de lionne, nous déchirera.

Se répandirent dans l'air orange de la fin du jour les sons de la harpe triangulaire, du tambour renflé, de la trompette au cornet évasé en calice de lotus, de la flûte, des cymbales et des crotales. Un cortège bruyant joua un air rythmé, avec des intonations marquées. Deux sœurs, encore agiles, esquissèrent des mouvements de danse. Les voix graves des frères entonnèrent un chant qui suppliait la lionne terrifiante d'accepter l'amour de la communauté. Autrefois, un singe apprivoisé jouait du luth et une gazelle gambadait devant les musiciens.

L'orchestre s'arrêta au seuil du temple, devant une figure du dieu Bès, nain trapu et barbu au visage grossier. Sous la laideur de cet initiateur, l'adepte devait découvrir la beauté. Le rire tonitruant de Bès dissipait la peine et clarifiait les nuées ; qui le voyait sur son chemin savait que le destin lui serait favorable.

La communauté chanta un psaume lent et recueilli, implorant la déesse lointaine de venir en paix. Quand la musique s'éteignit, Sabni se leva et fit face aux adeptes.

– L'œil du soleil brille-t-il parmi vous ?

– Nous l'avons cherché et nous l'avons trouvé, répondit le harpiste.

– Le massacre de l'humanité a-t-il cessé ?

– Il se poursuivra tant que l'œil ne siégera pas dans un lieu sacré.

– Ce lieu, nous l'avons construit de nos mains.

– Donne-moi son nom.

– L'île de la grande déesse. Le soleil est présent, jour et nuit, dans son sanctuaire.

– Qui apaisera la colère de l'œil ?

– Moi, le supérieur du temple.

– Comment procéderas-tu ?

– Par la connaissance de la nature divine.

– Quel est le nom de l'œil ?

– Celui qui crée. Le regard de lumière engendre les êtres et les choses.

– Quel est le nom de la déesse ?

– La Terrifiante qui deviendra sourire, l'éloignée de notre cœur, le jaillissement de la première étoile.

– Que lui offriras-tu ?

– Un banquet est préparé pour elle. Les adeptes communieront dans le bonheur des retrouvailles.

– La reconnaîtras-tu, si elle se présente à toi ?

– Qu'elle daigne se révéler à la communauté prosternée devant sa beauté.

Les membres de l'orchestre s'écartèrent. Le masque de lion s'avança, féroce. Il annonçait les fièvres, la dysenterie, la cécité et la famine ; s'il triomphait, un vent malodorant, alourdi de miasmes, balayerait le temple.

– Je ne te crains pas, dit Sabni. Tu effraies les rassasiés de peur. Écarte-toi de la route de la déesse.

Le masque disparut. Agitant les sistres dont le son métallique éloignait les démons acharnés à entraver sa marche, Isis apparut. Une large ceinture rouge ornait sa taille et un fard vert soulignait la courbe de ses sourcils. Sa coiffe, la couronne aux deux hautes plumes encadrant un soleil, éclairait le chemin qui, du fond du désert, la ramenait vers le temple.

– Toi, l'or des dieux et le sourire de la création, unis-toi à ce corps de pierre. Illumine-le de ton amour sans limite, accorde-lui la vie, la force et la cohérence.

A l'instant d'entrer dans l'enclos de l'appel, Isis hésita. Le rituel était-il célébré avec la foi des premiers âges, la communauté déployait-elle l'énergie des bâtisseurs qu'exaltaient les tâches les plus ardues ? Le prêtre au masque de lion joua sur son luth une mélodie grave ; les feux du couchant enveloppèrent l'enclos de l'appel d'une lumière d'au-delà. La Terrifiante se transforma en Bienfaisante.

Isis s'avança à l'intérieur de la demeure d'Hathor à l'instant où Sabni allumait une torche : le feu retournait au feu.

– Tu es revenue parmi les tiens. Le temple est ressuscité.

CHAPITRE 52

– Nous sommes prêts à payer, affirma Sabni. La supérieure tient à ta disposition des pectoraux, des gorgerins, des colliers et des bagues.

– Ce ne sera pas suffisant, rétorqua Théodore.

– Ne prétendais-tu pas que tout s'achète ?

– Pas la justice.

– Oses-tu appeler « justice » cette condamnation insensée ?

– Les preuves existent. Chrestos a été reconnu coupable par une assemblée de citoyens où je ne figurais même pas.

– Ainsi, ton nom ne sera pas associé à un crime.

– Chrestos a volé et il s'est enfui. Si tu ne le remets pas à la juridiction ecclésiastique, les ermites prendront la tête d'une foule furieuse et attaqueront Philae.

– Tu me demandes d'abandonner un frère et de l'envoyer à une mort atroce.

– Il a commis des fautes impardonnables. Dans ma prison, il sera en sécurité. La colère du peuple s'apaisera.

– Son incarcération sera de courte durée ! Comme les autres, il sera déporté, humilié, soumis aux travaux forcés et périra dans les mines aux côtés d'enfants et de vieillards.

– Suis-je responsable de sa déchéance ? En choisissant Philae, il connaissait les risques. Ou c'est lui qui disparaît, ou la communauté entière.

– Est-ce toi qui parles, Théodore ? Est-ce bien toi ?

– Non, Sabni. C'est la volonté de Dieu.

***

Sabni prit Isis dans ses bras et l'étreignit longuement. La sentence rendue contre Chrestos serait exécutoire dans deux jours, et le supérieur devrait remettre le criminel aux policiers.

– Faisons appel au patriarche d'Alexandrie.

– A condition d'obtenir les services d'un messager rapide, une semaine de voyage... et la certitude de voir confirmer le jugement du tribunal d'Éléphantine.

– N'existe-t-il aucune juridiction susceptible de casser cette condamnation ?

– Aucune.

– Nous ne céderons pas, dit Isis.

– Ils viendront et nous emmèneront tous.

– Et si la grande déesse nous protégeait, les empêchait de traverser le bras d'eau qui nous sépare de ce monde perverti ? Résistons, Sabni. Notre liberté est plus ardente que le feu, plus insaisissable que le vent. Renoncer nous réserve un sort pire que la mort : perdre la vie.

***

Sur le ventre d'un scarabée, Chrestos grava un texte majeur ; il permettait au juste de franchir la première porte de l'au-delà en répondant à la question d'un gardien inflexible : « *Mon cœur est le cœur de la lumière divine; tu ne cesses pas d'être vivant, pour toujours et à jamais, tu rajeuniras au-delà du temps.* » Depuis qu'il travaillait au temple, le jeune homme s'était dépouillé de l'angoisse, poids insupportable de ses journées d'adolescent. Même lorsqu'il s'évadait dans les champs bordés de digues, se cachait dans les bosquets de tamaris ou dans les bois de sycomores, se terrait dans les marais encombrés de souchets, il ne trouvait pas la paix. Sur l'île sainte, il n'avait plus envie de fuir. De l'esprit, véritable maître de ces lieux, il saisissait l'aube ; cette lueur d'origine devenait sienne.

D'ordinaire, Sabni l'arrachait au labeur et le priait de venir dîner. Ce soir-là, ce fut l'obscurité qui interrompit le sculpteur. Intrigué, il nettoya ses outils, posa le scarabée sur un bloc de granit et courut en direction du réfectoire installé près du temple de Hathor.

Frères et sœurs mangeaient en silence. Pour le supérieur, les pois chiches avaient le goût de l'argile et la bière ressemblait à de l'eau saumâtre. Chrestos s'assit à côté de lui.

– Quel chagrin vous afflige ?

Les adeptes se levèrent l'un après l'autre et, à pas lents, se dirigèrent vers leurs demeures. Seuls restèrent Sabni et Isis.

– Vous aurais-je mécontentés ?

– Tu es l'espoir de notre communauté.

– Pourquoi me fuit-on ?

– Qui osera te dire la vérité ?

Chrestos regarda autour de lui. L'eau bleue frémissait sous le vent du soir, les murs dressaient leur masse sereine, infranchissable.

– Toi, tu oseras.

– Je déteste ma fonction.

Sabni sentit peser sur lui le regard d'Isis.

– Que me reproche-t-on ?

– Vol de biens ecclésiastiques. L'existence de preuves formelles a précipité le jugement : l'évêque exige ton expulsion.

– Quel sort me réserve-t-il ?

– Au mieux, la prison à vie. Au pire, la déportation et les travaux forcés.

– Et si je me cache sur cette île ?

– Les ermites et leurs séides l'envahiront.

– Crois-tu à ces accusations ?

– Je t'aurais moi-même chassé de cette enceinte.

– Quelle est ta décision ?

– Comment peux-tu en douter ? Nous te protégerons jusqu'à notre dernier souffle.

– Quand viendront-ils ?

– Demain, à l'heure où le soleil atteindra le sommet de sa course.

Chrestos tendit son écuelle.

– J'ai faim.

Isis le servit. Le jeune adepte mangea de bon appétit.

– Votre détermination ne suffira pas à les repousser.

– En te glissant dans mon ombre, tu n'auras rien à craindre. Porter la main sur une supérieure de Philae les condamnerait à l'errance éternelle. Jamais, dans l'histoire de l'Égypte, pareil outrage ne fut perpétré.

Le jeune adepte regarda la supérieure avec respect.

– Demain, je resterai au temple. Après-demain aussi, et pour l'éternité.

Le sourire d'Isis se perdit dans la nuit montante. Chrestos but de la bière de fête.

***

Le grain mourait en terre dans le silence du limon fertile; l'homme ne jouait aucun rôle dans ce mystère aux paroles invariables. Au seuil de l'ivresse, Chrestos songea à l'hymne du temple couvert consacré à Isis, l'habitante des étoiles où l'âme puisait l'espérance et se jouait de la mort.

L'adepte monta au sommet du premier pylône, épousa de l'index chacun des signes gravés sur les murs de l'escalier. Oiseaux, arbres, paniers s'animèrent sous la chaleur de sa main et progressèrent, en compagnie du lecteur, vers le faîte du temple.

Chrestos voulait jouir de l'aube comme un chevreau bondissant de joie aux premiers rayons du soleil ressuscité. Il lui restait une longue route à parcourir, de nombreuses portes à franchir, un rude travail à accomplir. Certes, son esprit se déliait; la vanité, s'il n'y prenait garde, tuerait vite ces premiers élans. Exiger la perfection de l'œuvre sans croire à celle de l'homme : il n'oublierait jamais la leçon de la communauté, pourvoyeuse d'être. Seul le don total de soi, au-delà de la réussite et de l'échec, éveillait une sensibilité digne de l'immortelle confrérie présente au cœur de chaque pierre.

Non, il n'était pas à lui seul l'avenir de Philae. Comment le temple se serait-il incarné dans un individu? Au contraire, il menaçait l'existence même des adeptes en suscitant la fureur des chrétiens; qu'il fût victime de la plus odieuse des injustices ne comptait guère. L'amour de l'île sainte lui dictait sa conduite.

Chrestos emplit son regard du sanctuaire où la lumière

gagnait sur les ombres de la nuit agonisante ; bientôt, Sabni et Isis pénétreraient dans le naos et éveilleraient en paix la puissance divine. En cette journée d'automne, quatre mille ans après la naissance de l'Égypte pharaonique, Philae demeurait sereine, inaltérable. Son devoir de frère consistait à la protéger en écartant d'elle le fauteur de troubles.

Du haut du pylône, Chrestos se jeta dans le vide.

CHAPITRE 53

Les badauds, plus nombreux à chaque carrefour, suivirent l'homme tranquille qui portait dans ses bras un étrange fardeau. Le supérieur s'arrêta devant la demeure de l'évêque et déposa sur un seuil de pierre, devant des miliciens, le cadavre de Chrestos enveloppé dans un linceul blanc. Seul apparaissait le visage, beau et calme.

Alerté par la rumeur, le prélat sortit de son bureau. Quand il apparut, la foule se tut. Théodore s'approcha de la dépouille et mit un genou en terre.

Il leva les yeux vers Sabni.

– Je n'ai pas voulu cette mort.

– Il a offert sa vie pour sauver Philae. Le sacrifice sera-t-il suffisant ?

Dans les yeux du supérieur, nulle haine mais une révolte si brûlante qu'aucun mot ne pouvait l'exprimer.

– Je ne l'ai pas voulue, Sabni.

– Laisse-moi l'ensevelir selon nos rites.

– Non ! hurla l'ermite Paul en brandissant son bâton. Un païen doit être brûlé. Que le corps soit remis aux coureurs des sables.

Les « mangeurs de cadavres », comme les appelait le peuple, vivaient dans le désert loin des habitations. Ils enterraient les indigents et faisaient disparaître les restes des criminels et des voleurs. Cette ultime humiliation, Sabni espérait l'éviter.

– Ce païen a été jugé et condamné, rappela Paul. Qu'il ne bénéficie d'aucun privilège.

Une clameur l'approuva.

– Résisteras-tu à cette barbarie, Théodore ?

– Tu dois te soumettre à la loi de Dieu, Sabni. Moi, je dois la faire respecter.

– Ne mêle pas Dieu à cette ignominie.

– La vague est trop violente. Je t'avais prévenu : les remparts s'effondrent. Pars, mon ami ; modifie un destin contraire.

***

Le supérieur ne rentra pas à Philae. Obligé d'abandonner la dépouille de Chrestos aux rapaces humains, il erra dans les carrières abandonnées de la rive orientale. En ces lieux désolés, vides de toute présence depuis des décennies, régnait une chaleur lourde. Le vent du nord se fracassait contre les massifs de granit d'où les maîtres d'œuvre de Pharaon avaient extrait des pierres splendides destinées aux temples. Les constructeurs de pyramides n'hésitaient pas à franchir l'énorme distance qui séparait Memphis d'Éléphantine pour y tailler des blocs gigantesques que des barges emportaient vers le nord.

Sabni s'arrêta sur l'obélisque inachevé, le plus imposant monolithe jamais dégagé de la gangue dont il était pourtant resté prisonnier à cause d'une fissure qui le condamnait à rester couché dans la carrière. Les Grecs l'avaient mesuré : 42 mètres de long, un poids de 1 200 tonnes. Des centaines d'hommes s'étaient échinés, ici, à ôter la croûte superficielle protégeant un granit rose d'une exceptionnelle beauté, la syénite, côtoyant la diorite et le quartz.

Dans ce paysage de roches éparses et de monuments interrompus, le supérieur discerna l'inachèvement de sa propre aventure. Oubliées les carrières, perdue la communauté qui œuvrait à la gloire du Principe. Un voile épais s'étendait sur l'univers lumineux des pharaons. A quelques mètres du pèlerin, un colosse tentait en vain de s'arracher à son linceul minéral ; le colosse de Ramsès II, porteur de la couronne blanche, les bras tenant les sceptres et croisés sur la poitrine, attendait la main du sculpteur apte à le libérer de la matière. Sabni eut envie de se saisir d'un maillet et d'un ciseau, de venir en aide au roi défunt, de lui prouver que son regard pouvait s'ouvrir et sa bouche parler. Mais il renonça, découragé par l'énormité de la tâche.

Sur une stèle fracassée, une inscription encore lisible :

> « *Qui que vous soyez, veillez à obtenir la louange de votre dieu; il vous sera donné de jouir pleinement de votre fonction puis de la transmettre à votre successeur, en laissant votre cœur en repos.* »

Au-delà des siècles, ce discours lui était destiné. Sabni ne gisait-il pas, comme le colosse, dans une prison dont il ne sortirait pas ?

L'inscription ouvrait un chemin, le seul chemin : transmettre. Jamais le supérieur d'une communauté ne serait son propre maître; seuls importaient sa fonction et le service de la confrérie. S'interroger sur sa personne était trahison; or, dans un monde privé de paroles justes, oublieux de la Règle, le cœur de l'homme ne se préoccupait plus que de lui-même.

La nuit s'annonçait mordante. Le colosse semblait se rétrécir; de tous côtés, les ténèbres l'agressaient. Dans ce chaos minéral, les routes s'estompaient. Bientôt, le voyageur le plus expérimenté s'égarerait, incapable de sortir des carrières. Sabni ressentit l'appel du désert de pierres dont la cataracte au goût d'Afrique, à peine égayée de quelques taches vertes, formait l'unique horizon. Qui aurait espéré, dans ce dédale infertile, plaines verdoyantes et champs dorés ?

Cette solitude, plus rugueuse que le granit, lui collait à la peau comme un vêtement trempé. Seul l'amour d'Isis l'empêchait de se fuir lui-même et de se persuader qu'en quittant la communauté il la sauverait. C'était lui, et nul autre, qui suscitait la réprobation de Théodore et la haine de Paul. Sabni disparu, personne ne songerait à s'attaquer à Philae; le vrai courage consistait à se démettre. En reconnaissant que sa seule présence exerçait une action nuisible, il prouverait aux adeptes sa fraternité.

Tournant le dos au Nil, le supérieur s'enfonça dans le

labyrinthe. Encore quelques pas et il deviendrait nomade, libre de toute attache, marcherait jusqu'aux confins du grand Sud où les rivières se jetaient dans l'abîme et où la race humaine n'existait plus.

En se penchant, Sabni découvrit à ses pieds un faucon mort, les ailes repliées. Le supérieur creusa le sol avec un éclat pointu et ensevelit l'oiseau d'Horus, fils d'Isis venu du ciel et désireux d'y retourner; selon l'enseignement du temple, les yeux du rapace, dressé sur les remparts des nuées, en discernaient le sommet à jamais caché. Il gardait l'accès du sanctuaire des dieux, bâti de lumière et d'amour, modèle des édifices terrestres.

C'était son propre cadavre que le supérieur rencontrait, la dépouille d'un être d'hier, au vol brisé; mais dans l'œil du faucon, éternellement vivace, se traçait la voie juste.

***

Nimbée de lumière argentée, Isis se tenait au bord du débarcadère. La barque accosta sans bruit; Sabni l'amarra et monta vers son épouse.

– Dans le monde des dieux, dit-elle, il ne se passe rien. Ils ignorent les événements auxquels nous sommes soumis, les moments de bonheur et de malheur qui nous agitent comme des jouets d'enfant.

– Isis, si tu savais...

– L'épreuve des pierres abandonnées... quel supérieur ne l'a pas vécue? Tu es revenu, Sabni, et je t'aime.

CHAPITRE 54

Isis ne se leva pas; une forte fièvre l'empêcha de remplir ses obligations rituelles. Dès qu'il sortit du naos où, comme chaque matin, s'éveilla la grande déesse, le supérieur revint au chevet de son épouse. Elle seule connaissait les secrets de l'art de guérir mais n'avait pas la force de se soigner elle-même. Sa brusque lassitude inquiéta Sabni.

– Peux-tu prescrire un remède ?

– Mon esprit est aussi faible que mon corps, mon énergie se dissipe, telle une brume d'été sur le Nil... De l'autre côté, sur la rive d'Occident, la déesse sera accueillante. Je ne la redoute pas; tant de fois, nous nous sommes parlé, complices.

– Non! Tu n'as pas le droit de céder.

Sabni prit Isis dans ses bras et la porta au petit temple d'Imhotep le guérisseur. Lorsque la médecine humaine s'avouait impuissante, il fallait s'en remettre à la volonté du sage entré vivant dans l'immortalité. Depuis l'invisible, il continuait à préserver la beauté du temple et l'intégrité de ses successeurs.

Le supérieur déposa la malade sur le dallage de la chapelle que les Romains appelaient le sanatorium; paralysé, un sénateur était venu chercher ici l'usage de ses membres. Après avoir juré de garder le silence sur ce qu'il verrait et entendrait, il était reparti guéri.

– Tiens ma main droite, demanda Isis.

Depuis toujours, elle savait que la mort ravisseuse se glisserait en elle de ce côté-là ; la présence de Sabni l'écarterait. Paume de la main gauche ouverte et tournée vers le plafond du petit édifice, yeux clos, le souffle à peine perceptible, la supérieure écouta le chant des pierres. Certaines provenaient de Guizeh, d'autres des carrières de Tourah, du Gebel Silsileh ou d'Éléphantine ; du nord au sud, elles formaient l'être des temples et des hauts lieux où l'esprit ne cesserait jamais de rayonner même si la barbarie tentait de les couvrir d'un voile de ténèbres et d'ignorance.

Quand Isis vit apparaître le visage hiératique d'Imhotep, illuminé du dedans, elle se redressa afin de lui manifester sa déférence. Sabni la soutint ; son regard exprimait à nouveau le désir de vivre.

***

Sabni réunit la communauté et lui annonça qu'il comptait entreprendre des travaux au sanctuaire d'Imhotep. Le boulanger rappela que Philae ne recevait plus aucun matériau et que nul tailleur de pierres n'oserait travailler sur l'île. Le supérieur écarta doutes et frayeurs ; les adeptes capables de manier les outils apprendraient le métier sur le chantier. Chrestos avait indiqué le chemin : ils devaient se montrer dignes de lui. Les blocs proviendraient du passé ; une ancienne chapelle, démontée, servirait de fondation au nouvel édifice. Ainsi agissaient les anciens, ainsi agiraient-ils.

Aux frères que désespérait la mort du plus jeune, le projet redonna de la vigueur. Oubliant âge et maladies, ils se mirent à l'œuvre sous la direction d'un supérieur exigeant, qui les traita comme des apprentis. Sa rudesse, loin de les décourager, ranima leur fougue.

Isis organisa les journées des sœurs avec la même sévérité : de l'aube au couchant se succédèrent pratiques rituelles, étude des textes sacrés, fabrication de cordages et de petits ciseaux de cuivre, préparation des repas, observation du ciel. Planant au-dessus du premier pylône, le faucon où s'incarnait l'âme de Chrestos rythmait le travail de ses immenses cercles et protégeait le chantier.

***

Le cri d'épouvante de la sage-femme réveilla le faubourg. Non seulement la marchande de galettes était morte dans d'atroces convulsions mais encore elle avait mis au monde un enfant à tête de serpent. Devenu fou, le père le décapita, avant de se fracasser le crâne contre le mur de sa maison. Depuis le décès de Chrestos, jeté en pâture aux nécrophages, Éléphantine vivait dans la peur. Une succession de mauvais présages s'abattait sur la ville. L'eau de deux sources, réputées pour leur pureté, avait été empoisonnée. Des chacals étaient entrés dans un quartier riche pour y dévorer un garçonnet. La foudre était tombée sur l'église, détruisant une bonne partie de la toiture.

Théodore, prodigue de sermons, tentait d'apaiser la population. Paul et les ermites accusaient Philae de déclencher la colère de Dieu et l'ire du diable; tant que l'île maudite célébrerait des cérémonies impies et défierait le Seigneur, le Malin rôderait.

L'évêque ne tenait plus ses troupes; on ne se révoltait pas, mais on n'obéissait plus. Paul semait une violence dont le peuple avait besoin : combien de temps se passerait-elle de victimes ?

Plus Éléphantine s'agitait, plus Philae s'épanouissait dans une sérénité née de l'œuvre entreprise. La lenteur même des progrès les faisait mieux apprécier. Chaque succès individuel était rapporté à la communauté nourrie de l'effort de tous. Libérés du désir de suprématie, indifférents au temps, généreux jusqu'à l'épuisement, les adeptes découvraient, jour après jour, des ressources insoupçonnées. Mains écorchées et dos endoloris donnaient aux sœurs l'occasion d'exercer leurs talents de guérisseuses. Un seul cœur, une seule volonté : la confrérie renaissait.

Théodore avait misé sur sa rapide dégradation, après le suicide de Chrestos. N'était-elle pas condamnée à disparaître puisqu'elle n'accueillerait plus aucun néophyte ? Tout être raisonnable aurait admis que la partie était perdue. Accorder la moindre confiance à une grande déesse qui laissait ses fidèles s'éteindre relevait de la démence. Sans doute

Sabni, s'il se libérait de l'influence d'Isis, se rendrait-il à la raison. La supérieure l'envoûtait et le conduisait à sa perte; pris dans les filets de cette démone au visage d'ange, il refusait de s'évader.

Ainsi l'évêque tentait-il de se convaincre de la folie de son ami. Pourtant, une voix intérieure le contredisait et clamait une impardonnable admiration pour Isis, son respect envers une femme vouée, comme lui, au divin. Il devait écarter la plus infernale des tentations : admettre que la foi païenne pouvait être préservée et transmise. Par la révélation du Dieu unique, l'humanité se transformait, sortait des ténèbres du paganisme et marchait vers la Jérusalem céleste, le paradis des justes. Paul, l'exalté, ne se trompait pas en prétendant que la séduction féminine était une arme démoniaque. A contempler Isis, à s'enivrer de son charme, à épouser sa démarche, quel chrétien refuserait longtemps le baiser de la grande déesse ?

Occulter Philae et refuser le fanatisme de Paul : pris dans les mâchoires de l'étau, l'évêque supportait mal une solitude jusqu'alors chérie. Sabni avait la chance de vivre auprès d'une femme qui partageait ses passions les plus secrètes, dissipait ses tourments et lui offrait la douceur complice des nuits d'amour. C'était contre cette forteresse-là que se brisaient les assauts de l'évêque.

***

L'ancienne chapelle ressuscitait dans le nouveau sanctuaire dédié à Imhotep, leur glorieux ancêtre. Comme si leurs mains avaient, d'instinct, retrouvé un savoir oublié, les adeptes retaillaient les blocs, les appareillaient et les montaient avec une ardeur suppléant à l'inexpérience. Un parfum d'éternité flottait à nouveau dans les salles du temple; le monde hostile s'éloignait au fil du Nil et les rumeurs d'Éléphantine se dissipaient dans la clarté du matin.

– Que souhaites-tu, Sabni ?

– Que demain n'existe pas.

– Regarde nos frères et nos sœurs : construire l'œuvre les rajeunit.

– Si nous pouvions fixer la lumière au sommet du pylône, noyer l'avenir dans la cataracte...

– Espère, mon amour. Espère avec la puissance du feu et la patience de l'eau. Use le temps, brise-le comme une pierre indigne de l'édifice.

***

Des nuées de moustiques, portées par l'air tiède, agressaient les dormeurs et répandaient la fièvre. Nul n'avait oublié les mauvais présages et chacun s'étonnait d'une chaleur anormale gênant la marche des jambes et la respiration du cœur. Seul l'évêque s'en réjouissait puisqu'elle diminuait l'ardeur des ermites; après avoir exhorté en vain la population à ravager l'île maudite, ils s'étaient réfugiés, déçus, dans les tombes de la rive occidentale.

Le prélat disposait d'un pouvoir que personne ne contestait, pas même Paul, mais hésitait entre l'intransigeance et la clémence, et perdait l'élan du jeune prêtre hostile à toute concession. Son échec, c'était Sabni. En le convertissant, il aurait modifié son destin et le sien; une porte se serait ouverte dans l'invisible, Dieu aurait tourné vers eux son visage. Trop d'êtres, trop de pensées et trop de rites se dressaient entre le supérieur de Philae et l'évêque d'Éléphantine.

Dieu ne trompait-il pas le monde futur en lui enjoignant de renier le passé et de détruire les temples? Le pays des pharaons, mère de l'univers, se soumettait à des lois sans génie, empruntait un art fade et parlait une langue bâtarde; en devenant chrétien, il perdait le souffle puissant de sa jeunesse et la splendeur de son âge mûr. Si le Christ était chassé de la terre où il avait trouvé refuge, quel envahisseur le remplacerait? Aux portes de Byzance, les barbares s'apprêtaient à démanteler l'Empire d'Orient; à celles de l'Égypte, les tribus de la péninsule arabique convoitaient des champs généreux. L'évêque, témoin de la révélation, ne pouvait douter de sa mission. Que l'individu fût fragile et inquiet, le prélat n'en avait cure.

De la terrasse, il contempla sa ville. Il l'aimait avec la tendresse d'un père : villas aux jardins colorés, petites maisons blanches des artisans, masures des pauvres cohabitaient dans la lumière d'automne et sous le regard du Christ. Dans les ruelles animées, on bavardait. Sur le marché, des monceaux de nourriture faisaient ployer l'étal des commerçants.

Les éclats d'une échauffourée n'étonnèrent pas Théodore ; il s'en produirait d'autres avant la fin du jour. Des discussions parfois violentes opposeraient, comme d'ordinaire, vendeurs et acheteurs. A l'instant où l'évêque regagnait son bureau, il entendit des cris qui, eux, n'avaient rien d'habituel. Une femme, les cheveux ébouriffés, hurlait en courant vers le palais épiscopal.

– Les Blemmies ! Les Blemmies attaquent !

CHAPITRE 55

Les Blemmies attaquèrent Éléphantine au milieu du jour, lançant des milliers d'hommes dans un assaut qu'ils voulaient décisif. Ivres de vin de palme, les guerriers nubiens se ruèrent vers les fortifications d'Éléphantine. La poitrine nue, les reins ceints d'un pagne de peau, les nègres crurent qu'ils escaladeraient aisément les palissades et contourneraient les pieux pointés vers eux. Très vite, ils reconnurent leur échec et battirent en retraite de manière désordonnée. L'évêque ordonna à la cavalerie d'enfoncer le flanc gauche de l'agresseur, mais elle ne pourfendit que le vide : les Blemmies se jetèrent sur le sol, se suspendirent aux harnais des chevaux, les éventrèrent et désarçonnèrent les chrétiens. Les plus habiles ne parvinrent pas à piétiner des adversaires insaisissables, entraînés à lutter à mains nues contre des fauves; gênés par des cuirasses trop lourdes, ils n'offrirent qu'une maigre résistance aux Blemmies.

Malgré cette défaite, l'évêque ne perdit pas confiance : ses défenses tiendraient bon. L'ennemi s'immobilisa, le silence succéda aux cris. Puis ses rangs se fendirent et laissèrent place à une armée insolite, une troupe d'éléphants que guidaient des archers juchés sur leur dos. Les pachydermes, dont les barrissements effrayèrent la population, mirent en fuite les derniers cavaliers avant d'écraser pieux et palissades. Ceux qui tentaient de s'opposer à leur inexorable avance furent percés de flèches ou périrent disloqués sous les énormes pattes.

Les rescapés refluèrent en désordre à l'abri de l'ultime ligne de fortifications, mélange des ruines de la forteresse et des blocs extraits de temples démantelés. L'évêque, à la tête des débris de son armée, se battrait jusqu'au trépas.

Entre les éléphants surgirent des centaines de Blemmies vêtus de cuirasses formées de plaques de bronze et de fer attachées les unes aux autres. Des coutures gardaient les articulations souples et rendaient les déplacements aisés. D'autres se protégeaient avec des tuniques d'écaille qui les enveloppaient du cou au genoux. Leurs visages ressemblaient à ceux des démons jaillis de dessous terre quand l'année expirait.

D'interminables minutes s'écoulèrent.

Les chrétiens tremblaient; sans la présence de l'évêque, c'eût été la débandade. L'armée blemmie n'en finissait pas de grossir. Les guerriers noirs, venant de partout, s'agglutinaient avant l'assaut final. Un jeune soldat, victime d'une crise de nerfs, saisit le poignet du prélat.

– Je ne veux pas mourir.

– Place ta confiance en Dieu.

– J'ai trop peur!

– Moi aussi, j'ai peur. Notre corps rechigne au sacrifice; notre âme ne le redoute pas.

Les troupes nubiennes, enfin au complet, se tinrent à une centaine de mètres de leurs futures victimes. Les éléphants ne barrirent plus. S'avança le grand prêtre blemmie, vêtu d'une peau de panthère. Le crâne rasé, le front oint par les sept huiles sacrées, il serrait dans la main droite un long bâton en bois doré.

– Que l'évêque Théodore vienne à ma rencontre.

– N'y allez pas! cria le soldat agrippé au prélat. Ils vous massacreraient!

Théodore se dégagea puis grimpa sur le tas de pierraille, rempart des derniers défenseurs d'Éléphantine. Sa robe rouge aux fils d'or flamboya; il avança vers le grand prêtre blemmie et s'immobilisa à un mètre de lui.

– Toi, le chrétien, tu as détruit le sanctuaire de Biggeh, violé le secret d'Osiris et brisé la statue de notre dieu. Tu as méprisé le mystère de la résurrection et souillé notre foi. C'est pourquoi nous massacrerons le peuple lâche et impie que tu gouvernes. Les sectateurs du Christ ne méritent pas de vivre puisqu'ils n'engendrent que la haine.

– Soumets-toi à l'empereur et à la loi de Dieu. Sinon, toi aussi, tu seras massacré.

– On te dit courageux, Théodore. Tu n'es qu'aveugle.

– Si ta décision est prise, pourquoi tant de discours ?

– Je ne suis pas un mercenaire avide de sang mais un grand prêtre dont le dieu siège à Philae. Seule la supérieure de l'île sainte peut consacrer ma victoire sur le mal.

***

Isis accueillit la délégation. Alors que les Blemmies, émus, admiraient l'île sainte, Théodore prit la parole.

– Vous détenez le sort de milliers de gens entre vos mains. Sur votre ordre, mes ennemis détruiront Éléphantine. Cette province deviendra terre brûlée et le bonheur l'oubliera à jamais.

– Mais Philae sera sauvée.

– Philae sera sauvée... répéta l'évêque.

Enfin, il voyait l'enfer où le conduisaient la faiblesse et l'amitié. La magie d'Isis ne menaçait pas en vain; sa communauté attirait des forces dangereuses et se maintenait à l'écart de la vraie foi. Cette femme, et personne d'autre, menait le plus acharné des combats contre la vérité; en faisant surgir ces guerriers au visage noir, elle triomphait.

– Grande déesse, mère de Dieu, source de la vie, souveraine du territoire de l'âme que nul ne peut parcourir, magicienne bienfaisante dont les paroles chassent les démons, écoute ma supplique, implora le grand prêtre. Ta volonté seule donne sa place à chaque étoile, nourrit les cœurs, couronne les rois et rend sacrées les conquêtes; bénis mon bras et les épées de mes guerriers.

– Celui qui parcourt la voie des sages, répondit la supérieure, passe son existence dans la paix, comblé de joies. Il vieillit dans sa ville, est vénéré dans sa province; ses successeurs reçoivent son enseignement, de génération en génération.

– Tout est marqué au sceau d'Isis; rien ne s'accomplit sans elle, au ciel comme sur terre.

– Viens au temple.

Abandonnant Théodore à la garde de ses guerriers, le Blemmie suivit la supérieure.

Les adeptes, vêtus de robes blanches, saluèrent leur hôte. A chacun, le grand prêtre donna l'accolade puis il pénétra dans la chapelle de son dieu où Isis l'invita au recueillement. La faveur dont il bénéficiait le plongeait dans un état d'exaltation; associé au mystère sur le sol pur de Philae, il renouait avec la tradition la plus vénérée de son peuple. Combien il avait eu raison de croire en Isis et d'espérer d'elle le salut de sa race!

Le grand prêtre oublia le temps. Il médita jusqu'à la tombée du jour et absorba l'énergie contenue dans les murs de la chapelle où survivait la mémoire de sa religion. Lorsqu'il sortit du sanctuaire, pain et vin lui furent offerts.

– Philae demeurera intacte, affirma-t-il. Demain, il ne restera plus un chrétien dans cette province. Nul massacre ne sera plus joyeux.

– Il ne sera pas.

Les adeptes, étonnés, continrent leurs protestations. Pourquoi Isis refusait-elle le concours de puissants alliés et l'extermination de leurs ennemis?

– L'empereur n'acceptera pas une défaite de cette ampleur, indiqua Sabni. Éléphantine est l'une de ses frontières; il enverra une armée pour laver l'affront, venger la disparition d'un évêque et proclamer la supériorité du Christ. Elle poursuivra les Blemmies aussi loin qu'ils se réfugieront, et Philae sera rasée.

Le visage du grand prêtre s'assombrit.

– Que désires-tu, toi à qui je dois obéissance?

– Conclus un pacte avec l'évêque, répondit Isis.

– Il ne le respectera pas et menacera de nouveau Philae.

– Écartons ce danger en te confiant les statues que nous vénérons. Dans ton pays, elles seront à l'abri de toute profanation. Les chrétiens estimeront que les divinités ont quitté l'île et notre communauté; aussi n'apparaîtrons-nous plus comme des provocateurs. Désaffecté, le temple n'offensera pas les consciences. Nous aussi connaîtrons la paix, et l'indifférence nous protégera mieux que la plus nombreuse des armées. Qui habitera Philae, sinon quelques vieilles gens nostalgiques du passé?

Cette vision enthousiasma Sabni. Renoncer aux statues de culte serait un douloureux sacrifice mais, dans un siècle ou dans mille ans, elles reviendraient, comme la déesse, de la lointaine Nubie. Philae la silencieuse, à l'écart des routes et des jalousies, accueillerait en secret de nouveaux adeptes et grandirait dans l'ombre de Théodore, couronné par le triomphe.

La supérieure s'approcha de l'évêque, debout à l'ombre d'un tamaris, sous la garde des guerriers noirs. Il tourna les yeux vers elle et ne masqua pas son inquiétude.

– Qu'avez-vous décidé ?

– Ignorez-vous encore que la grande déesse est dispensatrice de vie et non de mort ? Philae restera le cœur d'Éléphantine et ne deviendra pas son bourreau. L'une et l'autre seront sauvées.

– De quelle magie ferez-vous usage ?

– De celle du don.

***

Deux lourds bateaux, chargés de Blemmies, voguèrent vers l'île sainte pendant que l'armée nubienne campait face aux assiégés. Les statues de culte furent transportées jusqu'au champ de bataille et hissées sur le dos des éléphants au vu et au su des chrétiens médusés.

– Philae a rendu l'âme, jugea un officier.

– Sans les statues, ajouta l'un des secrétaires de l'évêque, le temple n'est plus qu'une bâtisse inerte. Isis est morte.

Théodore demeura muet. Il regarda les pachydermes s'éloigner, puis les guerriers nubiens rompre les rangs et former une immense colonne en direction du sud.

Escorté d'une centaine de fantassins, le grand prêtre s'approcha de l'évêque.

– Demain, à l'aube, je t'attends à la cataracte. Nous y négocierons un traité de paix.

Les habitants d'Éléphantine acclamèrent Théodore. Indifférent aux chants de délivrance et aux fêtes déjà organisées dans les rues, il regagna son bureau. Isis et Sabni n'avaient-ils pas renoncé à l'aspect matériel du culte pour préserver le bien le plus précieux : l'esprit du temple ?

CHAPITRE 56

Un mois après le départ des Blemmies et la conclusion d'une paix de cent ans, l'évêque convoqua Sabni et le reçut dans son jardin que baignaient les feux tranquilles d'une fin d'automne.

– Toi et moi croyons en un principe supérieur à l'homme ; l'un et l'autre sommes des passants, des voyageurs aspirant à découvrir des paysages où l'âme, jamais rassasiée, cherche sa source.

– Ton dieu ne rit pas, Théodore, mais se tord de douleur sur une croix en regrettant d'être enfermé dans un corps humain. Tu n'as pas mis tes pas dans ceux de nos ancêtres et ta religion est complice d'une société vulgaire qui rampe sur le sol, rétrécit la conscience, prône l'individu et détruit l'élan communautaire. Elle n'est pas un progrès mais une maladie ; reviens vers la science du temple, tournée vers le ciel. Fille des dieux, elle répand sur cette terre leurs bienfaits et nous oriente vers le mystère d'où nous sommes issus.

L'évêque leva les yeux vers les hautes palmes ; une lumière tamisée nimbait les deux amis.

– Me méprises-tu au point de croire qu'Isis et toi m'avez abusé ?

– Il ne reste plus aucune statue dans le temple. Même celle de la grande déesse, naguère présente dans le Siège vénérable, vit en exil chez les Blemmies.

– J'ai assisté à la scène, comme des milliers de témoins.

Vous ne possédez plus ces emblèmes ancestraux mais ne serez jamais une communauté profane.

– Comment célébrer des rites, sans statues ?

– Si les naos sont vides, vos cœurs sont toujours emplis du même désir. Tu n'as pas renoncé, Sabni ; ta foi est restée intacte. Pourtant, Philae ne convaincra plus personne.

– Que redoutes-tu d'une communauté à l'agonie ?

– Qu'elle agisse comme l'alchimiste et le phénix, qu'elle se régénère dans sa propre mort et prépare un or nouveau.

– Nous n'aspirons qu'au silence et au recueillement.

– Ton regard dément ton propos. Tu n'es pas un homme résigné mais un conquérant qui cache son visage derrière un masque. Quels sont tes vrais projets, Sabni ?

– Si tu déchiffres mon âme, tu les connais.

– Oublie nos motifs de discorde, néglige l'habit que je revêts. Comporte-toi comme un frère, comme le seul être auquel j'accorde une totale confiance.

– Rien ne nous sépare, Théodore, mais tout nous éloigne. Nous n'empruntons pas la même route ; si les dieux nous sont favorables, nous nous rejoindrons au même port.

***

A la fin de chaque messe, Paul faisait le siège du palais épiscopal. Le prélat l'écoutait après lui avoir imposé une longue attente et décuplé sa hargne. L'ermite, accompagné de disciples sortis des tombeaux et des grottes, exigeait inlassablement la destruction du temple et l'expulsion de la communauté coupable de complicité avec les Blemmies. En ce dimanche de novembre, la virulence de Paul devenait insultante.

– Je vous somme d'arracher les dernières racines du paganisme.

– Sinon ?

– Vous répondrez de votre attentisme devant le patriarche d'Alexandrie.

– Il n'apprécie guère l'exaltation de certains fidèles.

– Nous, les ermites, ne sommes pas les tièdes que le Christ vomit.

– Devenir ermite implique certains devoirs. Tes suivants

n'appartiennent pas tous aux milices du Seigneur. Je reconnais d'anciens bagnards, des commerçants faillis, des mercenaires expulsés de l'armée... voilà des alliés inquiétants.

– Ils croient en Dieu et haïssent les païens. Leur passé ne m'intéresse pas.

– Je ne tolérerai aucun débordement. N'oublie pas que je suis garant de la paix civile.

– Il n'y a d'autre paix que celle du Seigneur. Comment se satisferait-Il de l'existence d'un temple où habitent les anciens démons ?

– Seule subsiste une petite communauté qui vieillit sans troubler l'ordre public.

– Ne resterait-il qu'un seul païen, il faudrait le supprimer.

Théodore se leva et tourna autour de l'ermite. Sale, les cheveux poussiéreux descendant jusqu'au milieu du dos, il était vêtu d'une peau de mouton à l'odeur rance.

– J'aimerais te comprendre, toi qui es mon frère dans le Christ. Ses fidèles désirent l'amour et redoutent la haine. Si tu la nourris, tes prières ne seront qu'invectives.

– Prierais-tu pour des païens ?

– Si Dieu n'avait pas changé notre regard, nous serions restés païens. Pourquoi ne pas l'implorer de convertir ceux qui errent encore dans l'illusion ?

– Philae est un ennemi irréductible.

– Isis nous a sauvé la vie. Sans son intervention, la population d'Éléphantine aurait été massacrée et la ville brûlée.

– Ruse démoniaque ! Ce que voulait la supérieure, c'était sauver les statues des idoles. Tu aurais dû les empêcher de partir. Du fond de la Nubie, elles continueront à répandre leurs miasmes. L'armée de l'empereur sera contrainte d'exterminer les nègres et de briser ces effigies maudites.

– Que sais-tu de cette armée ?

Paul frappa le sol de son bâton.

– Elle viendra ! Crois-tu que les chrétiens soient inactifs ? Le martyre nous a appris à combattre. Nous formons une chaîne de croyants jusqu'à Alexandrie, courons à travers les sables pour que l'Église soit informée de ce qui se passe ici. Demain, l'empereur saura et agira ; il te faudra justifier ta conduite. Tu as eu tort de conclure un pacte avec Sabni : il n'est pas ton ami mais l'envoyé des ténèbres!

– Si tu te trompais ?

– Il aurait renoncé aux faux dieux et réclamé le baptême.

– Ignores-tu la clémence ?

– Je la réserve aux croyants qui, comme le Christ, tombent sur le chemin et se relèvent. Notre foi est universelle, Théodore. Admettre l'existence d'un seul païen, c'est trahir Dieu. Puisque tu as renoncé à frapper ton complice, le bras du Seigneur se substituera au tien.

CHAPITRE 57

La réfection du temple d'Imhotep était presque achevée; Isis et Sabni étudiaient le programme sculpté, destiné à rendre les murs vivants et à perpétuer la tradition. En l'absence des statues, les images divines gravées dans la pierre et les hiéroglyphes, animés par la parole et le regard, assureraient la permanence du rituel.

Les adeptes éprouvaient un sentiment de fierté; malgré de pauvres outils et leur inexpérience, ils avaient réussi à poursuivre l'œuvre. Répondant aux exigences de la Règle, ils laisseraient une trace de leur passage sur terre et un témoignage tangible dont s'inspireraient leurs successeurs; la chaîne des révélations n'était pas rompue.

Chaque jour, Sabni admirait davantage son épouse; la passion s'ouvrait sur un horizon flamboyant où trônait la supérieure, de lumière vêtue, dans l'embrasement du cœur et des sens. Leur union avait le parfum d'éternel qu'Isis incarnait dans l'aventure quotidienne. Sur le visage de la femme, aux heures où la voix de l'au-delà dansait dans le vent, se dessinait celui de la déesse. Que chaque sanctuaire, selon l'affirmation des anciens écrits, fût le ciel sur la terre, Sabni n'en doutait pas. C'était ici-bas, et nulle part ailleurs, que le pèlerin pouvait connaître la plénitude dont il témoignerait devant le tribunal d'Osiris, sans redouter la dévoreuse et les génies prompts à couper le cou des menteurs et des lâches. Du bonheur qui ne s'use pas, de la joie qui ne se ternit pas, Isis lui avait offert les clés; ne ressemblait-elle pas à la déesse cachée dans l'arbre de la rive d'occident, prompte à verser l'inépuisable eau fraîche que goûtait avec délices le voyageur de l'infini ?

Philae capturait le temps, Isis le sacralisait. L'âme ne vieillissait pas, la pensée ne se ridait plus, les actes les plus humbles rayonnaient encore comme les étoiles d'été. A l'approche de la fête où Isis reconstituerait le cadavre d'Osiris pour le faire revivre, la communauté voguait à nouveau dans le courant des constructeurs capables de transfigurer la matière.

Deux jours avant Noël, le bateau de l'évêque accosta le débarcadère ; Isis accueillit Théodore. Dans les yeux du prélat, la détresse.

– Vous avez sauvé Éléphantine et je veux vous sauver. Le décret impérial m'est parvenu dans la nuit : la communauté de Philae doit être dispersée.

– Les ermites ?

– Ils sont peut-être déjà avertis. La lettre de l'empereur, contresignée du patriarche d'Alexandrie, annonce l'arrivée imminente d'un corps expéditionnaire commandé par un général byzantin.

– Regardez cette demeure ornée d'or, au plafond de lapislazuli, aux murs d'argent, au sol en bois d'acacia, aux portes de cuivre, œuvre préparée pour durer toujours : ne reconnaissez-vous pas qu'elle appartient au principe créateur ?

Théodore implora la supérieure.

– Peu importent mes pensées ; retarder l'échéance m'est impossible. Quittez l'île sans délai, je vous en supplie.

Sabni marcha vers eux, un ciseau de sculpteur à la main. Sur son tablier, des éclats de calcaire.

– J'ai entendu, Théodore.

– Si tu l'aimes, convaincs-la.

– Où irions-nous ?

– Mon bateau est à votre disposition. Partez vers le sud.

– Se réfugier chez les Blemmies ? L'armée de l'empereur nous pourchassera. Je suis née à Philae et ne m'enfuirai pas. Au supérieur et à moi-même, ce temple fut confié ; nous le garderons de peine, angoisse et danger.

– Chaque adepte sera libre de partir, précisa Sabni. Nous, nous n'abandonnerons pas la terre sacrée.

– Comment vous persuader ?

– Viens avec moi, Théodore.

Réticent, l'évêque suivit le supérieur. Sabni lui ouvrit les salles du temple, commenta les bas-reliefs, décrivit par le détail les cérémonies du culte et les rituels d'initiation. De sa science, il ne cacha rien.

– Ce monde moribond, tu le portes désormais en toi.

– Trésor inutile, Sabni, puisqu'il est contraire à ma foi.

– En te transmettant cette sagesse, j'ai libéré les forces ensevelies dans les cryptes du temple. Elles deviendront tes pensées, des oiseaux aux ailes immenses qui s'élanceront vers le sommet du ciel. Toi, mon irréductible adversaire, deviens mon espérance.

Isis apprit à l'évêque qu'aucun adepte ne quitterait l'île. La communauté se pliait à la décision des supérieurs.

Théodore sut que toute parole était désormais inutile ; il tenterait de persuader le général byzantin d'épargner des vies qui ne menaçaient guère la grandeur de l'Empire.

– Te souviens-tu, Théodore, des paroles du prince Sarenpout, gravées dans sa tombe d'occident, lorsqu'il ressuscita parmi les dieux : « Je touche le ciel, ma tête perce le firmament, j'érafle le ventre des étoiles, je brille comme elles, je connais la joie céleste et je danse comme les constellations » ? En son temps, la ville était en fête, les soldats chantaient avec les paysans, vieillards et enfants jubilaient.

Le supérieur et l'évêque se donnèrent l'accolade avec la chaleur de deux frères. Face à Isis, Théodore se figea.

– Personne, dit-elle, ne parvient à l'occident, demeure de l'être sans tache, sinon celui dont le cœur est exact à pratiquer la Règle. Là-bas, aucune distinction entre le pauvre et le riche car balance et poids se trouvent dans les mains du maître de l'éternité.

La supérieure embrassa le prélat sur le front ; ce baiser de paix lui brûla l'âme.

***

En septembre 437, dans la pierre de Philae, avait été gravé le dernier texte hiéroglyphique, une prière à Isis. En ce Noël 535, Sabni traça l'ultime bas-relief de la civilisation égyptienne; sur le linteau de la chapelle d'Imhotep, il esquissa le tablier du maître d'œuvre et son trône. Aucune ligne ne fut achevée, aucun visage n'émergea du matériau.

A l'intérieur du petit édifice, la communauté brûla des boulettes d'encens. La fumée odorante charmerait les narines des dieux qui naviguaient dans les barques du jour et de la nuit. Peut-être une main reprendrait-elle le ciseau afin de terminer les figures que Sabni laissait imparfaites.

Quand il recula pour contempler son travail, le supérieur sentit la révolte monter en lui. Il restait tant à créer, tant à vivre! Isis se lova tendrement contre lui; de ses cheveux, elle caressa son visage.

– Le sanctuaire ne sera pas démantelé.

– Comment l'empêcherons-nous?

– Je l'ignore.

– Tu cherches à me rassurer.

– J'ai vu Philae dans le lointain, au-delà de nos existences. Ces lignes, que ta main a dessinées dans la pierre, ne resteront pas stériles.

***

Paul remercia le Seigneur; en alertant le patriarche d'Alexandrie, les ermites avaient obtenu le résultat escompté. Désireux de sauvegarder son pouvoir et de ne pas mécontenter l'empereur, le chef de l'Église égyptienne s'était rendu à Byzance afin de rendre compte du scandale d'Éléphantine. Dans sa sagesse, le puissant souverain avait pris la meilleure des décisions: envoyer des soldats chargés d'exterminer les païens.

Théodore, une fois encore, tenterait de sauver son ami Sabni. Par bonheur, le messager venant d'Alexandrie avait été bavard, trop heureux de prouver son importance; les nouvelles bouleverseraient la destinée de la province. Informé du contenu des missives impériales, Paul se sentit investi d'une mission sacrée et, cette fois, déjouerait les menées de l'évêque.

***

– Quand attaqueront-ils? demanda la sœur préposée aux repas.

– Dès que l'armée byzantine franchira les portes d'Éléphantine, répondit Isis.

– Deux semaines?

– Peut-être une seule. A cette saison, le soleil est doux; à marche forcée, les fantassins iront vite.

– Comme c'est court, une semaine...

Frères et sœurs attendaient l'instant où le fleuve se couvrirait de bateaux de guerre; sur la table du festin, de l'ail, de l'oignon, du pain aux graines de lotus et des caroubes. Les plus âgés, édentés, se contentaient de bouillie de tiges de papyrus.

Sabni observait la rive où embarqueraient les assaillants; il se forgeait un courage dérisoire que les cris de la soldatesque balayeraient en une seconde.

***

Au sommet, le bleu sombre de la nuit victorieuse; puis le bleu tendre, profond, apaisé, qui se meurt dans la naissance de l'orange, expire à la lisière d'un rouge intense, parole ultime du crépuscule; enfin le noir, brutalement séparé de l'incendie du jour agonisant en une ligne courbe, l'infranchissable frontière entre l'hier et le demain. La lumière du dedans déclina; bleu et noir se dirigèrent l'un vers l'autre, heureux de se rejoindre après une longue séparation. Le bleu tendre se laissa absorber, le rouge devint lisière, l'orange expira. Le haut et le bas s'unirent dans le tissu obscur que tramait le Créateur pour recouvrir la terre.

– Cette nuit sera la dernière, prédit Isis.

***

La journée avait la tendresse d'un fruit mûr après que le soleil eut dissipé des nuages égarés. Sur la berge déserte, le sable, soulevé par le vent du désert, s'élevait en spirales fuyantes.

Isis et Sabni descendirent dans l'unique barque que possédait encore le temple. A l'aide d'une perche, le supérieur l'éloigna du débarcadère et se glissa dans le courant. Face à l'orient, il psalmodia la prière du matin ; sa voix se perdit dans les pentes des montagnes. Isis but l'eau du fleuve, agréable au goût et douce au toucher, encore porteuse de la fraîcheur de la source cachée dans les rochers d'Éléphantine. Elle songeait aux jours heureux où la vie errait au gré du Nil, s'offrait à l'or des dunes et à la blancheur des voiles. Quand les dieux aimaient à séjourner sur les rives verdoyantes, leurs statues bornaient champs et villages où les hommes se considéraient comme des hôtes.

– Au temps des pharaons, nous marchions sans crainte sur les chemins, voguions en confiance sur le fleuve, bavardions près d'un puits ou d'un bassin, non loin des pâturages où le bétail allait en liberté. Je vois ton visage, Sabni ; tu descends dans ton bateau en pin de la proue à la poupe, tu ouvres la maison que tu as construite. La pièce de bœuf grille, la jarre est débouchée, des mélodies nous enchantent. Autour de nous, des jeunes filles dansent, récitent des poèmes, nous parfument et nous décorent de guirlandes de fleurs ; elles préparent la couche où, la nuit venue, l'ivresse nous unira.

– Ce fut notre vie, il y a mille ans... Un rêve perdu dans les solitudes de la cataracte. Devons-nous vraiment défier l'impossible ?

– Nous avons juré de transmettre le mystère.

– Si toi, tu partais ? Isis, saine et sauve, serait gardienne de la tradition.

– Nous séparer serait folie.

– Ta vie est précieuse. En tant que supérieure, tu es le futur.

– Le futur n'existe plus. Il nous reste le présent, même si son visage est plus féroce que celui de la Terrifiante. Que perdure la jeunesse du temple et nous aurons servi la Règle ; le ciel s'incarne à Philae.

– Elle me semble si rude, parfois.

– A moi aussi, Sabni, car nous sommes indignes d'elle ; c'est pourquoi il faut être deux.

– Pour l'amour de Philae...

Ils s'enlacèrent. La barque, abandonnée au courant, dériva vers la terre des morts, sommeillant sous le soleil d'hiver. L'un et l'autre songèrent à leur communion dans la tombe des Osiris, à ce bonheur absolu que les nuits et les jours régénéraient.

– Philae est le dernier temple d'un monde que nos ennemis croient disparus; les religions se succéderont, se déchireront et s'effondreront au pied du sanctuaire même si la communauté semble éteinte.

– Souhaites-tu tellement disparaître, Isis?

– Pas un instant. Je veux vivre cent dix ans, vieillir à tes côtés et voir fleurir frères et sœurs.

Le courant changea et ramena l'embarcation vers Philae.

CHAPITRE 58

Ce ne fut pas le corps expéditionnaire byzantin qui, peu avant le milieu du jour, se lança à l'assaut de Philae mais une troupe hétéroclite composée d'ermites, de soldats perdus et d'habitants d'Éléphantine que Paul avait entraînés aux portes de la folie. Les ermites jeûnaient depuis quatre jours; les autres étaient ivres. Armés de lances, de fourches et d'épées, ils chantaient des psaumes célébrant la victoire du Seigneur sur les démons.

Paul ne voulait pas abandonner cet acte de foi à un général étranger. C'était à lui, et à nul autre, qu'il appartenait d'écraser à jamais la tête de l'hydre païenne et de s'emparer du temple. L'évêque n'avait pas été prévenu. Quand les bruits du carnage lui parviendraient, il serait trop tard.

Les adeptes furent terrorisés à la vue de la meute hurlante; sous la conduite du Raccourci, elle inondait déjà le parvis. Décidés à se battre, frères et sœurs se rangèrent derrière Isis et Sabni.

La supérieure s'était ornée des parures seyant à son rang, gorgerin de lapis-lazuli, pectoral à sept rangs de perles, bracelets d'argent, bagues en or. La blancheur de la longue robe rendait plus splendide encore l'éclat des bijoux.

Un ermite brandit un bâton à demi ébranché; Isis ne recula pas. Deux frères se jetèrent sur l'agresseur, dont le geste fut interrompu. Des soldats lui vinrent aussitôt en aide et frappèrent; les adeptes s'écroulèrent, le visage en sang. Le Raccourci entrava les poignets de la supérieure avec sa ceinture; Sabni tenta de la libérer mais fut aussitôt garrotté.

Quand un ermite étrangla une sœur grabataire, deux fantassins s'interposèrent.

– Nous devons les expulser, pas les assassiner.

– Taisez-vous, esprits tièdes! L'empereur veut purifier cette île maudite!

Les hésitants, frappés dans le dos par des paysans enfiévrés, durent s'écarter. La sœur fut piétinée. Ses râles d'agonie se perdirent dans les hurlements d'autres adeptes, roués de coups. Les bâtons s'abattaient et s'abattaient encore, les fourches fouillaient les ventres, les épées tranchaient les gorges. La découverte d'une petite barque de culte décupla la fureur des assaillants. Ils brisèrent la proue et la poupe, en forme de tête d'Hathor. Paul mit le feu aux débris.

Ni Isis ni Sabni ne pleuraient. Une douleur à la fois glacée et brûlante tarissait leurs larmes. Où s'était-elle enfuie, la mort douce et souriante promise aux sages? Selon l'enseignement des mystères, l'adepte de la magie sacrée sortait au jour et se promenait dans l'au-delà aussi loin que son cœur le désirait. Bientôt, le voile se déchirerait et les portes s'ouvriraient.

Le Raccourci arracha le collier de la supérieure; enivré de son succès, il déchira le haut de sa robe. Sabni, d'un coup de tête, le repoussa.

– Ne la touche pas.

Les poignets attachés, il ne pouvait se défendre; de son regard et de sa voix émanait une autorité telle que l'homme recula.

– Tu n'es plus rien, supérieur et tu répondras de tes péchés devant le Seigneur tout-puissant!

Ne rencontrant plus aucune résistance, la troupe vociférante explora les salles du temple; elle fut déçue de n'y découvrir aucun trésor. Les plus excités crachèrent sur les bas-reliefs où figuraient des déesses. Pendant qu'ils les défiguraient, d'autres acolytes de Paul incendiaient les mâts en pin de Cilicie, symboles de la puissance divine. L'ermite avait souvent rêvé de déchiqueter ces orgueilleux emblèmes.

Aidé d'une dizaine de déserteurs, le Raccourci acheva les blessés. Un soldat, devenu fou, se jeta dans le Nil du haut de la galerie couverte où les adeptes aimaient méditer. Paul donna l'ordre de détruire les portes des sanctuaires et de laisser pénétrer la lumière dans les salles obscures.

Soudain, il se sentit mal à l'aise. Sur lui pesaient les regards de Sabni et d'Isis. A présent, il ne les redoutait plus; la magie de la grande déesse n'empêchait pas sa conquête. La communauté était anéantie; plus jamais des Égyptiens ne célébreraient un culte à la gloire des faux dieux, précipités dans les Enfers.

Isis inclina la tête sur l'épaule de Sabni.

– Donne-moi de l'eau, que sa fraîcheur calme mon cœur. Tourne mon visage vers le nord; il nous enseignera le chemin. Ce que nous avons lié sur cette terre restera lié dans le ciel.

Ces paroles rituelles, appel à l'océan d'énergie où l'âme buvait à la source, apaisèrent le supérieur. Il craignait de la voir souillée, défigurée, de ne pouvoir ôter la souffrance infligée. Isis demeurait sereine; elle lui donnait la force d'affronter les ultimes épreuves avant de comparaître devant le tribunal d'Osiris.

Paul marcha vers eux.

– Repentez-vous et implorez le pardon du Seigneur.

– Tu n'es ni Dieu ni son messager.

– Pauvre fou... ne comprends-tu pas que la grande déesse est morte ? Repens-toi, insensé !

– Tu as raison, Paul; avec nous disparaît un monde que les dieux habitaient, qu'ils sacralisaient de leur présence. Ce n'est pas une communauté que tu assassines, mais une vision, un temple construit depuis des millénaires par une communion de pensées.

– Tu assisteras au démantèlement de l'édifice, supérieur; il périra comme les adeptes, serviteurs des ténèbres.

– Tu te trompes, affirma Isis. Il survivra.

Un coreligionnaire avertit l'ermite que le bateau de l'évêque approchait; sans doute l'incendie des mâts des pylônes, visible d'Éléphantine, l'avait-il intrigué.

La victoire de Paul serait incomplète si le couple échappait à la colère divine.

– Qu'on hale jusqu'ici la barque de la communauté !

L'ordre fut promptement exécuté; le Raccourci obligea Sabni et Isis à monter dans l'embarcation, posée au centre de la vaste esplanade, entre le premier pylône et le débarcadère. Au loin, la voile blanche du prélat claquait au vent.

Sur un signe de l'ermite, des soldats enflammèrent le bûcher improvisé.

– Déliez-nous les mains, exigea Sabni.

L'épée trancha les cordes. Le supérieur enlaça Isis et la serra contre lui.

– Le temple ne sera pas détruit, répéta-t-elle.

Paul guettait leur désespoir, espérait un cri de haine, une malédiction, une révolte dérisoire ; mais le couple ne se préoccupait ni de lui ni du brasier qui le dévorait. Isis et Sabni s'embrassèrent, formant un être unique confondu avec l'Incandescente, née de la danse du feu et de l'amour de la déesse.

***

L'évêque s'agenouilla devant le bûcher, bénit les corps suppliciés sans parvenir à prier. Derrière lui, Paul éclata de rire.

– L'empereur sera satisfait. Tu tireras le bénéfice de mon combat, l'évêque ; à toi les honneurs, à moi les louanges divines ! Ce que tu n'osais entreprendre, je l'ai accompli.

Théodore se releva ; de sa crosse, il frappa l'ermite. Le front ensanglanté, Paul recula.

– Tu défigures le Sauveur ; à cause de fanatiques de ton espèce, la religion répand le malheur et la mort. Aucun dieu ne saurait absoudre tes péchés. Sois maudit pour les siècles des siècles.

– Grâce à moi, l'Égypte est libérée du mal ; il ne reste plus qu'à détruire ce temple.

– Philae restera intacte. Quand viendra la fin des temps, elle contemplera l'aube du dernier jour.

– Philae doit être rasée. L'empereur le veut !

– Je transforme ce temple païen en église ; c'est ici que je célébrerai la messe du dimanche. Partout, dans l'Empire, on saura que Dieu a élu domicile dans la plus magnifique des demeures.

Abasourdi, l'ermite se recroquevilla, le front contre les dalles du pavement, souillées de son sang.

Théodore, prisonnier d'une ombre soudaine, leva les yeux et vit un couple d'oies sauvages, aux ailes immenses ; il tournoya au-dessus de lui avant de prendre son essor et de se fondre dans la lumière.

Cet ouvrage a été réalisé par la
SOCIÉTÉ NOUVELLE FIRMIN-DIDOT
Mesnil-sur-l'Estrée
pour le compte de France Loisirs
en juin 1991

Imprimé en France
Dépôt légal : juin 1991
N° d'édition : 25487 – N° d'impression : 18150